TRANSFORMATION OF INTERNATIONAL MONETARY AND FINANCIAL SYSTEM AND CHOICE OF CHINA

国际货币金融体系变革与中国

羌建新◎著

中国发展出版社
CHINA DEVELOPMENT PRESS

图书在版编目（CIP）数据

国际货币金融体系变革与中国／羌建新著．—北京：中国发展出版社，2015.4

ISBN 978-7-5177-0313-6

Ⅰ.①国… Ⅱ.①羌… Ⅲ.①国际货币体系—体制改革—研究②人民币—金融国际化—研究 Ⅳ.①F821.1②F822

中国版本图书馆 CIP 数据核字（2015）第 078834 号

书　　名：国际货币金融体系变革与中国
著作责任者：羌建新
出 版 发 行：中国发展出版社
（北京市西城区百万庄大街 16 号 8 层　100037）
标 准 书 号：ISBN 978-7-5177-0313-6
经 销 者：各地新华书店
印 刷 者：三河市东方印刷有限公司
开　　本：700mm×1000mm　1/16
印　　张：15
字　　数：190 千字
版　　次：2015 年 4 月第 1 版
印　　次：2015 年 4 月第 1 次印刷
定　　价：35.00 元

联 系 电 话：（010）68990630　68990692
购 书 热 线：（010）68990682　68990686
网 络 订 购：http：//zgfzcbs.tmall.com//
网 购 电 话：（010）88333349　68990639
本 社 网 址：http：//www.develpress.com.cn
电 子 邮 件：bianjibu16@vip.sohu.com

前 言
preface

国际货币金融体系的发展、演变是国际金融学中永恒而经典的主题之一。历史上，这一主题反复不断地以各种不同形式表现出来。2008 年爆发的全球金融危机使得这一问题再度凸显于世人面前。如何科学地认识和把握国际货币金融体系的演进规律和发展趋势，从而更好地推动国际货币金融体系改革，成为包括中国在内的国际社会广泛关注的热点问题。

从理论上来说，国际货币金融体系是由国际货币体系与国际金融体系两部分组成。国际货币体系是世界各国之间关于货币安排的制度体系。从所包含要素的角度来看，国际货币体系包括国际流动性供给、各国货币的汇率制度安排、国际收支调节机制、国际货币治理机制等子系统；从空间角度来看，国际货币体系是由世界各国的货币制度子系统组成，通过各国货币制度子系统之间的相互联结而形成。国际金融体系是世界各国的金融机构、金融市场、金融工具以及相应的各种金融制度安排所构成的集合。从所包含要素的角度来看，国际金融体系包括金融机构、金融市场、金融工具、金融治理机制等子系统；从空间角度来看，国际金融体系是由世界各国的金融体系子系统组成，通过各国金融体系子系统之间的相互联结而形成。

虽然我们可以从理论上来区分货币与金融、货币制度与金融体系，但在现实特别是现代社会中，货币与金融、货币制度与金融体系实际上是相伴而生，难以彼此独立存在。因此，从货币与金融、货币制度与金融体系之间关系的基本逻辑出发，国际货币体系与国际金融体系之间实际上形成了一个你中有我、我中有你的相互嵌套关系，二者共同构成了一个密不可分、浑然一体的有机整体——国际货币金融体系。也正因为如此，就需要从国际货币体系与国际金融体系二者之间的互动中，而不是割裂地来把握国际货币体系的发展演变、国际金融体系的发展演变乃至整个国际货币金融体系的发展演变。只有这样，才能形成对这一问题的准确把握和认知。

根据现代货币经济学理论，一国的货币制度与该国的金融体系特别是作为金融体系重要组成部分的银行体系之间存在着复杂而又十分重要的关联。在现代银行条件下，货币创造与信用创造密切相关，货币创造与信贷创造同时产生。当银行能够贷款的数量受到限制时，它们能够创造的货币数量也同时受到限制。从这个意义上说，货币创造内生于银行体系的信贷（金融）行为①。而按照货币制度演进的一般逻辑，一种货币制度的成熟和稳定需要银行体系的伴随发展，货币制度只有从简单地由货币当局发行货币进入由银行体系内生货币的阶段，才会构成社会经济发展的支撑条件。因此，成熟的金融体系特别是成熟的银行体系是一国货币制度演进与发展的微观金融基础②。特别是在现代金融发展推动下，层出不穷的金融创新一方面使银行体系乃至整个金融体系的货币（或者更广义的流动性）创造、供给能力不断提高，另一方面使货币（或者更广义的流动性）创造、供给的内生性不断增强，由此也造成了一国货币制度与该国银行体系乃至整个金融体系之间的关系变得更加复杂。尽管不能把一国国内货币金融体系中货币制度与金融体系之间的关系简单地线性外推为国际货币金融体系中国际货币体系与国际金融体系之间的关系，但是作为国际货币金融体系组成部分或子系统的各国货币金融体系内货币制度与金融体系之间关系的发展变化，必然会影响到整体的国际货币金融体系内国际货币体系与国际金融体系之间的关系。因此，国际货币体系与

---

① ［美］约瑟夫·斯蒂格利茨、布鲁斯·格林沃尔德，陆磊、张怀清译：《通往货币经济学的新范式》，中信出版社2005年版，第257页。

② 张杰：《银行制度改革与人民币国际化：历史、理论与政策》，中国人民大学出版社2010年版，第1页。

国际金融体系之间同样存在着复杂而重要的关联。研究国际货币体系的发展演变、国际金融体系的发展演变乃至整个国际货币金融体系的发展演变，需要全面、深入地把二者之间的关联、影响和互动机制厘清，这是关于国际货币金融体系问题研究得以深入的基本前提和关键所在。

长期以来，国内外学者对国内货币制度与金融体系之间的关系进行了大量深入、细致的研究，取得了大批重要而且有价值的研究成果。但是，在关于国际货币金融体系的研究中，从货币与金融之间关系的基本逻辑出发，在统一的理论分析框架下，对国际货币体系与国际金融体系二者之间相互关系和影响，以及从二者之间相互关系和影响的角度来对国际货币体系发展演变、国际金融体系发展演变乃至整个国际货币金融体系发展演变的系统性、全面研究并不多见。

针对这种状况，本书从货币与金融之间关系的基本逻辑出发，运用现代货币经济学、国际金融学分析范式，以国际货币体系与国际金融体系二者之间的相互关系和相互影响为切入点，来研究国际货币体系的发展演变、国际金融体系的发展演变乃至整个国际货币金融体系的发展演变趋势，中国参与和推动国际货币金融体系改革，以及人民币国际化与金融发展（国内金融市场发展、资本项目开放）等问题。

本书最重要的创新或者价值在于：运用现代货币经济学、国际金融学分析范式，建立了一个严谨的国际货币金融体系特别是关于国际金融体系与国际货币体系之间关系的理论分析框架。首先，运用现代货币经济学分析范式，建立了一个现代影子银行条件下的内生流动性创造理论分析框架。从货币与金融之间关系的基本逻辑出发，在传统的货币乘数理论基础上，借鉴现代银行体系对货币创造影响的视角，建立了一个影子银行条件下的广义银行体系流动性创造乘数模型，从而为分析现代影子银行条件下的内生流动性创造和供给机制提供了简明的分析工具，揭示了金融体系演变（表现为影子银行体系的发展）对流动性创造和供给的影响。其次，运用现代货币经济学、国际金融学分析范式，建立了一个内生于国际金融体系的国际货币体系理论分析框架。在现有的相关研究基础上，以国际货币体系与国际金融体系之间的关系为切入点，建立了一个基于“国际收支货币分析法”的统一、兼容的国际货币体系理论分析模型。在模型中引入主要由金融体系决定的货币乘数①（乃至更广义的流动性乘数）这一变量，通过货币乘数（乃至更广义的流动性乘数）变化对货币供给的影响来揭示现代金融体系演变对货币创造（乃至更广义的流动性）创造的影响，进而揭示国际金融体系演变与国际货币体系演变之间的复杂互动，以及国际金融体系演变对国际货币体系演变的影响。上述两个理论分析框架相结合，就构成了一个完整的国际货币金融体系特别是关于国际金融体系与国际货币体系之间关系的理论分析框架，从而可以对伴随金融全球化进程不断深入，国际金融体系不断发展、演化的国际货币体系发展、演变历史给出内在逻辑一致的理论解释。

具体而言，本书运用现代货币经济学、国际金融学理论分析范式，主要研究了五个方面的内容：国际货币金融体系的演变历史；国际货币金融体系演变的理论分析框架；国际货币金融体系改革的最新进展；中国与国际货币金融体系改革；人民国际化与金融发展（国内金融市场发展、资本项目开放）之间的关系。全书的内容由十章组成。

第一章，国际货币体系的发展、演变。回顾和介绍国际货币体系的发展、演变以及相应的国际货币体系治理的发展、演变历程，分析、阐释现行国际货币体系存在的主要问题和面临的主要挑战。

第二章，国际金融体系的发展、演变。回顾和介绍金融全球化和国际金融体系的发展、演变以及相应的全球金融治理的发展、演变历程，分析、阐释现行国际金融体系存在的主要问题和面临的主要挑战。

第三章，影子银行体系——国际金融体系的当代发展。研究、分析作为

① 中央银行也可以通过货币政策工具影响货币乘数。

近年来国际金融体系发展最重要的表现形式之一的影子银行体系的发展状况及其对国际货币体系的影响机制。首先，界定、描述影子银行的内涵与运行特征；在此基础上，通过建立一个影子银行条件下广义银行体系的流动性创造乘数模型，分析影子银行体系对经济中流动性创造和流动性供给的影响，揭示出影子银行的流动性创造创造效应和流动性创造转移效应；最后，进一步分析影子银行体系对国际货币体系的影响。

第四章，国际货币体系的发展、演变与改革前景——一个理论模型。通过建立一个统一、兼容的国际货币体系分析框架，从理论上分析、阐释国际货币体系特别是国际储备货币体系的发展、演变规律，并在此基础上进一步讨论国际货币体系的改革前景。首先，建立一个基于“国际收支货币分析法”的统一、兼容的国际货币体系理论分析框架，通过在模型中引入货币乘数从而将国际金融体系发展对国际货币体系的影响纳入该分析框架之中；在此基础上，运用这一分析框架，分别分析国际金本位制、布雷顿森林体系、牙买加体系下国际货币体系的运转情况和演变规律；最后，继续运用这一分析框架，来分析、讨论国际货币体系改革各种方案的得失以及国际货币体系改革的前景。

第五章，国际货币体系中的主要国际货币。在前面理论分析的基础上，重点分析两种最重要的国际货币——美元和欧元在国际货币体系中的地位和作用。首先，分析美元在国际货币体系中的霸权地位及其原因、美国债务的发展趋势及未来美元的走向。其次，分析欧元产生对国际货币体系的影响、欧债危机与欧元区的非对称性、欧元区结构改革和深化一体化进程的最新进展以及欧元未来的前景。

第六章，金融危机后国际货币体系改革的进展。介绍全球金融危机后国际货币体系改革在国际储备货币多元化、国际货币基金组织治理结构改革等方面取得的进展，并分析国际货币体系改革面临的主要挑战和改革前景。

第七章，金融危机后国际金融体系改革的进展。介绍全球金融危机后国际金融体系改革在全球金融监管改革、金融危机国际救助机制完善、全球金融治理机构进一步健全与完善等方面取得的进展，并分析国际金融体系改革面临的主要挑战和改革前景。

第八章，中国参与和推动国际货币金融体系改革的选择。回顾中国参与国际货币金融体系的历史以及中国在国际货币金融体系中角色的变迁，探讨中国进一步参与和推动国际货币金融体系改革的基本原则、能力建设和路径选择。

第九章，金融发展与人民币国际化。基于前面货币与金融之间关系的分析，国际货币体系与国际金融体系之间关系的分析，在分析和介绍人民币国际化现状和存在主要问题的基础上，重点探讨金融市场发展与人民币国际化之间的关系和以深化国内金融改革促进人民币国际化的措施。

第十章，资本项目开放与人民币国际化。同样基于前面货币与金融之间关系的分析，国际货币体系与国际金融体系之间关系的分析，探讨资本项目开放与人民币国际化之间的关系。重点分析资本项目开放对发展中国家金融稳定的影响，以及积极稳妥推动资本项目开放从而更好地促进人民币国际化所需采取的措施。

目 录
Contents

第一章
国际货币体系的发展、演变

国际货币体系是指为适应国际经济交易与国际支付的需要，各国政府对货币在国家间的职能以及其他有关货币的国际问题所确定的规则、惯例及机构安排的总称。伴随世界政治经济格局的发展、变化，国际货币体系也处于不断发展、变革之中，它对于协调国际货币关系、维护国际货币秩序、促进国际经济交流、推动世界经济发展发挥了十分重要的作用。

第一节　国际货币体系的发展、演变

国际货币体系是伴随着世界各国经济的发展，适应商品和要素在国家间流动的需要而产生、发展和不断演变的。历史地看，国际货币体系的发展大致可以分为三个阶段：国际金本位制、布雷顿森林体系和牙买加体系阶段①。

一、国际金本位制

国际金本位制是人类历史上第一个真正意义上的国际货币体系。虽然已

① 孙杰：《汇率与国际收支——现代西方国际金融》，经济科学出版社1999年版，第26~75页。

经退出历史舞台多年，但由于它是国际货币体系的初始形成阶段，并且当前国际货币体系中存在的许多矛盾和冲突在国际金本位制时期就已经出现，因此国际金本位制在国际货币体系的发展演变过程中占有极为重要的地位[①]。国际金本位制是在英国、法国、德国和美国等资本主义国家实行国内金本位制的基础上形成的。从理论上讲，金本位制首先是一种国内的货币制度，它是以一定成色及重量的黄金作为本位货币的一种货币制度。国际金本位制是以各国普遍采用的金本位制为基础的国际货币体系，形成于19世纪70年代以来人类历史上第一次大规模的经济全球化时期。

1. 国际金本位制的建立

在国际金本位制建立之前的16～18世纪，包括美国和欧洲的各个新兴资本主义国家采取的是金银本位制或复本位制。在格雷欣“劣币驱逐良币”规律的作用下，18世纪70年代，复本位制货币制度遇到了前所未有的困难，国际货币秩序混乱不堪，严重阻碍了国际贸易、投资活动的开展。

而作为世界上最早发生工业革命从而走上现代经济增长之路的国家，英国自18世纪初就开始逐步确立了金本位的货币制度。适应国际贸易、国际资本流动蓬勃发展的需要，19世纪下半期以后，其他世界主要国家相继采用金本位制，新兴国家也纷纷仿效，将金本位作为它们的货币制度。到20世纪初，金本位制成为世界通行的货币制度。与之相应，在国际上形成了以各国普遍采用的金本位制为基础的国际货币体系——国际金本位制。

国际金本位制主要包括金币本位制、金块本位制和金汇兑本位制三种形态。其中，金币本位制或古典金本位制是金本位制的最初形态，金币本位制崩溃以后，金块本位制和金汇兑本位制同时流行。

从国际金本位制的历史发展现实来看，即使在古典金本位制时期，各国的货币制度安排仍然存在着很大的不同。这种区别主要体现在两个方面。

---

① 李若谷：《国际货币体系改革与人民币国际化》，中国金融出版社2009年版，第2页。

一是只有少数国家实行纯粹的金本位制。现实中，只有英国、德国、法国和美国这 4 个国家实行纯粹的金本位制，这些国家国内流通的主要是金铸币，并辅之以部分的纸币和辅币流通。而在其他实行金本位制的国家，国内流通的货币主要采用纸币、银币或符号硬币，这些国家的政府承诺按固定的价格将货币兑换成黄金。

表 1－1　1880 年以后金本制下各国流通货币的主要形式和货币发行储备的形式

货币发行储备的形式	国内流通货币的主要形式	
	以金币为主	金、银、辅币及纸币兼用
黄金	英国 法国 德国 美国	比利时 瑞士
外汇为主	俄罗斯 澳大利亚 南非	奥匈帝国 日本 荷兰 斯堪的纳维亚各国 其他英属殖民地
全部外汇		菲律宾 印度 拉丁美洲国家

资料来源：Barry，Eichengreen，*Globalizing Capital，a History of the International Monetary System*，Princeton University，2008，pp. 20.

二是各国之间在国际储备构成与管理上存在明显差异。实行纯粹金本位制国家的国际储备主要是黄金，而其他国家的国际储备中则包含了许多外汇储备资产。其中，最主要的外汇储备资产是英镑资产、法国法郎资产、德国马克资产等。在国际金本位制的建立过程之中，凭借英国强大的经济实力，英镑成为国际贸易首要的支付手段和国际货币体系中主要的储备货币。到 19 世纪末，英镑的国际地位已经牢牢确立，成为一种等同于黄金的国际货币。据 Lindert（1969）估计，在 1899～1913 年间，全球各国的官方外汇储备中

40%是英镑资产，外汇储备增量的36.5%也是英镑资产①。英镑成为国际金本位制下的核心货币。因此，甚至有经济学家把第一次世界大战前英国主宰下的国际金本位制称为“英镑本位制”②。

表1-2　　1899年和1913年官方外汇储备币种构成比重（%）

	英镑	法郎	德国马克	其他	总计
1899年	21.58	5.59	4.97	18.50	50.64
1913年	87.35	56.49	28.11	58.99	230.94
变化	65.77	50.90	23.14	40.49	180.31

注：其他货币包括比利时法郎、瑞士法郎、荷兰盾及美元等。

资料来源：Barry，Eichengreen，*Globalizing Capital*，*a History of the International Monetary System*，Princeton University，2008，pp. 23.

2. 古典国际金本位制的特点

从国际货币体系的角度来看，古典的国际金本位制的特点是：以黄金确定货币所代表的价值，各国货币具有法定的含金量，并按所含黄金重量来确定彼此的比价；按照法定的含金量，金币可以自由铸造，同时也可以自由熔化；金币是无限法偿货币，具有最后支付手段的地位，一国的金币同代表金币流通的其他金属（比如银）铸币或银行券可以自由兑换；各国最终的货币储备是黄金，国际结算主要使用黄金，黄金可以自由输出入。

因此，从本质上看，古典的国际金本位制是一种完全自由、自发调节的国际货币制度，实际上是金本位的货币制度在国际范围内的延伸，是国际市场自发选择的结果。在古典国际金本位制下，金币的自由铸造或熔化具有自发调节市场上货币流通量的作用，因而保证了各国物价水平的相对稳定；金币的自由兑换，保证了黄金与其他代表黄金流通的金属铸币和银行券之间的比价相对稳定；黄金的自由输出入，保证了各国货币之间黄金平价和汇率的相对稳定。在古典国际金本位制下，各国货币实质上实行固定汇率制度，各

① Lindert，Peter. “Key Currencies and Gold，1900-1913”，*Princeton Studies in International Fiance* 24，International Finance Section，Department of Economics，Princeton University，1969.

② 李若谷：《国际货币体系改革与人民币国际化》，中国金融出版社2009年版，第4页。

国货币之间的兑换比率（汇率）极为稳定，因而古典的国际金本位制是一种稳定和具有高度信誉的国际货币制度安排。

3. 两次世界大战之间的货币动荡与国际金本位制的崩溃

从国内的角度来看，金本位制是一种由实施国政府“垄断”或严格治理的货币制度，但从国际的视角来看，国际金本位制基本上是一种“自由放任”的国际货币体系。在国际金本位制下，国际货币治理缺失，国际货币事务协调严重失灵，最终酿成了严重后果。

首先，金本位的货币制度过于依赖黄金，而在现实中黄金产量的增长远远无法满足世界经济贸易增长对黄金的需求；而且，各国经济实力的巨大差距造成黄金储备分布的极端不平衡①。随着时间的推移，银行券的发行日益增多，黄金的兑换日益困难。

其次，从金本位制的国际收支调节机制来看，在理论上，在金本位制的“游戏规则”下，发生国际收支盈余从而黄金流入国家的中央银行应扩张国内货币供给、产生通货膨胀，发生国际收支赤字的国家则应该降低国内货币供给、制造通货紧缩，来使价格—铸币流动机制（price - specie flow mechanism）发挥作用。然而在实践中，由于缺乏有效的国际协调，赤字国为避免黄金储备完全流失、本币丧失可兑换性，不得不服从这一规则，但却无法阻止盈余国冲销黄金流入并无限地积累黄金储备（只要政府为实现国内目标而愿意这样做）。盈余国与赤字国之间货币存量调整的不对称性，使得国际金本位制的运行存在着内在的通货紧缩倾向②。

尽管在一战之前，盈余国与赤字国之间的这种不对称性就存在，但当时的国际金本位制是以英格兰银行的运作为中心，英格兰银行在其他国家中央银行协助下，能够以很少的黄金储备保证持续的可兑换性和国际金本位制的

---

① 次贷危机研究课题组：《次贷危机正在改变世界》，中国金融出版社2009年版，第382页。

② ［美］本·S. 伯南克：《大萧条》，宋芳秀、寇文红译，东北财经大学出版社2013年版，第86页。

平稳运行[①]。然而，一战爆发后，世界各国纷纷中止黄金输出，停止银行券和黄金的自由兑换，货币政策从属于国内政治目标的需要，甚至成为战时赤字的融资工具，古典的国际金本位制因此被迫中断。

一战结束后，世界各国试图重回战前的古典金本位制，1922 年 4 月 10 日，英国、法国、意大利、比利时、日本、苏联等 29 个家在意大利召开世界货币金融会议，讨论国际货币体系重建的问题[②]。然而面对黄金供给量与世界经济规模、市场交易规模之间的矛盾，会议建议采取一种不直接使用黄金的国际货币制度——国际金汇兑本位制。国际金汇兑本位制也被称为“虚金本位制”，它实际上包括两种货币制度：一种是金块本位制，另一种就是金汇兑本位制。从本质上讲，金汇兑本位制实际上是一种附加了限制条件的金本位制。在金汇兑本位制下，一方面，黄金仍然是国际货币体系的基础，其作为货币发行基础的地位没有改变，但另一方面，黄金在国内货币制度和国际货币体系中的作用被弱化，因此，国际金汇兑本位制的基础并不稳固。此外，由于货币制度与黄金之间的关系弱化，各国的货币政策获得了更大的自主权。

在这种情况下，面对复杂动荡的国际经济环境，各国货币政策成为“以邻为壑”的货币贬值、竞相向其他国家“出口”失业的工具。竞争性的货币贬值以及其他“以邻为壑”政策的恶性循环，造成了世界各国经济大幅下滑，失业率剧增，最终 1929 年世界经济危机的爆发将世界经济拖入大萧条的泥潭。与此同时，竞争性的货币贬值也导致了黄金挤兑风潮。1931 年 9 月 21 日，英国面对难以应付的挤兑黄金困境，最终宣告放弃金块本位制；美国于 1933 年爆发美元危机，也被迫放弃金本位制，从而宣告了国际金本位制的彻底瓦解，世界经济陷入了空前的混乱和危机之中，并在政治上导致了二战的浩劫。

---

① Eichengreen, Barry, “Conducting the International Orchestra: Bank of England Leadership under the Classical Gold Standard”, *Journal of International Money and Finance*, Vol. 6 No. 1, 1987.

② 这是世界上第一次召开国际性经济会议，从某种意义上说，这也可以说是国际社会关于国际货币秩序国际治理努力的一次尝试。

从上面的分析可以看出，在国际金汇兑本位制下，国际货币规则缺乏，各国货币政策“各自为政”“以邻为壑”，是造成两次世界大战之间动荡、混乱的国际货币秩序以及大萧条的重要原因。严峻的现实表明，如何有效地治理国际货币体是维护国际货币体系稳定的决定性因素之一，也是促进世界持续健康发展的关键所在。

二、布雷顿森林体系

国际金本位制实际上是主要国家的国内金本位制在国际范围的自然延伸，基本上是一种市场自发的国际货币体系，而不是一种通过国际社会协调、配合、合作即全球治理而形成的国际货币体系。鉴于历史的教训，国际社会在二战后建立了具有全球治理特征的国际货币体系——布雷顿森林体系。

1. 布雷顿森林体系的建立

20 世纪 30 年代的大萧条和二战的爆发使国际货币体系陷入极度混乱，给世界各国经济发展造成了巨大创伤。因此，重建国际货币秩序成为促进战后经济恢复和发展的一项重要内容。与此同时，经过二战的洗礼，世界各国的经济政治实力发生了重大变化，英国经济在战争期间遭到了重创，而美国成为世界头号强国，美元的国际地位也因其空前雄厚的黄金储备而空前巩固，这就使得建立一个美国主导的世界经济体系和国际货币体系成为可能。

在第二次世界大战尚未完全结束时，国际社会已经开始着手努力重建国际货币体系。1943 年 4 月 7 日，美国、英国都分别提出了各自关于战后国际货币秩序安排的设计方案，即美国财政部长助理怀特设计的“联合国平准基金计划”（也被称之为“怀特计划”）和英国财政部凯恩斯设计的“国际清算同盟计划”（也被称之为“凯恩斯计划”）。

1944 年 7 月，在美国、英国等大国的推动下，联合国货币与金融会议在美国新罕布什尔州布雷顿森林召开，45 个国家的代表参加了会议。会议通过了以“怀特计划”为基础的《国际货币基金协定》和《国际复兴开发银行协定》，统称为《布雷顿森林协定》，从而形成了以美元为中心的国际货币体系——布雷顿森林体系。

2. 布雷顿森林体系的特点

根据《布雷顿森林协定》，布雷顿森林体系的基本内容是：美元与黄金挂钩，确认美国 1934 年 1 月规定的美元含金量为 0.888671 克，即 35 美元 = 1 盎司黄金；各国货币按黄金量与美元建立平价关系，并可按 35 美元一盎司的官价向美国兑换黄金；实行可调整的钉住汇率制，各国货币对美元的汇率只能在平价 ±1% 的幅度内波动，若波动幅度超过平价 ±1%，各国政府有义务进行市场干预，只有在成员国的国际收支发生根本性不平衡时，才能改变货币平价；建立国际货币治理的国际机构——国际货币基金组织（IMF），以促进国际货币合作与国际经济政策协调。

从总体上来看，布雷顿森林体系最核心的特征主要表现在两个方面。

一是在布雷顿森林体系中，实行美元与黄金挂钩，各国货币与美元挂钩，因此，布雷顿森林体系下的国际货币制度是一种“双挂钩”制度。首先，布雷顿森林体系是一种黄金汇兑自由极大削弱了的金汇兑本位制；其次，美元又是唯一一种跟这种金汇兑本位制挂钩的货币。因此，通过这一安排，美元确立了在国际货币体系中的中心地位，从而发挥世界货币的职能。从这个意义上说，布雷顿森林体系实际上实行的是“黄金—美元本位制”①。

二是布雷顿森林体系是一种具有成熟的全球治理特征的国际货币体系。在布雷顿森林体系中，国际货币基金组织（IMF）是维持这一体系正常运转的中心机构，它负有监督国际汇率、提供国际信贷、协调国际货币关系三大职能②。布雷顿森林体系的建立，结束了二战前国际货币金融领域的动荡无序状态，并且通过广泛的国际协调、合作，形成了对国际货币体系的全球治理。布雷顿森林体系下相对稳定的国际货币秩序，对推动战后经济恢复和发展起

---

① 次贷危机研究课题组：《次贷危机正在改变世界》，中国金融出版社 2009 年版，第 384 页。
② 朱民：《改变未来的金融危机》，中国金融出版社 2009 年版，第 274 页。

到了十分积极的作用。

3. 布雷顿森林体系的演变和崩溃

布雷顿森林体系在建立后的近20年时间里保持了良好运转。在布雷顿森林体系下，国际货币秩序保持平稳，极大地促进了战后世界经济的恢复和发展。但是，随着时间的推移，布雷顿森林体系的缺陷也逐步暴露出来。从根本上讲，布雷顿森林体系存在自己无法克服的内在缺陷。

在布雷顿森林体系下，美元是唯一的储备货币，且资本流动受到限制，各国中央银行要想积累储备货币就必须对美国拥有贸易顺差，即美元成为储备货币的必要条件是美国保持贸易逆差。因此，为了满足不断增长的世界各国支付和对储备货币的需求，美国必须通过贸易逆差不断输出美元。但是，美国贸易逆差持续不断积累从而使美元储备货币的供给不断增加，又会损害美元持有者对美国的35美元兑换1盎司黄金的承诺的信心（美国的黄金储备是有限的）。简言之，美元储备货币以美国保持贸易逆差为条件，但美国贸易逆差的持续积累又必然导致市场对美元—黄金本位的信心减弱，从而动摇布雷顿森林体系的基石。这就是所谓的"特里芬难题（Triffin Dilemma）"①。布雷顿森林体系面临的这一内在不可调和的矛盾，导致了20世纪60年代以来美元危机频发，并最终导致了布雷顿森林体系解体。

布雷顿森林体系的动摇和解体是围绕着三次美元危机而展开的。第一次大规模的美元危机发生在1960年。由于在布雷顿森林体系下，美元与黄金具有同等的地位，且美元储备与黄金储备相比又有利息，因此各国都愿意持有美元作为国际储备。因此，在20世纪50年代，世界上普遍存在着美元荒。从1958年开始，美国国际收支不断恶化。1960年，美国外债首次超过其黄金储备，从而导致美元相对过剩的情况。许多国家开始用自己手中的美元向美国政府兑换黄金，美国黄金储备大量流失。针对这种状况，美国要求欧洲国

① 余永定："国际货币体系改革和中国外汇储备资产保值"，《国际经济评论》2009年第3期。

家在IMF的框架内与其合作，以维持外汇市场和黄金价格稳定，保持美元的可兑性。美国与欧洲、日本签订了“互惠信贷协议”、在IMF内建立了“借款总安排”① 和“黄金总库”②。第一次美元危机在前述措施的帮助下得以度过，但不久以后又爆发了第二次美元危机。20世纪60年代，美国实施了“伟大社会”建设计划，加之1961年越南战争爆发以后，美国卷入战争的程度逐年加深，造成美国财政状况明显恶化，通货膨胀加剧，美元再度受到巨大的贬值压力，市场再现抛售美元、抢购黄金风潮。受形势所迫，1968年3月，美国政府不得宣布实行“黄金价格双轨制”③。与此同时，为解决国际储备供给不足的问题，1969年，IMF创立了“特别提款权”（Special Drawing rights，SDRs）。SDR被称为“纸黄金”，是IMF创造的一种国际储备资产，既可以替代黄金，也可以替代美元。尽管SDR的创立可以解决“特里芬难题”（Triffin Dilemma），但同时也会影响美元的国际地位，因此在美国的反对下，SDR在国际储备中的数量微不足道，因而美元危机依然无法克服。由于美国国际收支继续不断恶化，造成美国短期外债继续大幅上升而黄金储备继续不断减少，从而导致美元“悬突额”（overhang）不断上升，最终美国的黄金储备再也无法支撑其沉重的美元债务负担。1971年8月15日，美国总统尼克松宣布“新经济政策”，关闭“黄金窗口”，停止美元与黄金之间的兑换，从而宣告了布雷顿森林体系的崩溃④。

---

① 详见第二章。

② 美国、英国、法国、联邦德国、意大利、荷兰、比利时和瑞士8国中央银行于1961年10月达成协议，共同出资维持金价稳定和布雷顿森林体系正常运转。根据协议，8国共同出资相当于2.7亿美元的黄金建立“黄金总库”，其中，美国出50%，英国、德国、法国、意大利各出9.3%，瑞士、荷兰、比利时各出3.7%，用于调节市场的黄金供求，稳定金价。但相对于国际市场巨大的黄金需求，黄金总库无异于杯水车薪。事实上，黄金总库在1968年美元实行黄金价格双轨制后就解体了。

③ “黄金价格双轨制”是指：在官方市场上保持35美元兑换1盎司黄金的价格，而在私人市场则完全根据供求关系来决定黄金与美元的比价。随着黄金需求持续上涨，私人市场上的黄金价格飙升，与官方市场比价的差距越来越大。

④ 李若谷：《国际货币体系改革与人民币国际化》，中国金融出版社2009年版，第20~25页。

三、牙买加体系

自20世纪60年代至70年代，布雷顿森林体系经历了多次美元危机。1971年，布雷顿森林体系最终走向了瓦解，国际货币秩序和国际金融形势再度陷入动荡不安。在这种情况下，需要建立一个新的国际货币体系，来协调新形势下的国际货币事务，维护国际货币秩序。在经过5年的国际货币金融动荡之后，国际社会终于签订了《牙买加协定》，国际货币体系进入了“牙买加体系”时代。

1. 牙买加体系的建立

面对国际货币秩序动荡不定的严峻形势，IMF于1972年7月成立了一个由11个发达国家、9个发展中国家组成的20国委员会，负责具体研究国际货币体系的改革问题。1974年10月，IMF另行成立“国际货币事务临时委员会”①，负责研究国际货币体系的改革和《国际货币基金协定》的修订。1976年1月，IMF“国际货币事务临时委员会”在牙买加首都金斯敦举行会议，经过激烈争论，会议最终达成了《牙买加协定》。同年4月，IMF理事会通过了《国际货币基金协定第二修正案》，对国际货币事务作出新的安排，从而标志着国际货币体系进入了一个新的阶段——牙买加体系的阶段。

2. 牙买加体系的基本特征

根据《牙买加协定》，牙买加体系的核心内容包括：第一，黄金非货币化。黄金与货币脱钩，即黄金不再是各国货币的平价基础，会员国之间以及会员国与IMF之间需用黄金支付的义务一律取消。第二，国际储备多元化。美元是最主要的储备货币，日元、德国马克（2001年以后是欧元）也成为重

---

① 1972年，IMF“20国委员会”建议增设规模小于理事会的具有决策权的新机构，定期开会讨论世界经济形势，并就国际收支失衡问题向有关成员国施加影响。IMF于1974年10月成立了具有咨询功能的“理事会国际货币事务临时委员会”。1999年，IMF理事会通过决议，将临委会改名为“国际货币与金融委员会”。

要的储备货币，特别提款权（SDR）进入储备资产行列。第三，汇率安排多样化。将业已形成的浮动汇率和其他汇率制度合法化，各成员国在服从 IMF 指导和监督的前提下可以根据本国的实际选择不同的汇率制度。第四，国际收支调节机制多样化。主要通过汇率机制、利率机制、IMF 的干预和贷款活动调节国际收支。

与布雷顿森林体系相比，牙买加体系具有这样两个鲜明的基本特征。

首先，牙买加体系是对布雷顿森林体系的扬弃：一方面，它继承了布雷顿森林体系下的国际货币治理机构——国际货币基金组织（IMF），并且 IMF 的作用还得到了加强；另一方面，美元虽然不再是唯一的国际储备货币，但未影响到它在国际储备货币中的支配地位，而且由于黄金非货币化，因此，牙买加体系实际上实行的是“美元本位制”①。

其次，与布雷顿森林体系相比，牙买加体系表现出了较强的灵活性和适应性，既提高了各国宏观经济政策的自主性，也增加了国际收支调节机制的有效性，因此，在维持国际经济正常运行、推动世界经济持续发展方面具有积极的作用；但是，浮动的汇率制度和资本的跨境自由流动，又使得牙买加体系成为一种“国际放任主义”或“无体系”的国际货币体系②。牙买加体系的“国际放任主义”在新的国际环境下成为国际货币动荡的根源之一③。

第二节　当前国际货币体系的基本特征

国际货币体系是联结世界各国经济的纽带。运行良好的国际货币体系应

---

① 朱民：《改变未来的金融危机》，中国金融出版社 2009 年版，第 275 ~ 277 页。

② Williamson, John. “The Benefits and Costs of an International Monetary Nonsystem”, In Edward M. Bernstein et al. eds., *Reflections on Jamaica*, *Essays in International Finance* 115, Princeton, NJ: Princeton University Press, 1976, pp. 54 - 59; Corden, W. M.. “The Logic of the International Monetary Non - system”, *Centre for Economic Policy Research Discussion Paper*, No. 24, 1981.

③ 次贷危机研究课题组：《次贷危机正在改变世界》，中国金融出版社 2009 年版，第 387 页。

该能够最大化地促进国际贸易、投资活动的开展和世界各国经济的平稳发展。评价国际货币体系，可以从调节性、流动性和可靠性三个方面来进行。调节性是指纠正国际收支失衡的过程，一个良好的国际货币体系应该使调整成本和调整时间最小化。流动性是指可以用来应对国际收支暂时失衡的储备资产的数量，合意的国际货币体系应该能够提供足够的储备资产，以使一国可以弥补其国际收支赤字而不会造成本国经济紧缩或世界经济通胀。可靠性是指调节机制具有正常运转的自动机制，能够保持国际储备的绝对和相对价值①。国际货币体系实际上也是围绕着这些方面而展开。具体而言，当前的国际货币体系具有如下特征。

一、美元为主导的多元国际储备货币供给

牙买加体系的建立，结束了布雷顿森林体系下美元“一元独霸”的局面，实现了国际储备货币供给的多元化，从而形成了以美元为主导的多元国际储备货币格局。在牙买加体系下，尽管美元在全球外汇储备中所占比重有所下降，但仍然在国际储备中占据了绝对优势的地位。在全球外汇储备中，美元所占份额一直独占鳌头，美元 2011 年在全球外汇储备中所占比例超过 62%；尽管欧元诞生后成为全球第二大储备货币，但是它在全球外汇储备中的份额远远低于美元，2011 年所占比例为 25% 左右；由于日本经济持续低迷，日元在全球外汇储备中所占的比例不断下滑，到 2011 年仅占不到 4%；英镑在全球外汇储备中所占的比例在 2.5% ~4.5% 左右徘徊，2011 年所占比例不到 4%。因此，美元是国际货币体系中居于最顶层的“超级货币”，对于世界各国经济发展具有举足轻重的作用。多元国际储备货币并存的国际货币体系处于美元“一元独大”的“一主多元”状态②。

---

① ［美］多米尼克·萨尔瓦多：《国际经济学（第 9 版）》，杨冰译，清华大学出版社 2008 年版，第 626 ~627 页。

② 陈雨露，马勇：《大金融论纲》，中国人民大学出版社 2013 年版，第 39 页。

表1-3　外汇储备的货币构成（%）

	1998	1999	2000	2001	2002	2003	2004
美元	69.30	71.01	71.13	71.51	67.08	65.93	65.95
欧元	16.99	17.90	18.29	19.18	23.80	25.16	24.81
日元	6.24	6.37	6.06	5.05	4.35	3.94	3.83
英镑	2.66	2.89	2.75	2.70	2.81	2.77	3.37
瑞士法郎	0.33	0.23	0.27	0.28	0.41	0.23	0.17
其他货币	4.47	1.60	1.49	1.28	1.55	1.97	1.88
	2005	2006	2007	2008	2009	2010	2011
美元	66.91	65.48	64.13	64.10	62.03	61.83	62.07
欧元	24.05	25.09	26.28	26.42	27.66	26.01	24.94
日元	3.58	3.08	2.92	3.13	2.90	3.66	3.59
英镑	3.60	4.38	4.68	4.01	4.25	3.93	3.84
瑞士法郎	0.15	0.17	0.16	0.14	0.12	0.13	0.29
其他货币	1.72	1.80	1.84	2.21	3.05	4.44	5.26

资料来源：根据 IMF 数据库整理。

二、多样化的汇率制度安排①

所谓汇率制度，是指一国货币当局对本国汇率水平的决定、汇率变动方式等问题所作的一系列安排或规定。由于汇率是一国经济活动中一个重要的价格水平，汇率水平及其调整的方式对一国的资源配置、对外经济活动乃至整个经济体系的稳定运行与发展起着十分重要的作用（丁一兵，2005）。

1. 汇率制度的名义和事实分类方法

科学、合理的汇率制度分类是研究汇率制度选择的基础与前提，如何进行汇率制度分类对研究一国的汇率制度选择以及汇率制度与宏观经济绩效之间的关系等问题有着非常重要的影响（Levy - Yeyati 和 Sturzenegger，2005；刘晓辉，

① 关建新：《货币错配与汇率制度选择——新兴市场国家汇率制度选择的一个视角》，中国发展出版社 2014 年版，第 84 ~95 页。

2008)。目前，汇率制度分类方法主要包括两大类：一种是按照一国官方或中央银行公开声明的汇率制度，即名义的汇率制度安排（de jure Exchange Rate Regime）来进行分类，这种分类方法称为汇率制度的名义分类方法；另一种是按照一国事实上汇率所表现出的制度安排，即事实的汇率制度安排（de facto Exchange Rate Regime）来进行分类，这种分类方法称为汇率制度的事实分类方法（刘晓辉，2008)。这两种汇率制度的分类方法都在一定程度上反映了各国汇率制度安排的状况，并且在研究中都得到广泛的运用，但是它们又各有利弊，不能完全真实地反映各国的汇率制度安排，因而都不能令人完全满意（陈三毛，2007)。

（1）IMF 的汇率制度分类

国际货币基金组织（IMF）自 20 世纪 50 年代开始对其成员国的汇率制度进行分类，根据具体分类依据和分类方式的不同，IMF 的汇率制度分类方法可以区别为 1999 年之前和 1999 年之后两个阶段。

①IMF 的法定汇率制度分类。1999 年之前，IMF 采用的是法定汇率制度分类方法。IMF 的法定汇率制度分类是一种典型的名义汇率制度分类。自 20 世纪 50 年代开始，IMF 的法定汇率制度分类方法一直处于不断发展、变化、完善之中（见表 1 -4)。直到 1999 年以前，IMF 根据其成员国所申报的汇率制度，将汇率制度分为：钉住（钉住美元、英镑、法郎、其他货币、货币篮子)、中间汇率安排（有限弹性)、更加灵活的汇率安排（管理浮动、独立浮动)。

表 1 -4　　IMF 的汇率制度分类沿革

1950 ~1973 年 1. 平价或中心汇率 2. 适用于全部或大部分交易的、除平价或中心汇率以外的其他有效汇率
1974 年（不再提及平价） 1. 按下列货币单位将其维持在相对狭小幅度内的汇率：美元、英镑、法郎，一组货币，其主要贸易伙伴的平均汇率 2. 不将其维持在相对狭小幅度内的汇率
1975 ~1978 年 1. 按下列货币单位将其维持在相对狭小幅度内的汇率：美元、英镑、法郎、南非里德或西班牙比塞塔，一组货币（在相互干预协定下的），以及综合货币 2. 不将其维持在相对狭小幅度内的汇率

续表

1979～1982 年 1. 按下列货币单位将其维持在相对狭小幅度内的汇率：美元、英镑、法郎、澳大利亚元、葡萄牙埃斯库多、南非里德或西班牙比塞塔，一组货币（在相互干预协定下的），以及综合货币以及一套指标 2. 不将其维持在相对狭小幅度内的汇率
1983～1996 年 汇率按以下基础决定： 1. 钉住于：美元、英镑、法郎，其他货币和综合货币 2. 有限弹性，相对于：单一货币或合作安排 3. 较高弹性安排：按一套指标进行调整，其他管理浮动 4. 独立浮动
1997～1998 年 1. 钉住于：单一货币、综合货币 2. 有限弹性 3. 管理浮动 4. 独立浮动
1999～2008 年 1. 没有独立法定货币的汇率安排 2. 货币局安排 3. 传统的固定安排 4. 水平区间钉住汇率 5. 爬行钉住 6. 爬行区间 7. 无预定路径的管理浮动 8. 独立浮动
2009 年至今 1. 无独立法定货币的汇率安排 2. 货币局安排 3. 传统的钉住安排 4. 稳定化安排 5. 爬行钉住 6. 类似爬行安排 7. 水平区间钉住 8. 其他管理安排 9. 浮动 10. 自由浮动

资料来源：IMF（2009）。

②IMF 的事实汇率制度分类。由于 IMF 的法定汇率制度无法真正反映一国事实上的汇率制度安排，许多国家的汇率制度表现出明显的名实不符或言行不一，因而 IMF 的法定汇率制度分类难以成为真正反映各国汇率制度的标准。因此，IMF 从 1999 年以后开始提供基于各成员国宣称的汇率制度基础上的事实汇率制度分类。在 IMF（1999）的事实汇率制度分类中，各国的汇率制度安排被划分为 8 类。

2009 年，IMF 对其事实汇率制度分类方法进行了部分的改进，将汇率制度划分为 10 类，分别为：①无独立法定货币的汇率安排（Exchange arrangement with no separate legal tender）；②货币局安排（Currency board arrangement）；③传统的钉住安排（Conventional pegged arrangement）；④稳定化安排（Stabilized arrangement）；⑤爬行钉住（Crawling peg）；⑥类似爬行安排（Crawl－like arrangement）；⑦水平区间钉住汇率（Pegged exchange rate within horizontal bands）；⑧其他管理安排（Other managed arrangements）；⑨浮动（Floating）；⑩自由浮动（Free floating）。同时，IMF 相应地将 3 大类汇率制度中包含的具体汇率制度调整为：①硬钉住汇率制度，包括无独立法定货币的汇率安排、货币局安排；②软钉住汇率制度，包括传统的钉住安排、稳定化安排、爬行钉住、类似爬行安排、水平区间钉住汇率、其他管理安排；③浮动汇率制度，包括浮动、自由浮动。

与 1999 年以前的法定汇率制度分类方法相比，IMF 1999 年以后的事实汇率制度分类方法无论在分类的依据还是在分类的形式等方面都有明显的改进，它不再单纯地依赖各国官方公开宣称的汇率制度安排，而是非常注重各国政府真实的政策意图。但是，尽管如此，IMF 1999 年以后的事实汇率制度分类方法受到各国官方宣称的汇率制度的影响仍然较大，仍然有着浓重的名义汇率制度分类色彩。也正因为如此，有学者将 IMF 的事实汇率制度分类称为法定/事实汇率制度分类（黄薇、任若恩，2010），许多文献甚至干脆直接将 IMF 1999 年以后的事实汇率制度分类也称为名义汇率制度分类（刘晓辉，2008）。

（2）事实的汇率制度分类

由于IMF的汇率制度分类存在的缺陷，许多经济学家转而另辟蹊径，直接通过观察各国货币汇率的行为以及与汇率行为直接相关的变量来刻画汇率制度，并在此基础上对汇率制度进行分类，从而形成了事实的汇率制度分类方法。事实的汇率制度分类方法多种多样，最具代表性的是：Reinhart 和 Rogoff（2004）提出的汇率制度“自然分类法”和 Levy - Yeyati 和 Sturzenegger（2003，2005）运用 K - means 聚类的汇率制度分类法。

表 1 - 5　　R - R 分类法对汇率制度的划分

详细的汇率制度类别	详细的汇率制度类别赋值	粗略的汇率制度类别赋值	粗略的汇率制度类别
无独立的法偿货币	1	1	固定
事先宣布的钉住或货币局安排	2		
事先宣布的钉住水平汇率带（区间≤±2%）	3		
事实上的钉住	4		
事先宣布的爬行钉住	5	2	有限灵活
事先宣布的爬行带内浮动（区间≤±2%）	6		
事实上的爬行钉住	7		
事实上的爬行带内浮动（区间≤±2%）	8		
事先宣布的爬行带内浮动（区间≥±2%）	9		
事实上的爬行带内浮动（区间≤±5%）	10	3	管理浮动
可变的汇率目标区（区间≤±2%）	11		
管理浮动	12		
自由浮动	13	4	自由浮动
自由跌落	14	5	自由跌落

资料来源：作者根据 Reinhart 和 Rogoff（2004）整理。

①R - R 自然分类。Reinhart 和 Rogoff（2004）提出了汇率制度的“自然分类法”（natural classification algorithm），使用各国外汇市场状况的数据和过去汇率制度的历史记录对各样本国家的汇率制度进行分类。R - R 自然分类将

汇率制度划分为详细的 14 种类型和粗略的 5 种类型，并分别对划分的汇率制度类型进行了赋值（见表 1 –5）。

R – R 自然分类具有三个特点：首先，R – R 自然分类通过引入由市场决定的平行市场汇率和双重汇率市场数据来作为事实的汇率制度安排分类的依据，从而大大增加了汇率制度分类的可信度；其次，R – R 自然分类定义了一类特殊的汇率制度类型，货币当局无力而非不愿管理汇率，即自由跌落类型，从而将出现严重的宏观经济困难时期与正常时期的汇率制度安排区别开来；最后，R – R 自然分类所涉及的时间跨度长、覆盖范围广，涵盖了所有 IMF 成员国自 1946 年以来的汇率制度分类数据，而且随着时间的推移不断地进行更新，目前 R – R 自然分类的汇率制度数据已经更新到 2010 年（Ilzetzki、Reinhart 和 Rogoff，2011），同时还提供了月度频率的汇率制度分类数据。与其他的事实汇率制度分类方法相比，R – R 自然分类为汇率制度选择的分布、转变和绩效评价提供了更为丰富的历史信息。

②LYS 分类。Levy – Yeyati 和 Sturzenegger（2003，2005）分别使用月度的汇率波动率 σ_e ①、汇率变动的波动率 $\sigma_{\Delta e}$ ②和净外汇储备的变动率 σ_r ③这三个变量的观测值，运用纯粹的统计技术——K – means 聚类方法，按照观测值与聚类中心的最短距离来对汇率制度进行分类。按照 LYS 分类方法，汇率制度可以划分为 5 种类型：无法确定（Inconclusive）、弹性汇率（Flexible）、肮

① 汇率波动率（σ_e）表示日历年度内的名义汇率平均的绝对月百分比变化。

② 汇率变化的波动率 $\sigma_{\Delta e}$ 表示汇率月百分比变化的标准差。

③ 外汇净储备的变动率 σ_r 表示 r 平均的绝对月变化，即平均的净美元国际储备相对于以美元表示的上月货币基础的绝对月变化。其中，以美元计值的外汇净储备 R_t 被定义为以美元计值的中央银行国外资产减去国外负债以及中央政府存款。即以美元表示的净储备 R_t 定义为：$R_t = \frac{ForeignAsset_t - ForeignLiabilities_t - CentralGovDeposits_t}{e_t}$。其中，$ForeignAsset_t$、$ForeignLiabilities_t$、$CentralGovDeposits_t$ 分别表示以本国货币计值的月底的外国资产、外国负债、中央政府存款，e_t 表示美元的本币价格。外汇市场月干预指标 r_t 定义为：$r_t = \frac{R_t - R_{t-1}}{\frac{MonetaryBase_{t-1}}{e_t}} = \frac{\Delta R_t}{\frac{MonetaryBase_{t-1}}{e_t}}$。

脏浮动（Dirty Float）、爬行钉住（Crawling Peg）和固定汇率（Fixed）。

表 1－6　　LYS 关于汇率制度的分类标准

	σ_e	$\sigma_{\Delta e}$	σ_r
无法确定（Inconclusive）	低	低	低
弹性汇率（Flexible）	高	高	低
肮脏浮动（Dirty Float）	高	高	高
爬行钉住（Crawling Peg）	高	低	高
固定汇率（Fixed）	低	低	高

资料来源：Levy －Yeyati 和 Sturzenegger（2003，2005）。

但是，由于 LYS 分类是基于日历年度的分类，因此这种汇率制度分类不可避免地也会影响到汇率制度发生变化年度的分类结果的准确性。LYS 最初对 1974～2000 年间 183 个国家的汇率制度进行了分类并形成了相应的数据库，目前，该数据库更新到了 2004 年。

2. 布雷顿森林体系解体以来世界各国汇率制度选择演变的特点

20 世纪 70 年代布雷顿森林体系解体以后，世界各国汇率制度的演变进入了新的阶段。总体来看，后布雷顿森林体系时期世界各国的汇率制度选择体现出两个特征。

（1）汇率制度选择日趋走向多元化

布雷顿森林体系解体之后，国际货币体系进入了“无体系的体系”时代，原先在世界范围内实行的单一钉住汇率安排不复存在，各国纷纷根据本国国情自主选择适合自己的汇率制度，由此汇率制度选择走上了自主化选择的多元发展道路。由于国与国之间的情况千差万别，因而世界各国对于汇率制度的选择呈现出多元化的特征，一些国家选择实行完全浮动的汇率制度，另外一些国家选择实行有限浮动的汇率制度，还有许多国家仍然选择实行各种不同形式与程度的钉住或固定汇率制度安排。在全球范围内，汇率制度选择呈现出多种汇率制度并存、交替转换的局面。

（2）汇率制度安排的灵活性逐渐增强

无论采取何种汇率制度分类标准，是按照 IMF 的汇率制度分类还是按照

R－R的汇率制度分类，我们都可以看到，自20世纪70年代布雷顿森林体系解体以来，随着国际经济金融形势的发展变化，在牙买加体系下，世界各国所选择汇率制度的灵活性总体上呈现出不断增强的趋势。突出的表现是，实行传统的固定汇率制度的国家显著下降，而与此同时，实行不同程度的灵活汇率制度的国家显著增多。

按照IMF的汇率制度分类，在IMF成员国中，实行固定汇率制度的国家在1974年占到了该组织成员国的3/4以上，到1990年这一比例则下降到稍稍高于50%，进入21世纪以来这一比例一直保持在45%左右的水平上。而在1974年，实行自由浮动汇率制度的国家占IMF成员国的比例不足10%，到1990年这一比例上升到接近20%，20世纪90年代中期甚至一度接近40%，此后虽又有下降，但2000年以后这一比例基本一直保持在20%左右的水平上。此外，还有相当一部分国家实行了具有部分灵活性的有限弹性汇率制度和管理浮动汇率制度（见图1－1）。

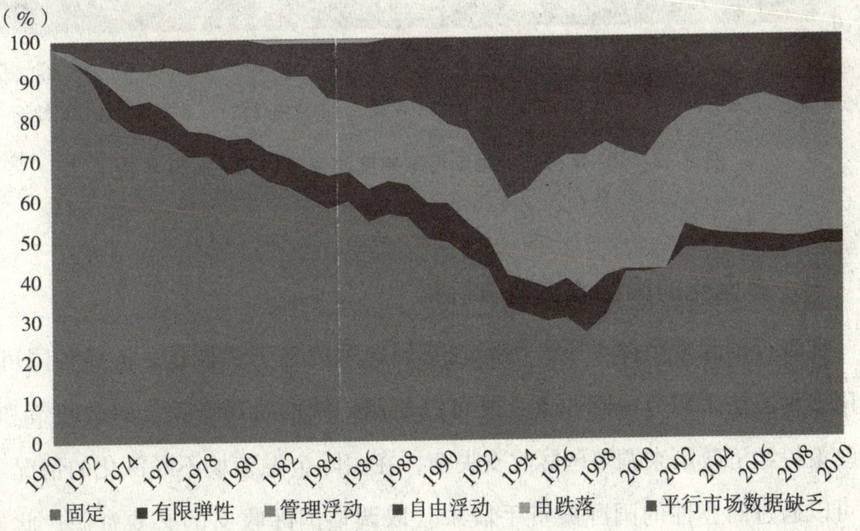

图1－1　IMF分类的国际汇率制度演变（1970～2010年）

按照R－R的汇率制度分类，在IMF成员国中，实行固定汇率制度的国家在1974年占到该组织成员国的50%左右，而到1990年这一比例下降到

40%左右，此后虽又有所上升，但2000年以后一直保持在45%左右的水平上。而在1974年，实行自由浮动汇率制度的国家在IMF成员国中所占的比例几乎可以忽略不计，到1990年上升到5%左右。与上述进程相对应，实行具有部分灵活性的有限弹性汇率制度和管理浮动汇率制度的国家则显著增多，几乎占到IMF成员国的40%左右（见图1-2）。

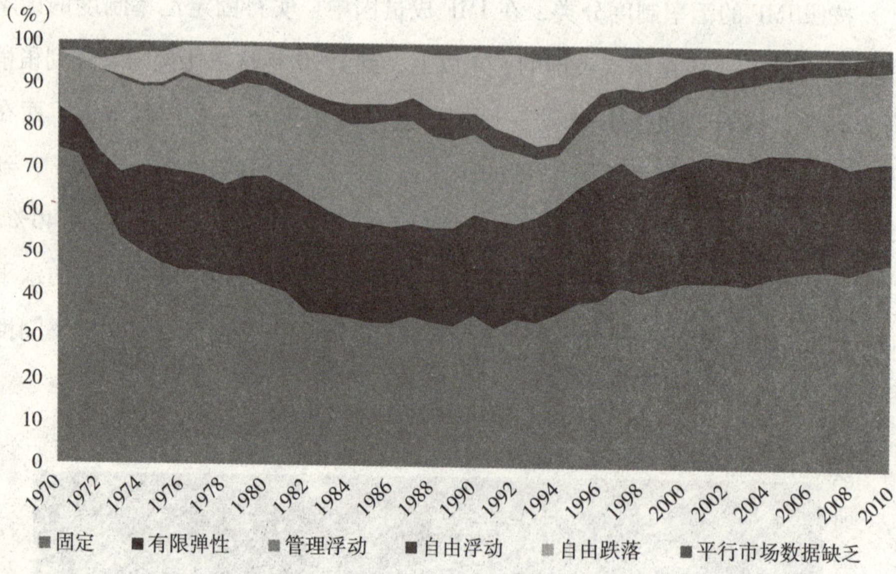

图1-2 R-R分类的国际汇率制度演变（1970~2010年）

三、多元化的国际收支调节机制

在现行国际货币体系下，国际收支调解手段趋于多样化。世界各国可以使用多种方法来调节国际收支：既可以使用传统的货币政策、财政政策和产业政策等经济政策来调节国际收支失衡，在国际金融市场不断深化的情况下，也可以通过商业性的国际融资手段来获取调整国际收支的必要资源；此外，发生国际收支困难的国家还可以求助国际金融机构协助本国开展国际收支失衡的调节。

尽管形成了多元的国际收支调节机制，但是在2008年全球金融危机爆发前，全球性的国际收支失衡即全球失衡仍然日益突出，严重影响了国际货币体系的稳定运行。

第三节　国际货币体系治理的主要平台 ——国际货币基金组织

国际货币基金组织（International Monetary Fund，IMF）① 是一个致力于推动全球货币合作、维护全球金融稳定、便利国际贸易、促进充分就业与可持续经济增长和减少贫困的全球性的政府间国际金融组织，总部设在美国华盛顿。它根据1944年7月签订的《国际货币基金协定》于1945年12月27日成立，1947年3月1日开始运作，1947年11月15日起成为联合国的一个专门机构，在经营上保持独立性。IMF在成立之初，仅有29个成员国，此后成员国逐年增加，截至2014年12月，成员国达到188个。作为国际货币体系治理的主要平台，IMF在国际货币体系中具有非常重要的地位和作用。

一、IMF的宗旨和职能

根据《国际货币基金协定》，IMF的宗旨是：通过建立一个常设机构，就国际货币问题进行磋商与协作，以促进国际货币领域的合作；促进国际贸易的扩大和平衡发展，从而有助于提高和保持高水平的就业和实际收入，以及各成员国生产性资源的开发，并以此作为经济政策的首要目标；促进汇兑稳定，保持成员国之间有序的汇兑安排，避免竞争性货币贬值；协助在成员国之间建立经常性交易的多边支付体系，取消阻碍国际贸易发展的外汇管制；在具有充分保障的前提下，向成员国提供暂时性普通资金，以增强其信心，

① 国际货币基金组织（IMF）不仅是国际货币体系治理的主要平台，也是全球金融治理的重要平台，IMF与全球金融治理相关的内容见第二章。

使其能有机会在无须采取有损本国和国际经济繁荣的措施的情况下，纠正国际收支失衡；缩短成员国国际收支失衡的时间并减轻失衡的程度。

根据上述宗旨，IMF 的基本职能是对成员国和全球经济的监督及维护、向成员国提供援助、消除贫困、监督汇兑安排以及加强国际金融体系建设等。

①加强各项监督工作，促进各国经济的持续稳定增长。IMF 的职能之一是与成员国就其经济和金融政策的国内和国际影响保持对话，这种职能是 IMF 危机防范工作的核心。IMF 的监督主要有国别监督、地区监督和全球监督三种形式。

②向成员国提供援助。IMF 的主要职能之一是在有充分保障的情况下向遇到国际收支困难的成员国提供资金援助。其目的是通过向成员国提供资金援助，帮助其解决国际收支困难，恢复可持续的经济增长。

③减贫与减债。1996 年，IMF 和世界银行发起了重债穷国减债倡议（HIPC Initiative），旨在将重债穷国的债务降低到可持续的水平。1999 年 9 月，IMF 和世界银行修改了重债穷国减债计划的适用标准，加大了减债战略的深度、广度和力度，修改后的重债穷国减债计划成为加强的重债穷国减债倡议（Enhanced HIPC Initiative）。

④对汇兑安排进行监督和管理。《国际货币基金协定》第四条款明确规定，成员国的汇兑安排要与 IMF 的目标相一致，成员国要与 IMF 和其他成员各国合作，使汇兑安排有利于汇率体系的稳定，避免多重汇率和妨碍国际收支的有效调节或获得不公平的比较优势。为确保国际货币体系的有效运转，IMF 对成员国的汇率政策及汇兑安排进行监督，确保成员国履行《国际货币基金协定》所规定的义务。

⑤加强国际金融体系建设，推动国际标准和准则在成员国的实施。除进行例行的监督、与世界银行在自愿的基础上推行“金融部门评估规划”（FSAP）外，IMF 和其他国际组织及管理机构发展了一系列标准和行为准则，用以帮助成员国改善经济环境和提高经济、金融管理水平。这些标准和准则

包括数据公布、财政透明度、货币与金融政策透明度、银行监管、证券与保险业管理、支付系统、公司治理、破产清算、国际会计和审计等领域的内容。

二、IMF的组织结构

IMF由理事会、执行董事会、总裁和若干常设职能部门组成。

1. 理事会

理事会（Board of Governors）是IMF的最高决策机构，由每个成员国选派1名理事和1名副理事组成。理事通常由成员国的财政部长或中央银行行长担任。理事会的主要职权是：批准接纳新成员，决定或调整成员国的份额批准、特别提款权分配，决定成员国退出IMF，以及讨论处理国际货币制度的重大问题。理事会通常每年秋季召开一次年会，必要时可举行特别会议，各理事按照本国的投票权（各国投票权的大小主要由其所缴纳基金份额的多少决定）进行投票。

此外，IMF还成立了两个代表全体成员国的具有咨询职能的委员会：一个是国际货币与金融委员会（IMFC）。国际货币与金融委员会原名“理事会国际货币事务临时委员会”，1999年更名为“国际货币与金融委员会”。它是一个由24位IMF理事（或副理事）组成的咨询机构，就与理事会以下职能有关的事务向理事会提供建议和汇报工作：监督对国际货币和金融体系的管理和调整情况，审议全球流动性的变化和对发展中国家的资源转移；考虑执董会为修订《国际货币基金协定》提出的建议；处理可能威胁整个国际货币和金融体系的动荡。该委员会通常每年举行两次会议。另一个是发展委员会（正式名称是世界银行和国际货币基金组织理事会关于向发展中国家转移实际资源的联合部长级委员会）。它是世界银行和IMF的一个联合机构，由24位世界银行或IMF的理事或副理事组成。该委员会就重要发展问题和促进发展中国家的经济发展所需资金问题向IMF和世界银行理事会提供咨询。该委员会一般也每年举行两次会议。

2. 执行董事会

执行董事会（Board of Executive Directors）是IMF的常设机构，负责执行理事会的决定并代表理事会对IMF日常事务做出决策。执行董事会最初由12名执行董事组成，目前增加到24名执行董事。执行董事包括委派与选举两种。持有份额最多的美国、英国、法国、德国和日本5国可以分别委派1名执行董事；其他成员国按地区划分19个选区，分别选举其他19名执行董事，每两年选举1次，其中，中国、沙特阿拉伯和俄罗斯3国各自单独构成1个选区，实际上也可以委派自己的执行董事。执行董事会的主要职责是：按照理事会的授权处理各种政策和行政事务，向理事会提交年度报告，并及时对成员国的重大经济问题，特别是有关国际金融问题进行全面研究。董事会就有关问题进行投票表决时，执行董事按其所代表的国家或选区的投票权进行投票。每名执行董事所持有的表决权是所在选区各国投票权的总和。2001年执董会下设立了独立评估办公室（IEO），其主要职能是系统地对与IMF职能有关的问题进行客观、独立的评估，旨在加强IMF内部的自我审查，增强外部可信度，增进外界对IMF工作的了解，并支持执董会的机构管理和监督功能。

3. 总裁

总裁（managing director）是IMF的最高行政长官，其下设副总裁协助工作。总裁负责管理IMF日常事务，由执行董事会任命并担任执行董事会主席，任期5年，可以连任。总裁可以出席理事会和执行董事会，但在出席执行董事会时通常没有投票权，只有在执行董事会进行表决赞成票数和反对票数相等时，才可以投决定票。

总裁、副总裁之下共设4大类业务部门，即地区部门、职能与特别事务部门、信息与联络部门以及辅助服务部门。具体而言，地区部门包括非洲部、亚洲及太平洋部、欧洲部、中东和中亚部、西半球部。职能与特别事务部门包括财政事务部、政策制定与检查部、研究部、统计部、财务部、法律部、货币与资本市场部、基金学院。信息与联络部门包括对外关系部、驻亚太地区办事处、驻欧洲办事处、驻联合国办事处。辅助服务部门包括人力资源部、秘书部、技术与综合服务部。

三、IMF 的份额与投票权

IMF 的份额与投票权二者之间存在着密不可分的关系。成员国在 IMF 的份额与投票权反映了其在世界经济版图中的相对地位，并且随着世界经济格局的变化而调整。

1. 份额

份额（quota）是成员国向 IMF 认缴的一定数额的资金，从财务角度看相当于股本。当一国加入 IMF 时，它被分配一定的份额，份额分配大致基于成员国在世界经济中的相对地位。IMF 利用份额公式评估一个成员国的相对地位[①]。成员国认缴的份额决定了其向 IMF 提供资金的最高限额。成员国在加入 IMF 时必须全额缴纳份额：25% 必须以特别提款权或广泛接受的货币（如美元、欧元、日元或英镑）缴付，其余的 75% 以成员国本币缴付。

（1）份额的作用

份额是 IMF 的主要资金来源，同时对成员国具有非常重要的作用：一是它在很大程度上决定了成员国投票权的大小。成员国所认缴的份额，每 10 万特别提款权（SDR）折合一票，成员国认缴的份额越多，所获票数也就越多，表决权也就越大。二是它决定了成员国可以从 IMF 获得的贷款的最高限额。成员国可从 IMF 获得的融资数额（贷款限额）以其份额为基础。例如，在备用安排和中期贷款下，成员国每年可以借入份额 200% 以内的资金，累计最多

---

① IMF 通常利用份额公式来确定新成员的初始份额，份额公式也是历次份额总检查中 IMF 对现任成员国份额进行调整的依据。份额分配公式是由一系列宏观经济变量通过特定的组合构成，最初的布雷顿森林公式由 IMF 在 1944 年设计，其后经过了 1963 年、1983 年和 2008 年 3 次修改。现行的份额公式由以下变量加权平均构成：GDP（权重为 50%）、开放度（权重为 30%）、经济波动性（权重为 15%）和国际储备（权重为 5%）。其中，GDP 是以市场汇率计算的 GDP（权重为 60%）和以购买力平价计算的 GDP（权重为 40%）的混合变量。此外，公式中还包括一个“压缩因子”，用以缩减成员国计算份额的离散程度。

可借入相当于份额600%资金。在特殊情况下，贷款的限额可能更高。三是它决定了成员国可分配到的特别提款权（SDR）数量的多少。特别提款权一般按照成员国在IMF中份额的相对比例来进行分配。因此，份额对成员国的利益关系重大。

表1－7　份额总检查

份额检查	通过决议的日期	总增资幅度（百分比）
第一次五年期检查	未建议增资	
第二次五年期检查	未建议增资	
1958/59	1959年2月和4月	60.7
第三次五年期检查	未建议增资	
第四次五年期检查	1965年3月	30.7
第五次总检查	1970年2月	35.4
第六次总检查	1976年3月	33.6
第七次总检查	1978年12月	50.9
第八次总检查	1983年3月	47.5
第九次总检查	1990年6月	50.0
第十次总检查	未建议增资	
第十一次总检查	1998年1月	45.0
第十二次总检查	未建议增资	
第十三次总检查	未建议增资	
第十四次总检查	2010年12月	100.0

注：1958/59年的份额检查是在五年周期之外进行的。
资料来源：IMF网站。

（2）份额检查

IMF理事会一般定期（通常每隔5年）进行份额总检查（见表1－7）。份额总检查解决两个主要问题：总增资规模以及增资在成员国之间的分配。其目的，一是检查IMF的份额是否充足，能否满足成员国应对国际收支失衡需要，从而决定是否需要增加份额（即增资）；二是通过检查考察各成员国在世界经济中相对地位的变化，并通过新增份额的分配，反映这种变化。成员国份额调整一般是通过每 5 年进行一次的份额总检查进行，除此之外，还会根据情况进行不定期的特别份额调整。因此，IMF 的份额调整分为普遍调整和特别调整，分别对应于普遍增资和特别增资。普遍增资就是 IMF 所有成员国按照现有的份额等比例增资，目的在于扩大 IMF 的资本金，而成员国的份额比例（及投票权）保持不变；特别增资是对个别国家的份额进行增加，稀释其他成员国的份额比例。只有特别增资才能改变 IMF 的投票权结构，反映成员国地位的相对变化。

2. 投票权

IMF 实行加权投票表决制度。成员国在 IMF 拥有的投票权由两部分组成：即基本投票权和基于份额的加权投票权。按照 IMF 规定，每个成员国拥有 250 票基本投票权，2008 年的投票权改革将基本投票权提高到原来为 3 倍，同时将基本投票权固定为占总投票权的 5.502%。加权投票权根据成员国所认缴的份额，成员国每拥有 10 万特别提款权（SDR），即拥有 1 票，认缴的份额越多，所获票数也就越多，表决权也就越大。

IMF 表决遵循多数票原则，多数票包括简单多数和特别多数两种。IMF 理事会或执行董事会做出的大多数决定由简单多数通过即可，但如涉及 IMF 资金的费用、持有特别提款权（SDR）的利率等业务问题需经理事会 70% 的多数票通过，而在决定有关 IMF 机构变动、份额调整以及特别提款权分配等重大问题上则需 85% 的多数票通过。

从总体上来说，IMF 实行的基本投票权与基于份额的加权投票权相结合的投票权制度，一方面较好地反映了主权国家平等的原则，照顾到了小国在 IMF 决策中的权利；另一方面也较好地反映了 IMF 成员国之间在经济实力、贡献大小等方面的差异，将各成员国的权利同它们对 IMF 的贡献结合起来，有利于保障 IMF 的资金来源，增强 IMF 的融资能力，从而更好地发挥 IMF 的功能和作用。但是，IMF 的份额与投票权调整也存在着滞后于世界经济格局发展、变化的问题。

第四节 现行国际货币体系存在的主要问题

总体来看，当前的国际货币体系具有两大支柱：一是美元作为国际储备货币的支配地位，二是IMF作为全球范围内进行政策对话和经济监控的机构主体[①]。那么，撑起现行国际货币体系大厦的这两大支柱在此次全球金融危机中扮演了什么样的角色呢?

一、美元特权是美国酿成此次全球金融危机的重要根源

现行的国际货币体系是建立在1976年签订的《牙买加协定》基础上的牙买加体系。从理论上说，国际货币体系包括储备货币、汇率制度安排、国际收支调节机制等多方面的内容，国际货币体系中最重要的核心内容是国际储备货币体系。各国货币之间的汇率安排、国际收支的调节机制实际上都是围绕着国际储备货币而展开。因此，国际储备货币的供给对于整个国际货币体系的稳定运行具有十分重要的意义。

从国际货币体系发展的历史来看，国际货币体系经历了一个由贵金属本位向信用本位逐步演进的历史进程。这一演变体现了历史的巨大进步，使得世界经济发展摆脱了贵金属供给的束缚，从而有利于世界经济的发展；但是，货币发行硬约束的解除，也打开了储备货币发行国政府滥用信用透支全球经济的潘多拉魔盒。

总体来看，战后国际货币体系最重要的特征就是美元作为国际储备货币的支配地位。在布雷顿森林体系中，美元等同于黄金。而在牙买加体系下，美元延续了在布雷顿森林体系下的中心货币地位，依然是全球范围内最普遍

① 高海红：“当前全球美元本位：问题及东亚区域解决方案”，《世界经济与政治》2008年第1期。

使用的国际价值尺度、交易媒介和价值贮藏。日元的勃兴、欧元的诞生都没有从根本上撼动美元的地位。在全球外汇储备中，美元资产占 2/3 左右，欧元资产占 1/4 左右，日元资产仅占 3% 左右。由于美元作为最重要国际储备货币的这一特殊地位，因而客观上也造就了国际货币体系中的美元特权。在布雷顿森林体系下，在美元发行面临黄金储备约束的情况下，仍然出现了美国滥用美元国际储备货币地位和美元泛滥的现象，并最终导致了布雷顿森林体系的解体。而在牙买加体系下，黄金非货币化，美元与黄金脱钩，美元完全是信用发行货币，其发行完全摆脱了黄金储备约束，这就从根本上扫除了美国滥用美元特权的障碍，从而为其透支全球经济打开了更加方便的大门，并因此种下了美国次贷危机乃至全球金融危机的祸根，由此也暴露出主权信用货币作为国际储备货币的内在缺陷①。

从现行国际货币体系的运行来看，美国处于该体系的中心，而以东亚国家为代表的新兴市场国家和以中东国家为代表的资源输出国家处于该体系的外围，由此形成了现行国际货币体系的“中心—外围”结构②。一方面，对于处于该体系中心的储备货币发行国——美国而言，国内货币政策目标与各国对储备货币的要求经常产生矛盾。美国货币当局既不能忽视本国货币的国际职能而单纯考虑国内目标，又无法同时兼顾国内外的不同目标；既可能因抑制本国通胀的需要而无法充分满足全球经济不断增长的需求，也可能因过分刺激国内需求而导致全球流动性泛滥。因此，在现行的国际货币体系下，“特里芬难题”仍然存在，即美国无法在为世界提供流动性的同时确保币值的稳定③。另一方面，该体系中的外围国家也从该体系的资源流动中获得了好处，从而加剧了全球失衡，进而导致金融危机爆发并在全球范围内迅速蔓延，对全球经济造成严重冲击。

---

① 关建新：“国际货币体系与全球金融危机”，《国际关系学院学报》2010 年第 3 期。

② 张明：“国际货币体系改革：背景、原因、措施及中国的参与”，《国际经济评论》2010 年第 1 期。

③ 周小川：“关于改革国际货币体系的思考”，《中国金融》2009 年第 7 期。

由此可见，国际货币体系的严重缺陷，导致了现行国际货币体系严重的不对称性和内在的不稳定性，这是造成全球金融危机的重要制度性原因之一。

二、国际货币基金组织的局限性是未能有效防范和遏制金融危机的重要因素

作为国际货币体系治理的主要国际机构，国际货币基金组织（IMF）的局限性也在此次全球金融危机中充分暴露出来。建立IMF的初衷是为了发挥其作为国际货币体系“减压阀”和“稳定器”的作用。作为国际货币治理的主要平台，IMF自建立以来在维护国际货币体系稳定，推动全球经济发展方面发挥了十分重要的作用。为了适应世界经济、金融形势的发展，IMF自身也处在不断的变革之中。但是，此次全球金融危机仍然暴露出IMF在国际货币治理中存在的许多问题，究其根本原因，在于IMF自身的治理结构存在着重要缺陷。

自成立以来，在IMF的份额、投票权分配以及决策机制等问题上，就一直表现出明显的欧美中心主义倾向。新兴市场和发展中国家在IMF的份额长期低估、代表性不足，这种状况与国际政治、经济发展变化的现实严重不符，也严重影响了IMF的合法性和有效性。IMF自身治理结构的失衡以及由此导致的IMF中发达国家与发展中国家之间权利结构的失衡，限制了IMF作为全球主要的国际货币治理机构功能的发挥，影响到了国际货币治理的有效性，使得IMF在维护国际货币体系稳定中的作用受到很大的限制，因而一直受到国际社会特别是广大发展中国家的诟病①。

总之，IMF存在的这些缺陷既是国际货币体系不稳定的重要原因，也在客观上助长了全球金融危机的扩散和蔓延，同时也暴露出其在国际货币事务协调和国际货币治理方面的能力缺失。

---

① 关建新：“国际货币体系与全球金融危机”，《国际关系学院学报》2010年第3期。

第二章

国际金融体系的发展、演变

国际货币体系的演进与国际金融体系的演进密不可分，二者之间呈现出复杂的互动关系。从国际货币体系的角度来看，国际金融体系通过影响流动性的供给形式，直接影响到国际货币体系功能的发挥（Farhi，Courinchas and Rey，2012）。国际金融体系也是适应当人类的市场行为、经济活动超越一国国境的范围而延伸到国际市场，以促进国际贸易、金融、投资等活动的正常开展，从而促进资源的跨境、跨期有效配置，增进人类的经济福利而产生的。随着人类社会经济不断发展，国际分工不断深化，市场半径不断扩大，从而形成了统一的全球市场和世界经济体系时，作为世界经济体系的重要组成部分，国际金融体系也随之形成。实际上，国际金融体系正是随着经济、金融全球化的不断发展，世界经济体系的不断发展而逐步形成和发展起来的。

第一节　国际金融体系的形成

纵观国际金融发展的历史，实际上就是金融全球化不断深化的历史，同时也是国际金融体系不断演化的历史。在金融全球化推动下，国际金融体系范围不断延伸、联结更加紧密、复杂程度日益加深，同时也给全球金融稳定带来了许多新的课题。

一、全球资本市场和国际金融体系的形成

国际金融体系的形成是与经济全球化的进程密切相联的。尽管各国学者对经济全球化的看法不尽相同，但是追本溯源，经济全球化实际上早在资本主义发展初期就已经出现。在市场经济产生以前，各国经济相互联系少、依存度低，经济全球化的问题也就无从谈起。经济全球化从本质上来说是市场经济在全世界的扩张。市场经济在西方国家实行之后，世界就开始走上经济全球化的进程。

从历史上来看，18 世纪中叶至 19 世纪中叶，欧美国家相继发生了工业革命。工业革命建立的机器大工业，突破了以往手工业生产的限制，为国际分工体系形成、世界市场开拓，奠定了坚实的物质基础。随着工业革命不断深入，欧美国家凭借强大的工业实力，积极进行对外扩张，逐步把广大亚、非、拉美国家变成了它们的工业品销售市场和原料基地。在这一过程中，随着航运（如蒸汽轮船的广泛使用、巴拿马运河的开通）、通信（电报及越洋电话）等方面技术的发展，许多外围国家及欧洲大陆的殖民地相继融入了日益全球化的世界经济中，洲际贸易空前活跃，同时出现了大量的人口流动和国际资金流动，各国间的经济联系不断加深。加之当时普遍实行的国际金本位制是一种稳定和具有高度信誉的货币制度，稳定的国际货币体系大大促进了国际贸易和国际资本流动。因此，随着工业革命的推进和市场经济在世界范围内的进一步扩展，到 19 世纪 70 年代，人类历史上掀起了第一次大规模经济全球化的高潮，一个真正意义上的包括商品、劳务及资本市场的全球市场最终形成[①]。

作为经济全球化的重要组成部分和显著表现，在第一次大规模经济全球

① Bordo, Michael D. and Meissner, Christopher M.. "Financial Crises, 1880 - 1913: The Role of Foreign Currency Debt", *NBER Working Paper*, No. 11173, 2005.

化时期，金融全球化也取得了很大的发展。在这一时期，随着现代通信设施在金融行业的广泛使用，金融信息传递日益便捷，金融技术与金融交易工具创新大量涌现，政府债券、私人债务与权益工具蓬勃发展，保险领域迅速扩大，远期金融合约、金融期货及其他衍生金融工具也得到了广泛的使用。金融交易在当时的核心国家之间，甚至越来越多的外围国家已经相当普遍，国际资本流动日益频繁。

到1900年，上述金融领域的进展渗透到世界数十个国家的主要经济中心，形成了以英国伦敦为中心的若干个国际金融中心和横跨欧洲、美洲、亚洲和非洲的全球资本市场。世界大部分有价证券的买卖、短期贴现票据交易和其他金融业务都集中在伦敦，伦敦成为全球资本市场的中心①。金融全球化的发展最终导致了全球资本市场的出现和国际金融体系的形成②。

二、两次世界大战之间的国际金融动荡

与金融全球化轰轰烈烈、蓬勃推进形成鲜明对照的是，在这一时期，国际金融制度建设存在着明显的缺失，特别是全球性的金融制度安排即全球金融治理建设缺失，国际金融体系基本上处于"自由放任"的状态。

大萧条发生前，主要国家现代金融监管体制尚未确立，合规性监管几乎不存在，国内金融治理的缺失导致了主要国家的信贷市场缺乏有效的管理和约束，证券市场的价格操纵、欺诈和内幕交易现象盛行，金融市场秩序混乱，资产泡沫泛滥。国内金融治理缺失，全球金融治理就更无从谈起。这种状况不仅导致了主要国家国内的金融投机盛行，而且也导致了国际金融投机盛行。由于全球金融治理严重缺失和滞后，国际金融体系的系统性风险和整体脆弱性不断积累，最终引发了股市崩溃、银行危机和偿付危机在全球恶性传染，

---

① Obstfeld, Maurice and Taylor, Alan M.. "Globalization and Capital Markets", *NBER Working Paper*, No. 8846, 2002.

② 谷源洋、林水源：《世界经济概论（上册）》，经济科学出版社2002年版，第293~326页。

导致世界经济陷入大萧条。而在严重的危机下，各国纷纷采取资本管制措施阻止资本外逃，导致国际资本流动急剧下降，人类历史上第一次大规模的经济全球化进程也陷入了沉寂。

两次世界大战之间国际金融体系的混乱、动荡和大萧条的严重教训，使国际社会普遍认识到促进国际金融协调、合作，建立约束性的国际金融规则，维护国际金融体系稳定运行的极端重要性。因此，在二战尚未结束之时，国际社会就开始了重建战后国际金融秩序、建立崭新的国际金融体系的努力。

第二节 金融全球化与国际金融体系演变

金融全球化是经济全球化的内在要求，同时又成为经济全球化的重要动力，并将经济全球化推向前所未有的广度和深度。经过战后20多年的休养生息，20世纪70年代以来，伴随着科学技术和生产力的迅速发展，人类社会掀起了第二轮经济全球化的高潮。二战结束以后，全球实体经济得到迅速恢复和发展，对全球金融发展提出了新的更高要求，与之相适应，作为新一轮经济全球化的重要组成部分，20世纪70年代以来，世界主要的发达国家和发展中国家陆续推出金融自由化改革的一系列措施；与此同时，20世纪70年代以来，现代计算机、信息通信技术的迅猛发展和在金融业中的广泛应用，为全球金融发展提供了强有力的技术支撑，金融全球化的浪潮再度开始席卷全球。特别进入20世纪90年代以来，金融全球化更是以前所未有的广度和深度突飞猛进，成为当代经济全球化的核心和重要引领力量。伴随着金融全球化进程不断深入，国际金融体系发生了前所未有的深刻变化。

一、金融创新层出不穷，传统金融业务出现革命性变革

20世纪70年代以来，以计算机为核心的现代信息、通信技术迅猛发展、

广泛应用，互联网不断完善和延伸，有力地支撑和推动了金融创新的兴起和蓬勃发展。首先，一方面，技术进步带来了金融体系的传统金融业务的流程再造和操作创新，使得传统的金融业务日益电子化、网络化，另一方面，基于互联网络业务平台，在传统技术条件下所难以想象或者说只能基于互联网络业务平台开展的新兴金融业务大量涌现。此外，在现代信息通信技术推动下，银行结算、清算系统和支付制度等方面都发生了重大变革，如各种类型和功能的银行卡、自动柜员机（ATM）以及一系列创新账户的使用，银行间电子资金转账系统和售货点终端机（POS）转账系统的推出，网络银行、自助银行、电话银行、手机银行、第三方支付、移动支付、网上证券交易、网络保险营销突飞猛进的发展，等等。其次，现代计算机技术和通信技术的结合，使得金融机构信息处理能力得到了极大提高，从而能够大量推出具有极高技术含量的金融创新工具并进行设计和定价，同时能够持续地观察、监控与这些金融创新工具所伴随的风险，并且开发及时分散、转移风险的操作技术工具①。现代计算机技术和信息技术使金融业从外延到内涵、从技术到观念、从形式到内容、从渠道到运行，都发生了翻天覆地的变化，为金融全球化的发展提供了无限广阔的空间。

二、影子银行迅速发展，金融体系结构发生重大变化②

不断深化的金融自由化改革，日新月异的金融创新，不仅使金融交易业务的形式、技术、流程发生了翻天覆地的变化，也重新塑造了整个金融体系的结构格局。传统金融的专业分工逐渐被打破，银行业、证券业和保险业之间的界限日渐模糊。特别值得关注的是，在全球金融发展进程中，“影子银行体系”应运而生，并不断壮大。所谓“影子银行”主要是指那些游离于金融监管体系之外的，与传统的、正规、接受货币当局监管的商业银行体系相对

---

① 黄达：《金融学》，中国人民大学出版社 2003 年版，第 341 页。

② 详见第三章。

应的金融机构。影子银行的快速发展，迅速、实质性地改变了各国特别是发达国家金融体系的结构特征。影子银行资金融通功能日益强大，重要性不断提高，在发达国家特别是美国，影子银行和商业银行一起成为金融体系中两大参与主体。更重要的是，影子银行功能提高，业务占比提升以及整个影子体系发展，使得国际金融体系的结构发生了根本性变化，传统商业银行体系的地位和作用不断下降，而影子银行体系的重要性则日益凸显。由于影子银行的推动，银行、证券、保险等传统分业经营业务也出现了与银行金融机构不断相互渗透和交叉的倾向，金融机构与非金融机构之间的界限也变得越来越模糊。银行的传统业务领域开始受到大公司和大企业的染指。金融领域之间的界限日益模糊并且被纷纷跨越，金融机构甚至企业成为多样化的金融混合物。金融体系结构的这些改变，金融市场的迅速发展，使得全球金融业达到了前所未有的繁荣。

三、金融全球化急剧深化，全球金融网络不断延伸

20 世纪 80 年代特别是 20 世纪 90 年代以来，伴随着金融自由化改革、现代计算机和信息技术带动的金融全球化程度的不断加深，主要表现在两个方面：一是全球银行业、债券市场和股票市场的金融资产迅速增长。根据 IMF 统计，1980 年全球金融资产只有 12 万亿美元，其规模与当年全球 GDP 基本相当。1993 年全球金融资产价值为 53 万亿美元，其规模达到当年全球 GDP 的 2 倍。2003 年全球金融资产达到 124 万亿美元，规模超过当年全球 GDP 的 3 倍。全球金融危机爆发前夕，2007 年全球金融资产猛增到 230 万亿美元，规模是当年全球 GDP 的 4.2 倍。危机过后，即使在国际金融体系“去杠杆化”的背景下，2011 年全球金融资产增长到了 256 万亿美元，规模仍然达到当年全球 GDP 的 3.7 倍，2012 年全球金融资产增长到 274 万亿美元，规模回升达到当年全球 GDP 的 3.8 倍。另据统计，在过去 20 年左右的时间里，物流、贸易流的增长速度是生产流增长速度的 2 倍，而资金流增长速度是贸易

流增长速度的 2 倍、生产流增长速度的 4 倍，金融全球化的发展速度远远快于生产全球化、贸易全球化的发展速度①。二是全球金融市场网络不断延伸。进入 20 世纪 80 年代以来，现代信息通信技术的迅速发展，互联网的不断完善和延伸，极大提高了信息获取的便捷性和低成本性，从而为金融机构提供了更大的选址弹性，为资本流动提供了更大的地域弹性，许多金融功能已经克服了地理空间上的限制，能够在相隔遥远的不同地理区域进行低成本和快速的实现②。全球金融业不断整合，世界和区域性金融中心不断出现。在原来的纽约、伦敦、苏黎世、巴黎、法兰克福、东京等传统金融中心的基础上，亚洲地区的中国香港、新加坡、欧洲的布鲁塞尔、摩纳哥、中北美洲的巴哈马、开曼群岛、波多黎各、维尔京群岛等都已发展成为全球重要的金融中心。金融市场全球化还体现在 24 小时运作的电子网络交易市场的形成和发展上。在现代互联网络空间条件下，全球的股票市场、债券市场、外汇市场、金融衍生品市场通过发达的通信和交易技术连接在一起，从而实现了国家与国家之间、地区与地区之间的金融市场的互联互通，大大压短了国际金融市场的时空距离，构成了全球化的金融市场运作体系，实现了 24 小时的不间断营业。借助于现代互联网络，金融全球化的快速发展，使得国际金融体系发展成为交互联结、四通八达的全球性金融网络。在这个网络中，任何单个的经济体都不再是"孤岛"，而是全球金融网络的一个节点和有机组成部分③。

全球金融发展和金融全球化深入发展对国际金融体系产生了深远的影响。一方面，它有利于提高国际金融体系在资源全球配置方面的效率，促进国际经济交易和世界经济的发展；另一方面，也使得国际金融体系变得空前复杂，给全球金融稳定带来许多严峻挑战。面对这种状况，建立有效的全球金融治理就成为国际金融体系正常运转的必然要求。

---

① 朱民：《改变未来的金融危机》，中国金融出版社 2009 年版，第 189 ~ 191 页。

② 羌建新："网络空间下的金融新图景"，《世界知识》2013 年第 12 期。

③ 朱民：《改变未来的金融危机》，中国金融出版社 2009 年版，第 207 ~ 209 页。

第三节　全球金融治理的形成和发展

金融全球化不断发展、深化，国际金融体系复杂演变，也使得国际金融关系变得更加复杂，从而给全球金融稳定带来许多新的问题和挑战。面对这种状况，为维护良好的国际金融秩序，有效维护和保障全球金融稳定，在国际社会共同努力下，适应金融全球化不断发展、深化的要求，全球金融治理不断发展、完善。

一、全球金融治理的形成和发展

作为世界经济体系的重要组成部分，尽管国际金融体系早在 19 世纪 70 年代以后已经基本形成，但是那时的国际金融体系基本上处于“自由放任”状态，市场自发的秩序并不能自动保证国际金融体系的稳定。鉴于大萧条的深刻教训，国际社会普遍认识到国家之间在处理国际金融问题上开展协调、合作以治理“市场失灵”的重要性。二战结束后，美国凭借其强大的经济实力和综合国力，主导建立了一系列国际经济规则和国际经济组织，形成了以为美国中心的全球经济治理框架。作为世界经济体系重要的组成部分，国际金融体系也进入了全球治理的时代。在全球金融治理建设中，一个值得特别关注的领域是国际银行业监管从巴塞尔Ⅰ到巴塞尔Ⅱ的发展、演变。

作为全球金融治理的重要组成部分，在全球金融监管框架中，巴塞尔银行监管委员会积极推动的关于银行资本监管的巴塞尔协议是最受关注的准则之一。金融全球化的发展直接推动了全球范围内银行监管和风险管理原则和框架的整合与统一，并促使这些原则和框架及时根据经济金融环境的变迁进行调整[①]。作为最具国际影响力的金融监管准则，巴塞尔协议经历了不断演变、发展和完善的过程。

20 世纪 70 年代以后，随着战后经济恢复，国际资本流动逐渐活跃，主要国家的商业银行纷纷在海外设立分支机构，拉开了人类历史上第二次大规模金融全球化的序幕。一方面，金融全球化的发展极大地改变了国际银行业的经营环境，在一定程度上削弱了各国国内银行监管的效力，使国际银行业监管面临的挑战日益严峻；另一方面，布雷顿森林体系崩溃以后，国际货币、金融体系持续动荡，银行经营风险与日俱增，国际银行业监管日益引起国际社会的重视。

在上述背景下，1974 年底，十国集团[②]中央银行行长在瑞士巴塞尔商讨成立了“银行法规与监管事务委员会”，后称为“巴塞尔银行监管委员会”（BCBS）。巴塞尔银行监管委员会成立以后，发布了一系列银行监管原则和指引，统称为巴塞尔协议。这些原则和指引既是对一定时期内国际银行业风险监管经验教训的总结，又代表着国际银行业监管的发展趋势，巴塞尔银行监管委员会也由此成为标准银行业监管国际准则的主要制定者。

1975 年 9 月，巴塞尔银行监管委员会首次发布“巴塞尔协议”——《对银行国外机构的监督》，提出了国际银行业监管的两大原则：一是任何银行的境外机构都不能逃避监管，二是母国和东道国对银行共同承担监管责任。从此以后，针对国际银行的多边监管拉开了序幕。根据协议，母国监管当局承担国际银行业监管的主要责任，东道国监管当局对在其领土上经营的外资银行作为单独的机构进行监管。1983 年 5 月，巴塞尔银行监管委员会在 1975 年

---

① 王元龙：《中国金融安全论》，中国金融出版社 2003 年版，第 101 页。

② 1961 年 12 月，美国、英国、联邦德国、法国、日本、荷兰、意大利、比利时、加拿大和瑞典十个国家的代表在巴黎召开会议，协商共同向国际货币基金组织（IMF）提供 60 亿美元资金的借款总安排（GAB）事宜，正式成立了十国集团（G10）。1962 年，IMF 与十国集团正式签订借款总安排（GAB）。瑞士自 1964 年起以联系成员国身份参加十国集团活动，1984 年成为正式成员，但十国集团的名称仍然保持不变。十国集团在 IMF 决策以及全球金融治理中具有决定性的影响。

协议的基础上通过了第二个“巴塞尔协议”——《银行国外机构的监管原则》，对前一个协议进行了具体化。总体而言，1975 年版和 1983 年版巴塞尔协议没有实质性差异，总体思路都是“股权原则为主，市场原则为辅；母国综合监督为主，东道国个别监督为辅”，都只对银行监管提出了抽象的监管原则和职责分配，而并未提出具体可行、可操作的监管标准。在此基础上，通过不断探索，巴塞尔银行监管委员会最终推出了统一银行监管标准的银行资本监管框架。

1. 巴塞尔Ⅰ

进入 20 世纪 80 年代以后，一些发达国家银行业的低资本全球扩张影响了公平竞争环境。为避免国际银行间的不公平竞争和银行经营风险日益增加给全球金融稳定带来的压力，提高银行的风险承受能力及投资的安全系数，巴塞尔银行监管委员会经过多年努力，于 1988 年 7 月正式发布《统一资本计量和资本标准的国际协议》——“巴塞尔Ⅰ”（Basel Ⅰ），旨在确立公平的资本充足标准，以明确的资本要求约束银行业务规模和风险水平，保障银行稳健经营。具体而言，巴塞尔Ⅰ主要包括三方面内容。

①资本分类。将银行资本划分成核心资本（也称为一级资本）和附属资本（也称为二级资本）两类，明确界定各类资本类别。其中，核心资本主要包括股本（普通股和永久性非累积优先股）和公开准备金（留存收益、资本公积、盈余公积等）；附属资本包括非公开准备金、资产重估准备金、普通准备金或呆账准备金、混合资本工具和长期次级债务等。

②风险权重计量。根据交易对手风险状况，对银行表内外资产相应设置不同的风险权重，以此计量银行风险加权资产。具体而言，根据资产类别、性质以及债务主体的不同，将银行资产表内外资产划分为 0%、20%、50% 和 100% 四个风险档次，风险越大，权重越高。

③资本充足率标准。银行资本对风险加权资产总额的最低目标比率为 8%，其中，核心资本应占总资本 50% 以上，即总资本充足率不低于 8%，核

心资本充足率不低于4%。

此外，为保证平稳、顺利过渡到新的监管标准，巴塞尔Ⅰ规定了从1987年底到1992年的过渡期，由各国根据自身情况确定具体的过渡期安排。

巴塞尔Ⅰ是20世纪80年代以来，加强国际银行业统一监管的一个划时代文件，标志着以资本监管为核心的国际银行业监管框架正式确立，对国际银行业发展产生了深远的影响。首先，巴塞尔Ⅰ通过制定银行资本与资产的比例，确定统一的计量方法和监管标准，有利于促进各国银行之间的公平竞争，提高银行效率；其次，统一的资本监管国际标准，为国际银行业监管的协调与一致提供了极大的便利，在促进各国银行激烈竞争和提高效率的同时，对于确保银行稳健安全运营、提高国际银行业乃至国际金融体系的稳定性发挥了积极的作用①。

2. 巴塞尔Ⅱ

20世纪90年代以来，随着金融全球化的发展和国际银行业混业经营趋势的不断加强，日新月异的金融创新使国际银行业面临的风险更加复杂，银行业与金融市场的交互影响越发显著。虽然巴塞尔Ⅰ强调了监管资本的重要性，但是由于其风险覆盖不够全面且风险资产分类过于宽泛，监管资本的风险敏感度不高，因而在金融市场创新的大环境下难以有效约束和避免国际银行业的监管套利②。在这种背景下，国际银行业和国际金融市场的变化直接促成了巴塞尔银行监管委员会推出巴塞尔Ⅱ。

在巴塞尔Ⅱ出台之前，巴塞尔银行监管委员会围绕着巴塞尔Ⅰ进行了长时期、大范围的修改、补充。1995年4月，巴塞尔银行监管委员会对银行部分表外业务的风险权重进行了调整，并开始对市场风险的计量和防范展开系列研究。1996年1月，推出《资本协议关于市场风险的补充协议》，提出市

---

① 巴曙松，朱元倩等：《巴塞尔资本协议Ⅲ研究》，中国金融出版社2011年版，第21页。

② 中国人民银行金融稳定分析小组：《中国金融稳定报告2011》，中国金融出版社2011年版，第123页。

场风险同样需要计提资本来进行约束。东亚金融危机爆发后，1997 年 9 月，巴塞尔银行监管委员会颁布了《有效银行监管的核心原则》，首次确立了全面风险管理理念，提出了银行风险监管的最低资本要求、监管当局的监督检查、市场约束三大支柱原则，尽管它未提出可操作的具体监管办法，但为此后巴塞尔协议的完善提供了一个具有实质性意义的监管框架，也进一步强化了巴塞尔银行监管委员会作为国际银行业监管标准制定者的地位。

从 1998 年起，巴塞尔银行监管委员会开始修订巴塞尔Ⅰ，1999 年 6 月提出新资本协议第 1 个征求意见稿，2001 年又相继推出第 2 个和第 3 个征求意见稿。2004 年 6 月，巴塞尔银行监管委员会正式发布了《统一资本计量和资本标准的国际协议：修订框架》（通常称之为《新资本协议》）——“巴塞尔Ⅱ”（Basel Ⅱ），并于 2006 年底开始实施。

与巴塞尔Ⅰ相比较，巴塞尔Ⅱ延续了以资本充足率为核心、以风险控制为重点的银行监管理念，突出强调综合风险监管，进一步确立了银行风险监管的最低资本要求、监管当局的监督检查、市场约束三大支柱原则，提出了计量资本充足率的新思路和办法，以使银行风险管理更能适应金融全球化背景下国际银行业和国际金融市场发展的新变化和新要求[①]。具体而言，巴塞尔Ⅱ延续了巴塞尔Ⅰ以及 1996 年《资本协议关于市场风险的补充协议》中资本的定义[②]和资本充足率 8% 的要求，但在风险管理、风险计量等方面进行了全面的创新。

第一，强化全面风险管理。巴塞尔Ⅱ在信用风险基础上增加了市场风险和操作风险的概念，扩大了资本的风险覆盖范围，使风险加权资产由原来单纯反映信用风险改进为全面反映信用风险、市场风险和操作风险，这样就将

---

① 马昀，祝秋香：《金融风险监管国际合作》。引自魏燕慎主编：《国际金融体制与监管改革》，社会科学文献出版社 2011 年版，第 210 页。

② 1996 年《资本协议关于市场风险的补充协议》扩大了资本范围，将短期次级债务纳入资本范围之中，并将其定义为三级资本。三级资本需要符合几个条件：一是三级资本可抵御市场风险；二是三级资本不得超过一级资本的 250%；三是可使用三级资本代替二级资本，但不超过二级资本 250%。

信用风险、市场风险和操作风险全部纳入了风险管理。

第二，全面改进和创新风险计量。巴塞尔Ⅱ改变了仅由监管部门确定风险权重的方法，允许银行和监管部门根据业务的复杂程度、自身的风险管理水平等灵活选择对资产各种风险的计量方式：对信用风险的计量提出标准法和内部评级法，对市场风险的计量提出标准法和内部模型法，对操作风险的计量提出基本指标法、标准法和内部计算法。其中，提出信用风险计算的内部评级法被认为是巴塞尔Ⅱ最主要的创新之一，巴塞尔Ⅱ并为此建立了一套详细的最低标准，以确保内部风险评级的完整性和可靠性。

第三，强化外部约束机制。巴塞尔Ⅱ提出，为确保银行建立合理有效的风险评估体系并对其所面临风险和资本充足性进行恰当的评估，监管当局应对银行内部管理程序进行检查、评估，以保障银行制度建设和过程控制不断完善；与此同时，巴塞尔Ⅱ充分肯定市场约束在银行配置资源和控制风险中的作用，强调银行应及时披露资本充足状况、风险评估和管理过程等信息以加强外部市场约束，并针对信息披露和透明度提出了更加明确、严格的要求。

总体来看，巴塞尔Ⅱ赋予了资本充足率更加丰富的风险管理内涵，因而其总体有效性得到国际社会的广泛认可。

二、全球金融治理的基本框架

国际金融活动总是要在一定的国际金融秩序中展开并受到其影响与制约。作为国际金融秩序的表现形式和保障国际金融体系正常运转的全球性制度安排，全球金融治理框架是一个包含了多方面内容的相互关联的复杂系统，主要包括国际金融监管框架、金融危机国际救助机制、全球金融治理平台等主要要素或子系统。

1. 国际金融监管框架

国际金融体系是一个庞大、复杂的体系，需要通过有效的监管来保证其稳定运行。国际金融监管是防范金融风险、维护全球金融稳定的重要屏障，它侧重于事前积极主动的预防监督。为了维护全球金融稳定，国际社会建立了多层次的国际金融监管框架：一是国际金融机构开展的监督活动，二是国际金融机构的监管标准制定和完善。

（1）国际金融机构的监督活动

目前，国际金融机构开展的监督活动主要包括：IMF 开展的双边监督、多边监督和地区监督，以及 IMF 与世界银行联合开展的“金融部门评估规划”。

①IMF 的监督。按照《国际货币基金协定》规定，国际货币基金组织（IMF）负责监督国际货币体系和监测其成员国的经济和金融政策。监督是 IMF 的核心职责，也是 IMF 促进全球金融稳定的重要举措。具体而言，IMF 的监督工作包括三方面的内容。

第一，双边监督。双边监督也称为国别监督，即 IMF 对成员国的宏观经济政策进行监测，并向成员国提供针对每个国家具体情况的分析和建议。按照《国际货币基金协定》第四条款，成员国应实行促进经济有序增长和物价稳定的经济和金融政策，避免通过操纵汇率取得不公平的竞争优势，并授权 IMF 对成员国的经济政策进行监督。根据《国际货币基金协定》第四条款规定，IMF 与成员国定期举行磋商（通常每年一次），讨论成员国的经济政策（被称为“第四条款磋商”）。在第四条款磋商中，IMF 工作人员小组对成员国经济和金融数据进行分析，并与成员国政府和中央银行官员讨论该国的经济发展状况，以及该国实行的汇率、货币、财政、金融政策以及其他对本国和外部稳定具有直接影响的政策，寻求发现成员国政策的优势、不足以及潜在脆弱性，并提出相应的政策建议。工作人员根据磋商情况撰写报告，提交 IMF 执董会讨论。IMF 按照自愿的原则对外公布磋商报告。

第二，多边监督。多边监督也称为全球监督，即 IMF 监测全球经济和国际资本市场的发展状况，并评估全球经济、金融发展的全球效应。由于各国经济、金融体系与世界经济、金融市场之间密切关联，为确保国际金融体系平稳运行，识别可能有损其稳定的脆弱性，IMF 对世界经济、金融市场的发展及前景进行监测。IMF 执董会通过每年两次审查工作人员撰写的《世界经济展望》《全球金融稳定报告》和《财政监测报告》来评估世界经济和全球金融市场、公共财政发展和前景，以实现全球监督的目的。《世界经济展望》主要分析全球、地区和重要经济体的经济发展前景和政策挑战。《全球金融稳定报告》侧重于分析、评估国际金融市场的发展和面临的风险。《财政监测报告》重点分析公共财政的近期发展和中期财政的预测，评估实现可持续公共财政所需采取的政策。

第三，地区监督。作为双边监督和多边监督的补充，IMF 还对货币联盟等正式地区安排（这些安排的成员将其货币和汇率政策交给地区机构负责）的经济和金融政策进行监督，编写地区经济前景展望，并与地区性机构进行定期政策讨论，提出意见和建议。目前，IMF 定期与欧盟、西非经济与货币联盟、中非经济与货币联盟及东加勒比货币联盟等地区性组织进行磋商。

②国际货币基金组织和世界银行的“金融部门评估规划”。

亚洲金融危机之后，国际货币基金组织（IMF）和世界银行于 1999 年 5 月联合推出了“金融部门评估规划”（Financial Sector Assessment Program, FSAP），它为全面评估和深入分析 IMF 成员国的金融部门提供了框架，其目标是：识别一国金融体系的实力和脆弱性，决定关键的风险来源如何得到管理，确定金融部门的发展和技术援助需要，帮助确定政策回应的重点。FSAP 重点关注成员国金融部门的系统风险及脆弱性问题，主要通过对其成员国的金融机构、金融市场、支付体系、监管和法律体系等进行评估，以衡量一国（地区）的金融风险状况，并提出相应的应对措施，同时推动金融改革与发展。

FSAP 评估以宏观审慎监测为核心，以金融市场监测、宏观金融联系分析、宏观经济监测为补充。FSAP 评估的内容包括金融结构和金融发展评估、金融部门评估、金融监管评估以及基础设施评估。FSAP 的主要评估方法包括金融稳健指标分析、压力测试以及国际标准与准则评估。

FSAP 为全面、深入分析一国的金融部门提供了框架，已成为国际社会广泛接受的金融稳定评估框架。对发展中国家和新兴市场国家的 FSAP 由 IMF 和世界银行工作小组联合进行，对发达国家的 FSAP 由 IMF 单独进行。所有评估都包括金融稳定评估，这属于 IMF 的职责，对发展中国家和新兴市场国家的评估还包括金融发展评估，这是世界银行的职责。2008 年全球金融危机爆发后，FSAP 的地位进一步提升。自推出到 2010 年期间，已有超过 3/4 的 IMF 成员国自愿参加了 FSAP 的金融稳定评估①。

（2）巴塞尔银行监管委员会的银行监管标准制定

巴塞尔银行监管委员会通过巴塞尔协议提出并不断完善银行资本监管标准。巴塞尔协议实际上主要回答了三个问题：银行面临的风险是什么？如何看待和区分风险资产？资本和风险资产之间应该保持什么样的合适比例？为此，巴塞尔银行监管委员会通过不断改进、完善巴塞尔协议，最终形成了银行监管的三大支柱。

①第一支柱——最低资本要求。最低资本要求由三个基本要素构成：资本的定义、风险加权资产以及资本对风险加权资产的最小比率。根据信用风险、市场风险和操作风险，全面计算银行的风险加权资产，并规定 8% 的最低资本充足率。

②第二支柱——监管当局的监督检查。监管当局应采取适当措施，对银行的系统、内控和风险管理质量等进行监督检查，争取及早干预或采取补救措施，避免银行资本低于抵御风险所需的最低水平。

③第三支柱——市场约束。强调市场约束具有强化资本监管、提高银行安全性与稳定性的潜在作用，推出标准统一的信息披露框架，对银行的资产运用范围、资本构成、风险评估和管理、资本充足率等关键信息提出定性和

---

① 何德旭等：《中国金融稳定：内在逻辑与基本框架》，社会科学文献出版社 2013 年版，第 6 ~ 7 页。

定量的披露要求。

总体来看，巴塞尔协议虽然不具法律约束力，但它为国际银行业从事国际金融活动提供了明确的标准。如果某一国家的银行由于种种原因没有达到资本充足率的标准，那么它在从事海外业务时，由于信用程度和安全性的原因，就很有可能受到竞争对手甚至合作者的歧视性待遇，从而使它在进入国际金融市场时感到困难重重。因此，巴塞尔协议通过市场力量来保证其实施在现实中证明是相当有效的，对于稳定国际金融环境起到了十分积极的作用①。目前，世界上已有100多个国家接受和实施巴塞尔协议的精神，巴塞尔协议成为国际社会普遍认同的银行管理准则。

2. 金融危机国际救助机制

金融危机国际救助是国际社会对陷入暂时国际收支困难或面临国际流动性困难的国家提供紧急援助，帮助其恢复流动性和偿付能力，从而防范危机扩散蔓延、维护全球金融稳定，它侧重于事后纾困减震，本质上是一种适应性的制度安排。作为全球金融治理框架的重要组成部分，IMF实际承担着国际金融体系“最后贷款人”的角色。它的一个重要职能是在得到充分保障的情况下向遇到国际收支困难的成员国提供资金援助，以维护全球金融稳定。

（1）IMF的资金来源

作为国际金融体系的“最后贷款人”，IMF实施金融危机国际救助需要充足的资金来源作为后盾。IMF的资金主要来源于成员国缴纳的份额、借款、出售黄金以及有关项目的经营收入。

①份额。份额（quota）是指成员国加入IMF时所要认缴的一定数额的款项。IMF以份额作为其资金的基本来源，并用于对成员国的资金融通。份额是根据成员国的GDP规模、开放度、波动幅度和外汇储备等指标，按照一套较为复杂的方法计算出来的。份额具有多方面的作用，从IMF资金来源的角

---

① 孙杰：《汇率与国际收支——现代西方国际金融》，经济科学出版社1999年版，第114~122页。

度来看，份额是 IMF 的最大资金来源①。

②借款。借款是 IMF 另一个主要的资金来源。这种借款是根据 IMF 与成员国达成的协议而实现的，主要形式有：

第一，借款总安排（General Arrangements to Borrow，GAB）。借款总安排最早产生于 1962 年，当时 IMF 与美国、英国、联邦德国、法国、日本、比利时、意大利、荷兰、加拿大、瑞典等 10 个发达国家（十国集团，G10）签订了一项总额 60 亿美元的借款协议。这是 IMF 的第一次借款，其宗旨是在 IMF 缺乏资金或可能缺乏资金的情况下，帮助其在份额以外获得贷款，用以满足 GAB 参加国的借款需求，或干预外汇市场以抑制货币投机和金融危机。1983 年 2 月之前，GAB 资金只能用于参加这一安排的国家。1983 年 2 月，十国集团决定将 GAB 的资金增加到 170 亿特别提款权（约 190 亿美元）并于 1984 年吸收瑞士作为集团的正式成员，同意沙特阿拉伯为联系国，同时将其资金使用范围扩大到非 GAB 参加国的 IMF 其他成员国。GAB 创建初期曾规定，协定有效期为 4 年，以后多次延期，现在实际上已成为一种永久性的借款安排。目前，GAB 已经成为 IMF 增加对成员贷款的重要来源。

第二，新借款安排（New Arrangements to Borrow，NAB）。1997 年 1 月，IMF 决定建立新借款安排，作为另外一种短中期信贷资金来源。NAB 由 25 个参加国和地区（包括 G10、奥地利、丹麦、芬兰、卢森堡、挪威、西班牙、瑞士、澳大利亚、韩国、马来西亚、新加坡、沙特阿拉伯、科威特、泰国、香港）向 IMF 提供 340 亿特别提款权构成，用以辅助正规的份额资金，稳定国际货币体系。NAB 的借款程序与 GAB 相似，该两项借款安排的最高贷款额度不能超过 340 亿 SDR。

除了份额和借款安排外，IMF 还可以通过出售其持有的黄金等方式来为其贷款筹集资金。

① 详见第一章。

（2）IMF 贷款的主要形式

IMF 主要通过提供贷款的方式向遇到国际收支困难或国际流动性困难的成员国提供救助。IMF 贷款具有以下特点：一是其目的是帮助成员国解决国际收支困难，恢复可持续的经济增长；二是贷款附有政策条件，借款国必须采取能够纠正国际收支问题的政策，满足 IMF 的贷款“条件性”，才能获得 IMF 贷款；三是贷款期限通常不是长期性的，用于缓解成员国的暂时性困难，IMF 最主要的贷款项目备用安排和中期贷款，其还款期限分别为 2.25～4 年和 4.5～7 年；四是贷款通常是有偿的，获得普通非优惠贷款的国家（除低收入发展中国家以外的所有其他国家）需要支付与市场相关的利息和服务费以及可退还的承诺费。当贷款超过一定数额以后，IMF 可能收取附加费[①]。

作为维护全球金融稳定的重要措施，IMF 贷款也随着全球经济形势的变化而处于不断的调整和变化之中，取消了一些过时或使用频率很低的信贷工具[②]，同时也设立了一些新的贷款工具，截至 2008 年全球金融危机爆发以前，IMF 主要使用 7 种信贷工具。

①备用安排（Stand－By Arrangement，SBA）。备用安排主要是用于帮助成员国解决短期国际收支困难。它是 IMF 最主要的贷款工具，设立于 1952 年。在备用安排被批准时，它被作为预防性融资手段，当对外支付出现实际困难时，才会被提用。一旦国际收支紧张状况得到缓解或可以重新进入国际资本市场融资，借款国将安排恢复到备用状态。备用安排项下的资金通常是在 12～24 个月内提取，还款期限为 2.25～4 年，贷款利率等于 SDR 利率加上既定的利差。如果贷款规模超过成员国份额的 200%，需加收 100 个基点的附加费；如果贷款规模超过成员国份额的 300%，则需加收 200 个基点的附加费。

---

① 祝小兵：“国际货币基金组织的改革动因及目标评述”，《世界经济研究》2009 年第 6 期。

② 包括缓冲库存贷款、石油贷款、债务转换及偿还贷款、体系转轨贷款、货币稳定基金和计算机 2000 年问题贷款和应急信贷额度。

②中期贷款（Extended Fund Facility，EFF）。中期贷款于1974年9月设立，旨在帮助成员国解决导致国际收支长期失衡的结构性经济问题。该项贷款期限较长，资金通常在3年内提取，还款期限为4.5~7年。与备用安排一样，中期贷款的利率等于SDR利率加上既定的利差。如果贷款规模超过成员国份额的200%，需加收100个基点的附加费；如果贷款规模超过成员国份额的300%，则需加收200个基点的附加费。

③补充储备贷款（Supplemental Reserve Facility）。补充储备贷款于1997年12月亚洲金融危机时期设立，目的是向那些由于市场信心突然下跌、短期融资需求骤然增加而发生国际收支困难的成员国提供短期资金援助。补充储备贷款的利率在IMF普通贷款利率的基础上加3~5个百分点的附加费。其还款期为2~2.5年，但借款国可申请半年的展期。

④补充融资贷款（Compensatory Financing Facility）。补充融资贷款于1963年设立，旨在向那些因世界商品价格波动导致出口收入下降或进口粮食成本上升而导致国际收支困难的国家提供中期援助。使用补偿性融资贷款的基本费率、还款预期和法定还款期与备用安排相同，但使用该项贷款没有附加费用。

⑤紧急援助贷款（Emergency Assistance）。IMF于1962年设立“自然灾害援助”（Natural disasters），用于向由于突然和不可预见的自然灾害而发生国际收支困难的国家提供快速援助；1995年设立“冲突后援助”（Post - conflict），将援助扩展至包括成员国摆脱军事冲突（对制度和管理能力造成破坏）后的某些情况。紧急援助贷款也收取基本费率，但对于减贫与增长贷款（PRGF）国家可视情给予利率补贴，其还款期为3.25~5年。

⑥减贫与增长贷款（Poverty Reduction and Growth Facility）。这是一种优惠性贷款，于1999年11月取代“加强的结构调整贷款”（Enhanced Structural Adjustment Facility），旨在向低收入且长期存在国际收支问题的发展中国家提供长期援助，以支持其摆脱贫困的增长。贷款利率仅为0.5%，还款期限为

5.5~10年。借款成本由IMF出售所持黄金所得以及成员国出于该目的而向IMF提供的贷款和捐赠进行补贴。

⑦外生冲击贷款（Exogenous Shocks Facility）。外生冲击贷款于2006年设立，旨在为面临突然冲击而导致暂时性国际收支困难的国家提供短期援助。贷款额度为年度不超过成员国份额的25%；除非特殊情况，累计不超过成员国份额的50%。贷款利率为0.5%，还款期限为5.5~10年。

随着时间的推移和世界经济格局的发展变化，IMF贷款的方式和对象都发生了很大的变化。在IMF成立最初的20年里，IMF一半以上贷款贷给了工业化国家，主要用于解决其短期国际收支问题。20世纪80年代以后，IMF大部分贷款则贷给了发展中国家，而且其中用于解决经济结构问题的中期贷款的比例不断上升①。

3. 全球金融治理的重要平台——国际清算银行

在全球金融治理框架中，国际货币基金组织（IMF）②、国际清算银行（BIS）是世界公认的全球金融治理的支柱性组织，具有广泛的国际影响力。

国际清算银行（Bank for International Settlement，BIS）是世界上最早成立的国际金融组织，它根据《海牙协议》《国际清算银行成员宪章》及其章程，由英、法、德、意、比、日等国的中央银行与美国的三大商业银行（摩根银行、纽约花旗银行和芝加哥花旗银行）于1930年5月17日成立，总部设在瑞士巴塞尔。国际清算银行最初是为处理一战后德国战争赔款问题而设立。随着战后债务的解决，国际清算银行的职能也在不断发生变化。现在，国际清算银行的主要任务是促进世界各国中央银行之间的合作，为国际金融活动提供便利，被称为“中央银行的中央银行”。BIS在成立之时只有7个成员国中央银行或货币当局，随着时间的推移，加入BIS的国家（地区）逐步增多，

① ［美］多米尼克·萨尔瓦多：《国际经济学（第9版）》，杨冰译，清华大学出版社2008年版，第640~641页。

② 国际货币基金组织（IMF）也是国际货币治理的主要平台，关于IMF的详细介绍见第一章。

到现在，BIS 已经拥有 60 家成员国（或地区）中央银行或货币当局。截至 2014 年 3 月 31 日，BIS 总资产规模达到 2225.1 亿特别提款权。从经济规模来看，BIS 成员的 GDP 规模大约占到全球 GDP 总额的 95%，因此，BIS 与 IMF 相比，尽管成员国较少，但就影响而言，仍然是一个全球性的国际金融组织。

（1）国际清算银行的组织机构

国际清算银行（BIS）设有 3 个主要的决策和管理机构：股东大会、董事会、管理委员会。

①年度股东大会。股东大会是 BIS 的最高权力机构，每年召开 1 次会议。BIS 年度股东大会于每年 3 月 31 日财政年度结束后 4 个月内举行，由参会成员中央银行审查通过年度财务报表并决定其他相关业务问题。BIS 的资本由各成员中央银行持有。目前有 60 家中央银行或货币当局派代表出席股东大会并享有投票权。

②董事会。董事会是 BIS 的实际领导机构和主要的政策制订者，每年至少召开 6 次会议，审查 BIS 日常业务。目前，董事会有 21 位董事。6 位当然董事是：比利时、法国、德国、意大利、英国的中央银行行长和美联储主席。上述当然董事可以各再任命 1 位相同国籍的董事。此外，可以从其他成员中央银行中选出不超过 9 位董事。目前加拿大、中国、日本、墨西哥、荷兰、瑞典、瑞士和欧洲中央银行的行长是选举产生的董事。

③管理委员会。BIS 董事会下设管理委员会，设有总经理、副总经理，下设 4 个业务机构：秘书处、银行部、货币经济部和法律处。

（2）国际清算银行的资本来源

国际清算银行（BIS）的资金有三个主要来源：一是成员国缴纳的股本。BIS 80% 的股份为各国中央银行持有，其余 20% 为私人持有。从 2003 年 4 月 1 日起，BIS 使用特别提款权（SDR）计算股本，共有面值相等的 60 万股（每股面值 5000SDR）。截至 2014 年 3 月 31 日，BIS 所有者权益为 177.3 亿特别提款权。二是借款。BIS 向各成员国中央银行借款，补充其自有资金的不足。三是存款。BIS 接受各国中央银行的黄金存款和商业银行的存款。截至 2014 年 3 月 31 日，BIS 负债规模为 2047.8 亿特别提款权。

（3）国际清算银行的主要业务

作为重要的全球金融治理机构，国际清算银行（BIS）的主要作用是促进国际货币与金融合作，并为中央银行提供银行服务。BIS 通过承担以下活动实现其宗旨：为各中央银行和国际金融、监管当局提供促进交流和便利决策的论坛，作为经济和货币研究中心，作为中央银行金融交易的主要交易对手，在国际金融交易中发挥代理人和受托人的作用。

①货币与金融合作。BIS 为成员中央银行提供会晤场所，定期举办成员中央银行行长会议，监测全球经济和金融发展，讨论与货币和金融稳定相关的政策性问题。

第一，各种会议。BIS 每两个月举行董事会会议，讨论与全球经济、货币和金融稳定有关的政策性问题，另外 BIS 还组织中央银行高官会议，讨论与货币政策、国际金融市场监督及中央银行治理相关的问题。此外，BIS 经常组织专家会议，讨论储备管理、法律事务、信息系统和内部审计等技术性问题。

第二，委员会和秘书处。几个以货币、金融稳定以及国际金融体系为主要工作内容的委员会和机构在 BIS 设有秘书处，它们与 BIS 紧密合作。其中，由 BIS 负责运行的机构有：巴塞尔银行监管委员会、全球金融体系委员会、支付与结算系统委员会、市场委员会、欧文·费希尔中央银行统计委员会。在 BIS 之外运行的机构有：金融稳定论坛（2009 年更名为“金融稳定理事会”）、国际存款保险机构协会、国际保险监理官协会。

第三，研究和统计。BIS 开展经济、货币、金融和法律研究，以支持 BIS 组织的会议和设在巴塞尔的各个委员会的工作。此外，BIS 还是中央银行分享统计数据的中心，并出版全球银行、证券、外汇及衍生产品市场的统计数据。BIS 出版的主要刊物有《BIS 年报》和《BIS 季报》。此外，BIS 还以工作论文和 BIS 系列论文的形式出版学术研究论文和发布有关会议上讨论的专题信息。

第四，金融稳定学院。BIS 的金融稳定学院通过各种研讨会、会议、以互联网为基础的信息工具和其他活动，促进稳健监管标准的推广和实施。

②中央银行的银行。国际清算银行（BIS）提供一系列专门设计的金融服务以帮助各中央银行或货币当局管理外汇储备。截至 2007 年 3 月 31 日，130 家中央银行或货币当局，以及许多国际机构使用了 BIS 提供的金融服务。截至 2014 年 3 月 31 日，BIS 的货币存款总额接近 1805 亿特别提款权，占同期全球外汇储备的 2%。BIS 通过相互关联的两个交易室提供金融服务：一个交易室设在巴塞尔总部，另一个交易室设在香港特别行政区的亚太代表处。

第一，为中央银行提供投资服务。近年来，BIS 不断调整其金融服务范围以更加有效地满足各国中央银行日益发展的需要。除了提供类似即期/通知账户和定期存款的标准化服务产品外，BIS 还推出了一系列金融产品供各国中央银行参与交易，以提高各中央银行对外资产收益率。

第二，其他服务。BIS 有时会向中央银行提供以抵押为基础的短期信贷。它也作为受托人管理国际政府贷款和履行抵押代理人的作用。

（4）与国际清算银行相关的委员会和机构

为加强国际金融监管，促进全球金融稳定，BIS 积极主持和支持秘书处设在 BIS 总部的从事标准制定、寻求金融稳定的相关委员会和机构的工作。

设在 BIS 总部、与 BIS 密切相关的巴塞尔银行监管委员会（BCBS）、全球金融体系委员会（CGFS）、支付与结算系统委员会（CPSS）、市场委员会（MC）、欧文·费希尔中央银行统计委员会（IFC）5 个常设委员会，分别从事不同金融领域的研究以及监管标准的制定工作①。

①巴塞尔银行监管委员会（BCBS）。BCBS 由十国集团中央银行成立于 1974 年，主要负责与国际银行业有关的监管标准制定工作。BCBS 制定的巴塞尔协议，确立了以最低资本要求、监管当局的监督检查、市场约束为三大支

① 谢世清，黄嘉俊："巴塞尔进程与全球金融治理"，《上海金融》2010 年第 11 期。

柱的现代国际银行业资本监管模式，在国际金融领域具有深远的影响。

②全球金融体系委员会（CGFS）。CGFS 成立于 1971 年，负责定期监测、分析与金融市场、金融体系相关的各种问题，确定和评估全球金融市场压力的潜在来源，以深化对金融市场结构基础的认识，促进金融市场功能和稳定的改善。此外，CGFS 还负责监督 BIS 的国际银行与金融统计。

③支付与结算系统委员会（CPSS）。CPSS 成立于 1990 年，主要负责支付、清算和结算基础设施的分析与标准制定，促进安全和高效的支付、清算、结算及相关安排，从而支持金融稳定和更广泛的经济稳定①。

④市场委员会（MC）。MC 成立于 1962 年，主要关注金融市场的运行，在讨论金融市场发展，评估可能对金融市场运行和中央银行业务产生影响的当前事件以及长期的结构性趋势等方面密切合作。MC 的讨论一般以公开和非正式的方式进行。

⑤欧文·费希尔中央银行统计委员会（IFC）。IFC 主要为专门研究中央银行问题的经济学家、统计学家以及其他学者提供交流平台，并提供有关中央银行信息的统计数据和方法。

此外，BIS 还为金融稳定论坛（FSF，2009 年更名为“金融稳定理事会”（FSB））、国际存款保险机构协会（IADI）、国际保险监理官协会（IAIS）开展工作提供各种支持。

上述机构成为 BIS 推进全球金融治理的主要渠道。此外，随着金融自由化、金融全球化以及金融创新的不断发展，银行业、证券业与保险业之间的界限日益模糊，巴塞尔银行监管委员会、国际保险监理官协会以及国际证监会组织于 1996 年共同筹建了联合论坛（JF），致力于银行、证券和保险业的监管标准协调与交流。各个机构通过彼此密切合作，充分发挥协同效应，共同促进国际金融体系的稳定。

---

① 2014 年 9 月 1 日，“支付与结算系统委员会”（CPSS）更名为“支付与市场基础设施委员会”（CPMI）。

第四节　现行国际金融体系存在的主要问题

全球金融危机的爆发表明，现行的国际金融体系存在许多缺陷和不足，已难以有效应对金融全球化深入发展背景下所面临的挑战。具体表现在以下几个方面。

一、国际金融监管框架的缺陷

为维护全球金融稳定，国际社会为建立有效的国际金融监管框架进行了不懈努力，经过各次金融危机的洗礼，国际金融监管框架不断充实、完善，但是此次全球金融危机仍然暴露出现行的国际金融监管框架存在着许多问题。

1. IMF 监督的内在缺陷

作为国际金融体系的监护人，IMF 在监督职能方面存在着明显的角色缺失和角色错位现象。近年来国际金融危机频发，2008 年更爆发了席卷全球的金融危机，然而 IMF 未能及时地对这些金融危机提出预警，这实际上与 IMF 近年来监督方向和监督重点的偏离有关。首先，《国际货币基金协定》规定了 IMF 以“促进汇兑稳定”为宗旨，然而 IMF 现在基本上放弃了汇率稳定的目标，并且一度将关注点放在了推进成员国金融自由化、资本市场开放上，造成了 IMF 监督实践与其宗旨日渐脱节。其次，IMF 过分强调对发展中国家和新兴经济体的监督，而忽略了对发达国家的监督，尤其是疏于对储备货币发行国的监督，而且 IMF 工作人员对发展中国家的国情缺乏了解，对发展中国家做出的监督结论难免缺乏客观性。再次，IMF 虽然拥有《国际货币基金协定》赋予的对成员国经济政策监督的权力，但是缺乏对私人部门进行有效监督的手段。IMF 监督存在的缺陷，使得其对金融市场既难以实行有效的国别监督也难以实行有效的跨国监督，对每天活跃于世界市场上的以万亿美元计的庞大游资，缺乏有效监督和约束机制，客观上成为金融危机跨国传递，最终掀起全球金融风暴。

2. 巴塞尔Ⅱ银行资本监管存在的问题

在巴塞尔协议的银行资本监管框架中，资本充足率要求是最重要的约束机制之一。良好的资本实力对于银行的抗御风险能力以及更广泛的金融稳定至关重要。然而，由于巴塞尔协议并没有国际性的强制执行机制，其实施仍然依赖于各国自身的监管框架，因而巴塞尔协议银行资本监管框架在实施过程中仍然暴露出许多问题。

第一，巴塞尔Ⅱ银行资本监管框架难以避免“监管套利”。尽管巴塞尔协议规定了银行资本的定义和标准，但在现实中，银行资本是由各国监管当局自行认定，因此客观上造成了各国对于银行资本的认定标准不一，从而使各国在银行资本标准方面存在着重要的差异[①]。此外，巴塞尔Ⅱ允许金融机构使用内部评级法对复杂产品定价并评估其风险。而各国监管当局对于银行使用模型的假定、限制各不相同，这就使得不同国家计算出的银行资本充足率之间缺乏可比性，尤其是对于银行间市场业务集中的银行来说，在使用内部模型时的参数、估值和假设等方面有许多不同，由此导致了银行的国际“监管套利”，由于市场无法准确判断银行的内在风险，这也大大削弱了巴塞尔Ⅱ第三支柱——市场约束应有的效果。

第二，巴塞尔Ⅱ银行资本监管框架存在“监管空白”。随着金融自由化和金融创新的不断发展，传统金融的专业分工逐渐被打破，国际金融体系呈现重要变化。其中特别值得关注的是，21 世纪以来“影子银行体系”的迅速发展壮大[②]。与传统银行一样，影子银行体系也具有期限、信用和流动性转换职能，因而也面临资产负债表的期限、信用和流动性错配风险。在影子银行迅速发展的推动下，通过资产证券化的大量使用，商业银行业务与影子银行业务相互渗透、相互交叉，造成商业银行表内业务向表外业务转移，从而使得

---

① 范小云，王道平：“巴塞尔Ⅲ在监管理论与框架上的改进：微观与宏观审慎有机结合”，《国际金融研究》2012 年第 1 期。

② 详见第三章。

信贷风险由信贷市场向资本市场转移成为流动性风险①。由于巴塞尔Ⅱ缺乏针对表外业务的有效监管措施，从而造成了“监管盲区”或“监管空白”。

第三，巴塞尔Ⅱ银行资本监管框架具有顺周期性。巴塞尔Ⅱ的内部评级法在资本充足率计算时，实行风险权重与经济周期挂钩。在其他条件相同的情况下，当经济处于繁荣时期，风险权重通常较低，资本充足率因而较高，金融机构倾向于提高杠杆率；而当经济处于衰退时，风险权重通常较高，资本充足率则较低，金融机构倾向于降低杠杆率。这种随经济周期调整财务杠杆的行为会助长繁荣期的泡沫积累和衰退期的信贷紧缩，导致周期性波动放大②。

二、金融危机国际救助机制的不足

在日益复杂的国际金融环境面前，现行的金融危机国际救助机制的不足主要体现在：国际货币基金组织（IMF）作为国际金融体系“全球最后贷款人”和救助者，存在着能力不足和功能缺失的情况。随着金融全球化的深入发展、全球金融市场规模的显著扩大，金融危机的破坏性和影响也在不断增加，然而 IMF 的资金总量却缺乏有效的应对这一变化的增长机制。事实上，自 IMF 成立以来，其资金规模虽然经过几次扩充，但是其占全球产出的比例已经明显下降（现在大约为其成立之初时比例的 1/3），占全球金融市场规模的比例缩减得更为显著。因此，与国际金融市场动荡对 IMF 产生的资金需求相比，其筹资能力显得捉襟见肘。此外，IMF 对遭受国际收支危机的成员国，特别是广大发展中国家和新兴市场国家提供援助贷款时，往往无视这些国家的实际而附加非常苛刻的条件，而且这些贷款条件通常具有很强的顺周期性，造成这些国家的经济雪上加霜。在此次全球金融危机中，许多受到危机严重冲击的国家，没有得到 IMF 及时、有效的救助和支持③。

---

① 关建新：“再回首：影子银行危机下的政府金融救助”，《世界知识》2013 年第 7 期。
② 周小川：“关于改变宏观和微观顺周期性的进一步探讨”，《中国金融》2009 年第 8 期。
③ 余永定：“国际货币体系改革和中国外汇储备资产保值”，《国际经济评论》2009 年第 3 期。

第三章

影子银行体系——国际金融体系的当代发展

20 世纪七八十年代以来，为适应实体经济发展的需要，发达国家逐渐放松对金融业的管制，发展中国家也纷纷实行金融自由化改革；与此同时，现代信息通信技术迅猛发展，为金融创新提供了重要的技术基础设施支撑。在金融自由化浪潮和现代信息技术革命推动下，国际金融体系开始了一场剧烈的革命，全球金融发展迈上新的台阶，从而最终形成了 21 世纪洋洋大观的“影子银行体系”。

影子银行体系的发展和繁荣，使国际金融体系发生了翻天覆地的变化。它一方面提高了资本的流动性，改善了资源配置效率，进而促进了全球金融市场的繁荣；另一方面，由于监管缺失，其风险迅速积累，对全球金融稳定构成了严峻的挑战；不仅如此，影子银行体系的发展和繁荣，还对货币供给和货币政策实施提出了新的课题，并且对国际货币体系产生了重要的影响。

第一节　影子银行的内涵与运行特征

近年来，全球金融发展的一个最突出的表现就是影子银行的产生和迅猛发展。作为金融创新的重要表现和突出标志，影子银行体系在一国金融体系以及整个国际金融体系中的作用和地位日益上升。

一、影子银行的内涵和基本特征

“影子银行”的概念最早是由美国太平洋投资管理公司执行董事麦卡利于2007年提出，他在当年美联储的年度会议上用“影子银行”来概括那些具有杠杆作用的非银行投资渠道、工具和组织。美国前财长盖特纳称为“平行银行体系”（Parallel Banking System）。国际货币基金组织（IMF）在《全球金融稳定报告（2008）》中论及类似的金融机构和活动时，使用了“准银行”的概念。

2008年全球金融危机发生后，国际组织、各国政府和学术界开始广泛使用“影子银行”的概念。Bernanke（2012）认为，影子银行是由一系列执行商业银行职能但未纳入传统的存款保险体系的机构和市场组成。其重要组成成分包括证券化工具、资产抵押商业票据、货币市场基金、回购协议、投资银行和住房抵押公司。由于各国金融体系和监管框架存在巨大差异，目前尚无对“影子银行”的统一定义。其中，金融稳定理事会（FSB）对“影子银行”的定义较有代表性。FSB将广义“影子银行”描述为“由正规银行体系之外的机构和业务构成的信用中介体系”，狭义“影子银行”则是指“正规银行体系之外，可能因期限/流动性转换、杠杆和有缺陷的信用转换而引发系统性风险和存在监管套利等问题的机构和业务构成的信用中介体系”。从上述影子银行的概念可以看出：首先，影子银行体系存在于传统银行体系之外，属于非银行信用中介；其次，影子银行体系实质上具有类似传统银行体系的特征和功能，如期限转换、流动性转换、高杠杆率等。

从涉及的机构来看，影子银行是指投资银行、抵押贷款中介服务机构、对冲基金、私募股权基金、货币市场共同基金、债券保险公司、结构性投资工具等非银行金融机构。相应地，影子银行体系就是由影子银行组成的非银行金融体系。从涉及的金融工具来看，影子银行体系主要包括再回购协议（Repo）、资产支持证券（ABS）、住房抵押贷款支持证券（MBS）、担保债务凭证（CDO）、信用违约掉期（CDS）、资产担保商业票据（ABCP）以及结构化投资工具（SVI）等①。

表 3－1　传统银行与影子银行的区别

	传统银行	影子银行
储备/预留头寸	由监管者设定最低水平流动性	最低水平由双方协定
	短缺时可以向中央银行借款	不能从中央银行借款
存款保险/抵押	有政府保障	现金、资产抵押证券、贷款
利率	流动性不足时可提高以吸引存款	资金不足时双方协商可提高
资产负债表	贷款记于资产负债表	部分证券化的资产可以抵押物的形式记于资产负债表

资料来源：阎庆民，李建华：《中国影子银行监管研究》，中国人民大学出版社 2014 年版，第 19 页。

尽管影子银行在传统银行之外平行存在，但影子银行往往与传统银行相伴而生、相互交叉。传统银行为影子银行的信用中介业务提供了最初的产品，即各种抵押贷款；为影子银行提供了流动性支持和信用支持。实际上，很多影子银行是传统银行为了降低成本和监管套利的产物，可以说整个影子银行的产业链中各部分都受到了传统银行的业务支持，二者紧密交叉、难以分离。总之，影子银行体系依附于传统银行体系，或者附属在传统银行资产负债表外从事类似业务，或者购买传统银行体系的贷款作为证券化基础资产等，二者相互渗透、高度关联，在融资结构、资金流向与资产运用方面不断趋同②。

此外，由于影子银行属于非银行信用中介，因此影子银行不像传统银行那样受到严格的审慎监管，与此同时，它也不能像传统银行那样得到官方的流动性支持，没有存款保险。因此，影子银行体系蕴含着巨大的风险。

近年来，随着金融创新迅猛发展，各种证券化产品和衍生金融工具层出

① 羌建新：“再回首：影子银行危机下的政府金融救助”，《世界知识》2013 年第 7 期。

② 阎庆民，李建华：《中国影子银行监管研究》，中国人民大学出版社 2014 年版，第 6～18 页。

不穷，全球影子银行体系规模急剧扩张。据 FSB 发布的《2012 年全球影子银行监测报告》①，此次全球金融危机前，2002 年，全球影子银行的规模为 26 万亿美元，而到全球金融危机前的 2007 年，全球影子银行的规模快速增长到 62 万亿美元，5 年间增长了 2.38 倍。危机爆发后，影子银行的规模有所下降，2008 年的规模为 59 万亿美元，但其后又很快恢复增长，2011 年底增加至 67 万亿美元，已经超过了金融危机前的水平。但与此同时，影子银行与全球 GDP 总额之比由 2007 年的 128% 下降至 2011 年的 111%。此外，影子银行在金融机构总资产中的占比也逐渐下降，在全球金融危机前的 2007 年，影子银行规模在金融机构总资产的占比一度曾达到 27%，2009 ~ 2011 年保持在 25% 左右。

从地域分布来看，全球影子银行主要集中在美国、欧盟和英国等金融业高度发达的国家和地区。美国影子银行规模尽管自 2008 年金融危机后大幅下降，但仍居全球首位。2011 年，美国影子银行总资产达 23 万亿美元，在全球的占比由 2005 年的 44% 下降到 2011 年的 35%。欧盟影子银行规模为 22 万亿美元，在全球的占比从 2005 年的 31% 上涨至 33%。英国影子银行规模为 9 万亿美元，在全球的占比从 2005 年的 9% 上升至 13%。在我国，尽管尚未出现真正意义上的“影子银行”，但部分商业银行的信托理财、资产证券化产品已经体现出了影子银行的初步特征②。

总之，影子银行体系的产生和发展扩大了传统意义上的“银行”的范畴，模糊了银行体系的概念，影子银行体系与传统银行体系密切联系，相互渗透、相互竞争、相互融合，共同推动着金融体系的演进与发展。

---

① 报告监测范围涵盖所有 24 个 FSB 成员国和智利，这些国家 GDP 占全球的 83%，金融体系总资产占全球的 90%。报告所称的广义的影子银行涵盖了除商业银行、中央银行、公共政策性金融机构、保险公司或养老基金以外的其他金融中介机构（Other Financial Intermediaries）。

② 中国人民银行金融稳定分析小组：《中国金融稳定报告 2013》，中国金融出版社 2013 年版，第 171 ~ 172 页。

二、影子银行的信用创造过程[①]

影子银行的实质是利用基于金融市场的融资型金融创新工具，进行专业化分工，将商业银行的单张资产负债表垂直分解，来完成信用中介功能、期限转换和流动性转换。所不同的是，传统银行是在一张资产负债表中完成信用中介功能、期限转换和流动性转换，而影子银行是在一个业务链条中完成信用中介功能、期限转换和流动性转换[②]。从功能上来看，影子银行的信用创造过程与传统银行相类似，可以用表 3－2 来表示。

表 3－2　　影子银行系统信用创造过程

	资产	负债	权益资金
1	ΔB	$\Delta B(1-r_s)^1$	$r_s\Delta B$
2	$\Delta B(1-r_s)^1$	$\Delta B(1-r_s)^2$	$r_s\Delta B(1-r_s)^1$
3	$\Delta B(1-r_s)^2$	$\Delta B(1-r_s)^3$	$r_s\Delta B(1-r_s)^2$
…	…	…	…
N			
…			
总计	$\Delta A=\Delta B\sum_{n=1}^{\infty}(1-r_s)^{n-1}$	$\Delta L=\Delta B\sum_{n=1}^{\infty}(1-r_s)^{n}$	$\Delta E=r_s\Delta B\sum_{n=1}^{\infty}(1-r_s)^{n-1}$

资料来源：李波，伍戈："影子银行的信用创造功能及其对货币政策的挑战"，《金融研究》2011 年第 12 期。

由表 3－2 可知，如果最初的影子银行资产池中的资产增加 ΔB，经过影子银行系统的 n 次扩张后，其资产总额增加到 $\Delta A=\Delta B\sum_{n=1}^{\infty}(1-r_s)^{n-1}$。

假设各影子银行留存的权益资金比例均为 r_s[③]，且 $0<r_s<1$，$0<(1-r_s)<1$，因此，

① 李波，伍戈："影子银行的信用创造功能及其对货币政策的挑战"，《金融研究》2011 年第 12 期。

② 阎庆民，李建华：《中国影子银行监管研究》，中国人民大学出版社 2014 年版，第 18～19 页。

③ 用于影子银行信用创造中吸收风险。

$$\Delta A = \Delta B \sum_{n=1}^{\infty} (1 - r_s)^{n-1} = \Delta B \frac{1}{1 - (1 - r_s)} = \frac{1}{r_s}\Delta B \qquad (3-1)$$

在式（3－1）中，r_s 的功能类似于传统商业银行的存款准备金率，但与传统商业银行信用创造不同的是，r_s 值大小并不受货币当局的强制约束，而由各影子银行根据其融资情况自行把握。因此，从理论上讲，如果式（3－1）中的 r_s 很小（甚至趋向于0），那么，影子银行信用创造乘数 $1/r_s$ 趋近于无穷大，导致其资产总额 ΔA 随之趋向于无穷大。在现实中，相对于传统商业银行而言，影子银行由于无法定存款准备金率和其他金融监管指标的约束，乘数 $1/r_s$ 可以很大（r_s 很小），因此，影子银行体系具有更强的信用创造功能。如果考虑相反的情形，如果最初的影子银行资产池中的资产减少 ΔB，那么经过影子银行系统的收缩后，其资产总额也将以 $1/r_s$ 的乘数比例迅速缩减。但是由于 r_s 值不受中央银行的强制约束，影子银行会根据市场风险状况来自主调节 r_s 值，因而影子银行的信用创造具有很强的内生性，而且会导致 r_s 值随市场形势而波动，当经济上扬、市场风险较低时，影子银行可能会选择一个较低的 r_s 值来扩张信用创造，而当经济低迷、市场风险上升时，影子银行的避险情绪上升，就可能选择一个较高的 r_s 值，从而收缩信用创造，在这种情况下，影子银行的信用创造具有很强的顺周期性。由此可见，影子银行体系具有极高的杠杆性和金融风险。

与传统商业银行信用创造不同的是，影子银行并不直接创造传统狭义流动性的货币资产，而是创造广义或实质流动性特征的各种金融资产。

第二节　影子银行体系对流动性供给的影响

在贵金属时代，货币的存在以贵金属的存在为前提。在银行制度的演变过程中，虽然早期银行券的发行在一定程度上已经脱离了银行系统所持有的贵金属，但依然是以银行的贵金属储备为基础的。在现代银行制度中，货币供给量已经同贵金属基本无关，而理解货币创造的出发点是银行的资产负债表。同样，理解影子银行条件下的流动性创造的出发点是传统银行体系与影子银行体系共同构成的广义银行体系的资产负债表。

一、传统银行体系下的货币创造和货币供给

在一般的宏观经济学教科书中，货币存量被定义为公众持有的银行存款和流通中的现金之和，即

$$M = D_b + C \tag{3-2}$$

其中，M、D_b 和 C 分别代表货币存量、银行存款和流通中的现金。

基础货币或强力货币被定义为银行准备金与流通中现金之和，即

$$H = R_b + C \tag{3-3}$$

其中，H 是基础货币，R_b 是银行的准备金，C 是流通中的现金。

因此，从货币和基础货币的定义出发，在传统的银行条件下，货币乘数 m 为：

$$m = \frac{M}{H} = \frac{D_b + C}{R_b + C} = \frac{\dfrac{D_b}{D} + \dfrac{C}{D_b}}{\dfrac{R_b}{D_b} + \dfrac{C}{D_b}} = \frac{1 + k}{r_b + k} \tag{3-4}$$

其中，$k \equiv C/D_b$ 为公众现金－存款比率，$r_b \equiv R_b/D_b$ 为商业银行准备金－存款比率（准备率）[①]。

由式（3－4）可知，当基础货币的增量为 ΔH 时，货币供应量的增量为：

$$\Delta M = m\Delta H = \left(\frac{1 + k}{r_b + k}\right)\Delta H \tag{3-5}$$

---

① 在此，为简化分析，我们不区分商业银行的法定存款准备金率和超额存款准备金率，因此，此处的银行存款准备金率假设为法定准备金率。事实上，银行可以通过调节超额存款准备金率来自主地调节货币供给，但此处着重于研究影子银行对流动性供给的影响。尽管银行会通过对超额准备金的调节来自主影响货币创造，从而增加货币的内生性，但是，此处的简化不会影响本章关于影子银行对流动性供给影响的研究结论。

二、影子银行下的流动性创造和流动性供给

在存在影子银行的条件下，传统银行体系与影子银行体系共同构成了广义的银行体系。相应地，由传统银行体系与影子银行体系共同构成的广义银行体系的广义流动性[①]供给包括两个部分：一部分是由传统银行体系所提供的流动性即狭义流动性，也即现行货币统计意义上的货币供应量[②]；另一部分是由影子银行体系提供的流动性，但这部分流动性并没有完全纳入现行的货币统计之中[③]。二者共同构成了广义银行体系的广义流动性供给，这是经济中的全部流动性供给。

1. 影子银行下的广义流动性创造和广义流动性供给

在存在影子银行的条件下，由传统银行体系与影子银行体系共同构成的整个广义银行体系的广义或实质流动性供给为：

$$L = M + D_s \tag{3-6}$$

其中，L 为由传统银行体系与影子银行体系共同构成的广义银行体系的广义流动性供给，M 为传统银行体系的流动性（货币）供给，D_s 为影子银行体系的流动性供给。

与传统商业银行流动性（货币）创造相似的是，影子银行的流动性创造同样需要保留一定数量的资产来吸收流动性创造过程中的风险，这相当于影子银行的流动性创造需要保留一定的准备资产，记为 R_s 。因此，由传统银行体系与影子银行体系共同构成的广义银行体系的广义流动性创造过程中所需要的准备金，为传统商业银行持有的准备金与影子银行持有的准备金之

---

① 在经济学文献中，流动性有各种不同的含义，本章主要是从货币意义上来理解流动性，即流动性相当于货币。尽管按照现行的货币统计口径，在广义流动性中有一部分并未体现在货币（流动性）统计中，但从实质上来讲，它们具有很强的货币（流动性）特征，因而是实质性的流动性。

② 在此，为简化分析，我们不区分货币口径，即不区分狭义货币（M_1）和广义货币（M_2），在具体的实际研究中，可以据此得出基于不同货币口径的广义流动性指标。

③ 尤其是没有完全纳入现行的 M_1 和 M_2 统计之中。

和，即

$$R = R_b + R_s \tag{3-7}$$

这是广义银行体系中的基础流动性。其中，R 为广义银行体系持有的准备金，R_b 为传统商业银行持有的准备金，R_s 为影子银行持有的准备金。

在存在影子银行的条件下，广义银行体系中的基础流动性可以表示为整个广义银行体系持有的准备金与流通中的现金之和，或者可以表示为基础货币与影子银行持有的准备金之和，即

$$A = R + C = R_b + R_s + C = H + R_s \tag{3-8}$$

这样，我们就可以得到在影子银行条件下，广义银行体系的广义流动性创造乘数 l：

$$l = \frac{L}{A} = \frac{M + D_s}{H + R_s} = \frac{D_b + C + D_s}{R_b + C + R_s} = \frac{\dfrac{D_b}{D} + \dfrac{C}{D_b} + \dfrac{D_s}{D_b}}{\dfrac{R_b}{D_b} + \dfrac{C}{D_b} + \dfrac{R_s}{D_b}} = \frac{1 + k + d_s}{r_b + k + r_s d_s} \tag{3-9}$$

其中，$d_s \equiv D_s / D_b$ 为影子银行信用—银行存款比率，$r_s \equiv R_s / D_s$ 为影子银行准备金—影子银行信用比率（影子银行准备比率），假定 $r_s < r_d$。

由式（3-9）对 d_s 求导数可得：

$$\frac{dl}{dd_s} = \frac{(1 + k)(1 - r_s)}{(r_b + k + r_s d_s)^2} > 0 \tag{3-10}$$

式（3-10）表明，在给定其他条件下，影子银行规模相对于传统银行的规模越大，影子银行条件下整个广义银行体系的流动性创造能力越强。

由式（3-9）对 r_s 求导数可得：

$$\frac{dl}{dr_s} = -\frac{(1 + k + d_s)d_s}{(r_b + k + r_s d_s)^2} < 0 \tag{3-11}$$

式（3-11）表明，在给定其他条件下，影子银行的准备要求越低，影子银行条件下整个广义银行体系的流动性创造能力越强。

由式（3-8）可知，$dA/dH = 1$，因此，在影子银行条件下，如果基础货

币的增量为 ΔH，广义银行体系的广义流动性供给的增量为：

$$\Delta L = l\Delta H = (\frac{1 + k + d_s}{r_b + k + r_s d_s})\Delta H \qquad (3-12)$$

2. 影子银行下传统银行的流动性（货币）创造和流动性（货币）供给

按照货币的定义，货币是指（传统）银行体系的负债。而在影子银行条件下，在传统银行体系的流动性（货币）创造过程中，传统银行体系除了需要为自身的流动性（货币）创造持有部分准备金之外，还需要为自身之外的影子银行体系的流动性创造提供部分准备金。因此，在给定其他条件的情况下，传统银行在影子银行条件下用于流动性（货币）创造的资产要少于不存在影子银行时的情形。因而，从传统银行流动性（货币）供给的角度来看，在影子银行条件下，传统银行在进行流动性（货币）创造时实质上相当于要保留更多的准备金，从而会降低传统银行体系的按照现行货币统计口径统计的货币（流动性）创造能力。

这样，我们就可以得到在影子银行条件下，传统银行体系的按照现行货币统计口径统计的货币（流动性）创造乘数 m' 为：

$$m' = \frac{M}{A} = \frac{M}{H + R_s} = \frac{D_b + C}{R_b + C + R_s} = \frac{\frac{D_b}{D} + \frac{C}{D_b}}{\frac{R_b}{D_b} + \frac{C}{D_b} + \frac{R_s}{D_b}} = \frac{1 + k}{r_b + k + r_s d_s} \qquad (3-13)$$

由式（3－13）对 d_s 求导数可得：

$$\frac{dm'}{dd_s} = -\frac{(1 + k)r_s}{(r_b + k + r_s d_s)^2} < 0 \qquad (3-14)$$

式（3－14）表明，在给定其他条件下，影子银行规模相对于传统银行的规模越大，在影子银行条件下，按现行货币统计口径，传统银行体系的货币（流动性）创造能力越弱。

由式（3－13）对 r_s 求导数可得：

$$\frac{dm'}{dr_s}=-\frac{(1+k)d_s}{(r_b+k+r_sd_s)^2}<0 \qquad (3-15)$$

式（3－15）表明，在给定其他条件下，影子银行的准备要求越低，在影子银行条件下，按现行货币统计口径，传统银行体系的货币（流动性）创造能力越强。

由式（3－8）可知，$dA/dH=1$，因此，在影子银行条件下，如果基础货币的增量为ΔH，传统银行体系的按照现行货币统计口径统计的货币供应量的增量为：

$$\Delta M' = m'\Delta H = \left(\frac{1+k}{r_b+k+r_sd_s}\right)\Delta H \qquad (3-16)$$

三、影子银行对流动性创造和流动性供给的影响

从上面的分析中可以看出，在影子银行条件下，广义银行体系中由影子银行创造的实质性流动性并未计入现行的货币（流动性）统计中，影子银行的出现也会对传统银行的按照现行货币（流动性）统计口径统计的货币（流动性）创造产生影响。那么，与不存在影子银行时的传统银行体系下的情形相比，影子银行对流动性创造、流动性供给究竟有什么影响呢？

1. 影子银行对经济中的（实质）流动性供给的影响

结合式（3－4）、式（3－9），可以得到：

$$l-m=\frac{L}{A}-\frac{M}{H}=\frac{1+k+d_s}{r_b+r_sd_s+k}-\frac{1+k}{r_b+k}=\frac{(r_b-r_s)d_s+(1-r_s)d_sk}{(r_b+r_sd_s+k)(r_b+k)}>0 \qquad (3-17)$$

从式（3－17）可以看出，在影子银行条件下，广义银行体系的（广义或）实质流动性的创造能力要大于不存在影子银行情况下，传统银行体系的（狭义）流动性创造或货币创造能力。因此，相对于不存在影子银行的情形而言，影子银行的出现，可以提高整个经济的实质性流动性创造和供给能力。

进一步由（3－17）式可以得到：

$$l = \left[1 + \frac{(r_b - r_s)d_s + (1 - r_s)d_s k}{m(r_b + r_s d_s + k)(r_b + k)}\right]m \tag{3-18}$$

从（3－18）式可以看出，相对于不存在影子银行时传统银行的流动性（货币）创造乘数，影子银行的出现，使得整个经济的实质性流动性创造乘数提高了 $\frac{(r_b - r_s)d_s + (1 - r_s)d_s k}{(r_b + r_s d_s + k)(r_b + k)}$。

将式（3－18）代入式（3－12），可以得到：

$$\Delta L = l\Delta H = \left[1 + \frac{(r_b - r_s)d_s + (1 - r_s)d_s k}{m(r_b + r_s d_s + k)(r_b + k)}\right]m\Delta H \tag{3-19}$$

将式（3－5）代入式（3－19），可以得到：

$$\begin{aligned}\Delta L &= \left[1 + \frac{(r_b - r_s)d_s + (1 - r_s)d_s k}{m(r_b + r_s d_s + k)(r_b + k)}\right]m\Delta H \\ &= \left[1 + \frac{(r_b - r_s)d_s + (1 - r_s)d_s k}{m(r_b + r_s d_s + k)(r_b + k)}\right]\Delta M\end{aligned} \tag{3-20}$$

从式（3－20）可以看出，如果经济中基础货币的增量为 ΔH，在不存在影子银行时，经济中的流动性（货币）供给的增量为 ΔM；而影子银行出现以后，经济中的实质性流动性供给的增量为 $\left[1 + \frac{(r_b - r_s)d_s + (1 - r_s)d_s k}{m(r_b + r_s d_s + k)(r_b + k)}\right]\Delta M$。相对于不存在影子银行的情形，影子银行的出现使经济中的实质性流动性供给增加了 $\frac{(r_b - r_s)d_s + (1 - r_s)d_s k}{m(r_b + r_s d_s + k)(r_b + k)}\Delta M$。

2. 影子银行的流动性创造创造效应

结合式（3－9）、式（3－13），可以得到：

$$l - m' = \frac{L}{A} - \frac{M}{A} = \frac{1 + k + d_s}{r_b + r_s d_s + k} - \frac{1 + k}{r_b + k + r_s d_s} = \frac{d_s}{r_b + r_s d_s + k} > 0 \tag{3-21}$$

从式（3－21）可以看出，在影子银行条件下，由于影子银行的流动性创造，使得广义银行体系的广义或实质性流动性也即经济中的流动性创造能力大于按照现行货币统计的银行体系的流动性（货币）创造能力。因此，影子银行的出现，使得经济增加了实质性流动性的创造和供给能力。

进一步由式（3－21）可以得到：

$$l = \left[1 + \frac{d_s}{m'(r_b + r_s d_s + k)}\right]m' \tag{3-22}$$

从式（3－22）可以看出，影子银行的出现，使得在传统银行体系的流动性（货币）创造乘数之外，经济中的实质流动性创造乘数提高了 $\frac{d_s}{r_b + r_s d_s + k}$。

将式（3－22）代入式（3－12），并结合式（3－16）得到：

$$\Delta L = \left[1 + \frac{d_s}{m'(r_b + r_s d_s + k)}\right]m'\Delta H = \left[1 + \frac{d_s}{m'(r_b + r_s d_s + k)}\right]\Delta M' \tag{3-23}$$

从式（3－23）中可以看出，在影子银行条件下，如果经济中基础货币的增量为 ΔH，则经济中的实质性流动性增量为 $\left[1 + \frac{d_s}{m'(r_b + r_s d_s + k)}\right]\Delta M'$，与此同时，按照现行货币统计的经济中的流动性（货币）供给的增量为 $\Delta M'$。因此，在银行体系之外，影子银行的出现使经济中的实质性流动性供给增加了 $\frac{d_s}{m'(r_b + r_s d_s + k)}\Delta M'$，这就是影子银行的流动性创造创造效应。

3. 影子银行的流动性创造转移效应

结合式（3－4）、式（3－13），可以得到：

$$m' - m = \frac{M}{A} - \frac{M}{H} = \frac{M}{H + R_s} - \frac{M}{B} = \frac{1 + k}{r_b + k + r_s d_s} - \frac{1 + k}{r_b + k}$$

$$= -\frac{r_s d_s (1 + k)}{(r_b + k + r_s d_s)(r_b + k)} < 0 \tag{3-24}$$

从式（3－24）可以看出，给定其他条件，在影子银行条件下，传统银行体系的流动性（货币）创造能力小于在不存在影子银行情况下，传统银行体系的流动性（货币）创造能力。因此，相对于不存在影子银行的情形而言，影子银行的出现，降低了现行货币统计意义上的银行体系的货币（流动性）创造和供给能力。

进一步由式（3－24）可以得到：

$$m' = \left[1 - \frac{r_s d_s(1+k)}{m(r_b+k+r_s d_s)(r_b+k)}\right]m \quad (3-25)$$

从式（3－25）中可以看出，相对于不存在影子银行时传统银行的流动性（货币）创造乘数，影子银行的出现，使传统银行的流动性（货币）创造乘数下降了 $\frac{r_s d_s(1+k)}{(r_b+k+r_s d_s)(r_b+k)}$。

将式（3－25）代入式（3－16），可以得到：

$$\Delta M' = m'\Delta H = \left[1 - \frac{r_s d_s(1+k)}{m(r_b+k+r_s d_s)(r_b+k)}\right]m\Delta H \quad (3-26)$$

将式（3－5）代入式（3－26），可以得到：

$$\Delta M' = \left[1 - \frac{r_s d_s(1+k)}{m(r_b+k+r_s d_s)(r_b+k)}\right]m\Delta H$$

$$= \left[1 - \frac{r_s d_s(1+k)}{m(r_b+k+r_s d_s)(r_b+k)}\right]\Delta M \quad (3-27)$$

从式（3－27）中可以看出，如果经济中基础货币的增量为 ΔH，给定其他条件，在不存在影子银行时，经济中的流动性（货币）供给的增量为 ΔM，而影子银行出现以后，经济中的流动性（货币）供给的增量为 $\left[1 - \frac{r_s d_s(1+k)}{m(r_b+k+r_s d_s)(r_b+k)}\right]\Delta M$。相对于不存在影子银行的情形，影子银行的出现使得按照现行货币统计的经济中的流动性（货币）供给增加了 $-\frac{r_s d_s(1+k)}{m(r_b+k+r_s d_s)(r_b+k)}\Delta M$，即减少了 $\frac{r_s d_s(1+k)}{m(r_b+k+r_s d_s)(r_b+k)}\Delta M$，这就是影子银行的流动性创造转移效应。

4. 影子银行的流动性创造净效应

从上面的分析可以看出，与不存在影子银行的情形相比，影子银行的出现对经济中流动性创造的影响包括两个方面：一是影子银行出现以后，影子银行在传统银行之外的流动性创造创造效应；二是影子银行出现以后，影子银行对传统银行的流动性创造转移效应。

结合式（3－21）、式（3－24），可以得到：

$$l = (l - m') + (m' - m) + m$$

$$= \left(1 + \frac{d_s}{m(r_b + r_s d_s + k)} - \frac{r_s d_s(1+k)}{m(r_b + k + r_s d_s)(r_b + k)}\right)m \quad (3-28)$$

相应地，

$$\Delta L = (\Delta L - \Delta M') + (\Delta M' - \Delta M) + \Delta M$$

$$= \left(1 + \frac{d_s}{m(r_b + r_s d_s + k)} - \frac{r_s d_s(1+k)}{m(r_b + k + r_s d_s)(r_b + k)}\right)\Delta M \quad (3-29)$$

从式（3－28）、式（3－29）可以看出，与传统银行体系下的流动性（货币）创造、流动性（货币）供给情形相比，影子银行对经济中广义或实质流动性供给的影响可以分解为两个部分。

一部分是由于影子银行出现而导致的在传统银行资产负债表之外的新增加的影子银行流动性创造，即影子银行在影子银行准备要求下创造的流动性 $\frac{d_s}{m(r_b + r_s d_s + k)}\Delta M$，这是由影子银行出现而导致的流动性创造创造效应。这部分流动性是在现行货币统计口径下，由影子银行创造的、未纳入货币（流动性）统计的、新增加的实质性流动性。

另一部分是由于影子银行出现而导致的部分本可用于传统银行流动性创造的准备资产被转而用作影子银行流动性创造的准备资产，造成可用于传统银行货币创造的资产减少，从而会导致传统银行资产负债表内的流动性（货币）创造减少 $\frac{r_s d_s(1+k)}{m(r_b + k + r_s d_s)(r_b + k)}\Delta M$，这是由于影子银行出现而导致的流动性创造转移效应。这一部分是在现行货币统计口径下，货币统计中体现出来的传统银行的流动性（货币）创造减少。

影子银行对经济中流动性创造和供给的影响，取决于影子银行的流动性创造创造效应与流动性创造转移效应之间的净效应。二者之间的净效应，即为相对于不存在影子银行的情形，影子银行出现使整个广义银行体系所创造的或经济中实质性流动性供给发生的变化。在现实中，相对于传统银行而言，影子银行在创造流动性时所需要的准备要求很低，因而影子银行拥有更强的流动性创造能力。在这种情况下，影子银行的流动性创造创造效应要大于影子银行的流动性创造转移效应，因此，影子银行出现而导致的在传统银行资产负债表之外的新增加的影子银行流动性创造数量，要大于由于影子银行出现而导致的传统银行资产负债表内的流动性（货币）创造减少的数量。因此，与传统银行体系下的流动性（货币）创造、供给相比，在影子银行体系下，广义银行体系具有更强的广义或实质流动性创造、供给能力。而且尽管从现象上来看，影子银行出现以后，按现行货币统计口径统计的传统银行体系的流动性（货币）创造、供给可能会减少，但是从实质上来说，影子银行出现以后，经济中的实质流动性创造、供给能力会大大提高。

第三节 影子银行体系对国际货币体系的影响

从上面的分析可以看出，作为近年来国际金融体系发展最重要的表现形式之一，影子银行体系的发展对货币创造、货币供给具有非常重要的影响，从而也会对国际货币体系形成广泛而深远的影响。

一、影子银行体系通过流动性创造对国际货币体系产生重大影响

影子银行规模的扩大会使得经济的实质性流动性创造能力大幅提高，尽管这部分流动性并未纳入传统的货币统计之中。从这个意义上说，影子银行的发展会大大增加经济中的流动性供给。但是，影子银行的顺周期特征，也

会放大经济中流动性供给的波动性，从而对经济中的流动性稳定造成冲击。在现实中，主要的国际储备货币发行国尤其是美国同时也是影子银行高度发达的国家。因此，影子银行体系的发展大大提高了国际储备发行国的国际流动性供给能力，同时也会造成全球流动性供给的剧烈波动。

二、影子银行体系通过金融稳定渠道对国际货币体系产生系统性影响

货币创造一般要依托金融体系特别是银行体系借助一定的金融过程来实现，而金融体系特别是银行体系的稳健程度直接影响到货币创造和货币供给的稳定。由于影子银行的高杠杆率且游离于常规监管之外，与此同时，影子银行具有很强的顺周期特征，因而会对全球金融稳定带来严峻挑战，从而最终会对国际货币体系的稳定产生重大影响。

总之，影子银行体系的发展使得传统的货币存量与实体经济之间的关系发生了重大变化，如何全面判断影子银行创造的信用规模及其对货币供给的影响，进而如何科学地测度真实的国际流动性水平及其对全球经济的影响是当前国际货币体系改革中面临的重大问题。

第四章

国际货币体系的发展、演变与改革前景——一个理论模型

从本质上说，国际货币体系是伴随着世界各国经济的发展，适应商品和要素在国家间流动的需要而产生、发展和不断演变的。在本章中，我们从国际货币体系的核心——国际储备货币体系的角度，建立一个理论模型来研究国际货币体系的发展、演变与改革前景。我们借鉴 Johnson（1972）的“国际收支货币分析方法”和 Greenwald、Stiglitz（2008）的研究，并以王道平、范小云（2011），陈江生、田苗、丁俊波（2015）的模型为基础，对他们的模型进行扩展、完善，通过在模型中引入金融体系发展①对货币供给的影响，从理论上来解释国际货币体系特别是国际储备货币体系的演变规律，并在此基础上进一步讨论国际货币体系的改革前景。

从理论上说，货币创造或货币供给取决于两个方面：一个是货币当局的基础货币供给；另一个是经济中的货币乘数。

在货币乘数给定的情况下，一国的货币供应量或流动性供给取决于货币

---

① 本章主要是通过在模型中引入货币乘数，来讨论银行体系乃至金融体系对国际货币体系的影响。随着银行体系特别是影子银行体系的发展，金融体系的信用创造能力明显提高，从而使得货币乘数伴随着金融体系的发展而不断提高，因此，本章主要通过在模型中引入货币乘数，通过关于货币乘数对货币供给影响的讨论来探讨国际金融体系变迁对国际货币体系的影响。

当局的基础货币供给，货币当局的基础货币供给变动越大，基础货币变动带来的货币供应量或流动性供给变动就越大；反之，货币当局的基础货币供给变动越小，基础货币变动带来的货币供应量或流动性供给变动也就越小。而货币当局的基础货币供给又取决于其持有的国际储备和自身的信用创造。

在基础货币供给给定的情况下，一国的货币供应量或流动性供给取决于经济中货币乘数的大小，货币乘数越大，商业银行体系的货币创造能力越强，给定基础货币变动带来的货币供应量或流动性供给变动越多；反之，货币乘数越小，商业银行体系的货币创造能力越弱，给定基础货币变动带来的货币供应量或流动性供给变动越少。

而在其他条件给定的条件下，货币乘数的大小又取决于商业银行的准备金率。商业银行持有的准备金包括法定准备金和超额准备金，商业银行根据情况自主选择持有的超额准备金。从这个意义上说，即使存在货币当局法定的准备金率，在短期内，商业银行仍然可以通过调整超额准备金率来影响货币乘数①，从而影响经济中的货币供应量或流动性供给。

而从长期来看，一国的货币供给总是要满足该国经济交易对货币或流动性的需求，只有这样，才能满足经济长期稳定发展的需要。这既取决于货币当局的政策努力，同时也取决于金融体系特别是银行体系的货币创造或流动

① 货币当局可以通过改变法定准备金率的形式来调整货币乘数，从而影响货币供给。但在商业银行持有超额准备金的情况下，商业银行可以通过调节超额准备金率的形式来抵销货币当局改变法定准备金率政策的影响，从而保持合意的准备金率水平。例如，当货币当局降低法定准备金率时，商业银行可以通过提高超额准备金率的方式，来保持整体的准备金率不变；反之，当货币当局提高法定准备金率时，商业银行可以通过降低超额准备金率的方式，来保持整体的准备金率不变。由于货币当局通常都是规定法定准备金率的最低限度，而不去规定法定准备金率的最高限度，因此，从理论上说，当货币当局降低法定准备金率时，商业银行可以通过提高超额准备金率的方式，完全对冲货币当局法定准备金率政策的影响；但是，当货币当局提高法定准备金率时，能否抵销货币当局法定准备金率政策的影响，取决于商业银行的超额准备金率水平。因此，当货币当局提高法定准备金率时，如果商业银行的超额准备金率超过货币当局的法定准备金率调整幅度，那么从理论上说，就可以完全对冲货币当局法定准备金率政策的影响；反之，如果商业银行的超额准备金率低于货币当局的法定准备金率调整幅度，那么从理论上说，就不能完全对冲货币当局法定准备金率政策的影响。因此，在存在法定准备金率的情况下，商业银行对于其整体准备金率进而货币乘数的决定具有不对称性。

性创造能力。显然，为了实现长期的经济稳定增长和发展，相对于货币当局的政策努力，金融体系特别是银行体系的货币创造或流动性创造能力显得更为重要。因此，从长期来看，面对法定准备金率对货币创造或流动性创造的约束，银行体系一直在不断地通过各种金融创新的努力，来突破法定准备金率对货币创造或流动性创造的约束，提高货币乘数或流动性乘数，从而提高货币创造或流动性创造能力，以满足经济发展对货币或流动性的需求。因此，从长期来看，金融体系不断发展、深化，金融体系的整体货币供给或流动性供给能力也在不断提高①。

总之，一国的货币供应量或流动性供给不仅取决于该国的货币当局，而且也取决于该国的金融体系。同样，全球货币供给或流动性供给不仅取决于国际货币体系，而且也取决于国际金融体系。从这个意义上说，国际货币体系与国际金融体系是相伴而生、相伴发展的。

因此，本章的贡献在于：在现有的有关讨论货币当局对国际货币体系影响相关研究的基础上，通过在模型中引入货币乘数这一简单变量，在讨论货币当局政策对国际货币体系影响的同时，进一步探讨了国际金融体系演变对国际货币体系的影响，这是本书关于国际货币体系研究的一个主要创新。

第一节　基本模型

我们考虑一个包括 n 个国家的国际货币体系，这 n 个国家通过各自的货币市场行为最终汇集成了全球货币市场行为，从而构成了一个彼此之间相互关联的国际货币体系。

---

① 近年来，作为国际金融体系最重要的创新之一，影子银行的迅猛发展极大地提高了经济的实质流动性创造和供给能力。详见第三章。

一、单个国家的货币市场均衡

一国的货币市场均衡由该国的货币供给和货币需求两方面因素共同决定，当货币供给与货币需求相等时，该国的货币市场就达到了均衡。

1. 单个国家的货币供给

根据基本的货币经济学理论，国际货币体系中任意一个国家 k 的基础货币供给 H_k^s 可以分解为两个部分：因国际储备资产增加而导致的被动创造 R_k 和本国货币当局的主动信用创造 D_k，即

$$H_k^s = R_k + D_k \tag{4-1}$$

其中，一国的国际储备资产包括黄金储备和外汇储备两部分①，即

$$R_k = GR_k + FR_k \tag{4-2}$$

通过该国银行体系的信用创造，该国的货币供给 M_k^s 为：

$$M_k^s = m_k H_k^s = m_k(R_k + D_k) = m_k(GR_k + FR_k + D_k) \tag{4-3}$$

其中，m_k 表示货币乘数。

2. 单个国家的货币需求

根据基本的货币经济学理论，国际货币体系中任意一个国家 k 的货币需求主要取决于该国的国内价格水平 P_k 、总产出 Y_k 和利率 i_k ，因此该国的货币需求 M_k^d 方程为：

$$M_k^d = P_k L(Y_k, i_k) \tag{4-4}$$

其中，$L(Y_k, i_k)$ 表示实际货币需求函数，且有货币需求的产出弹性 $\frac{\partial L}{\partial Y_k} > 0$，货币需求的利率弹性 $\frac{\partial L}{\partial i_k} < 0$。

---

① 本章假定，在金本位制下，国际储备包括黄金和外汇储备，其中国际储备货币发行国的储备仅为黄金，而其他国家的国际储备包括黄金和外汇储备即国际储备货币国发行的货币两个部分；在布雷顿森林体系下，作为唯一国际储备货币发行国，美国的国际储备仅指黄金，其他国家的国际储备则仅指与黄金挂钩的美元；在牙买加体系下，由于黄金非货币化，因此国际储备是指外汇储备即国际储备货币国发行的货币，当然也包括超主权储备资产，如特别提款权。

3. 单个国家的货币市场均衡

由货币市场均衡 $M_k^s = M_k^d$ 可得：

$$M_k^s = m_k(R_k + D_k) = P_k L(Y_k, i_k) = M_k^d \quad (4-5)$$

令 $r_k = \frac{R_k}{H_k^s}$ 为国家 k 的国际储备—基础货币比率即国际储备比率（易知 $0 \leqslant r_k \leqslant 1$），则式（4-5）可演化为增长率关系①表达式：

$$g_{M_k^s} = g_{m_k} + r_k g_{R_k} + (1 - r_k) g_{D_k} = g_{P_k} + \eta_{Y_k} g_{Y_k} + \eta_{i_k} g_{i_k} = g_{M_k^d} \quad (4-6)$$

令 $a_k = \frac{GR_k}{GR_k + FR_k}$ 为国家 k 的黄金—国际储备比率（易知 $0 \leqslant a_k \leqslant 1$），则式（4-6）可以表示为：

$$\begin{aligned} g_{M_k^s} &= g_{m_k} + r_k a_k g_{GR_k} + r_k (1 - a_k) g_{FR_k} + (1 - r_k) g_{D_k} \\ &= g_{P_k} + \eta_{Y_k} g_{Y_k} + \eta_{i_k} g_{i_k} = g_{M_k^d} \end{aligned} \quad (4-7)$$

在式（4-6）、式（4-7）中，$g_{M_k^s}$ 和 $g_{M_k^d}$ 分别表示该国的货币供给变动率和货币需求变动率，g_{m_k}、g_{R_k}、g_{GR_k}、g_{FR_k}、g_{D_k}、g_{P_k}、g_{Y_k} 和 g_{i_k} 分别表示该国的货币乘数变动率、国际储备变动率、黄金储备变动率、外汇储备变动率、国内信用变动率、价格变动率、经济产出变动率和利率变动率，η_{Y_k} 和 η_{i_k} 分别表示该国货币量增长对其经济增长和利率增长的贡献率。一国的货币供给变动率取决于该国的货币乘数变动率、国际储备变动率（又分别取决于黄金储备变动率和外汇储备变动率）、国内信用变动率。一国的货币需求变动率与该国的价格变动率、经济产出变动率和利率变动率息息相关。与此同时，式（4-6）、式（4-7）描述了一国货币乘数变动、国际储备增长、信用扩张与其国内经济增长及物价水平变化、利率变动之间的关系。

---

① 本章所有绝对量公式变化为增长量公式，都是基于以下整体变化率与因素变化率的数学关系（Johnson，1972）推导而来：$g_{A+B} = \frac{A}{A+B} g_A + \frac{B}{A+B} g_B$，$g_{A-B} = \frac{A}{A-B} g_A - \frac{B}{A-B} g_B$，$g_{AB} = g_A + g_B$，$g_{f(A,B)} = \eta_A g_A + \eta_B g_B$。其中，$g$ 表示增长率（$g < 0$ 代表负增长），A 和 B 是引起整体变化的两个因素，η 表示弹性系数，$f(A,B)$ 表示以 A 和 B 为自变量的函数。

二、全球货币市场均衡

全球货币市场均衡由组成国际货币体系的各个国家的货币供给之和与货币需求之和共同决定，当全球货币供给与全球货币需求相等时，全球货币市场就达到了均衡。

1. 全球货币供给

假定国际货币体系中包括 n 个国家，因此全球货币供给 M^s 是该体系中所有 n 个国家的货币供给之和：

$$M^s = \sum_{k=1}^{n} M_k^s = \sum_{k=1}^{n} m_k R_k + \sum_{k=1}^{n} m_k D_k = \sum_{k=1}^{n} m_k GR_k + \sum_{k=1}^{n} m_k FR_k + \sum_{k=1}^{n} m_k D_k \tag{4-8}$$

假设 u_k（$0 < u_k < 1$）为第 k 国货币供应量占全球货币总量的比例，根据式（4-6），式（4-8）对应的增长率关系式为：

$$g_{M^s} = \sum_{k=1}^{n} u_k g_{M_k^s} = \sum_{k=1}^{n} u_k g_{m_k} + \sum_{k=1}^{n} u_k r_k g_{R_k} + \sum_{k=1}^{n} u_k (1 - r_k) g_{D_k} \tag{4-9}$$

根据式（4-7），可将式（4-9）进一步表示为：

$$\begin{aligned} g_{M^s} &= \sum_{k=1}^{n} u_k g_{M_k^s} \\ &= \sum_{k=1}^{n} u_k g_{m_k} + \sum_{k=1}^{n} u_k r_k a_k g_{GR_k} + \sum_{k=1}^{n} u_k r_k (1 - a_k) g_{FR_k} \\ &\quad + \sum_{k=1}^{n} u_k (1 - r_k) g_{D_k} \end{aligned} \tag{4-10}$$

2. 全球货币需求

全球货币需求 M^d 方程为该体系中所有 n 个国家的货币需求之和：

$$M^d = \sum_{k=1}^{n} M_k^d = \sum_{k=1}^{n} P_k L(Y_k, i_k) \qquad (4-11)$$

根据式（4-6），式（4-11）对应的增长率关系式为：

$$g_{M^d} = \sum_{k=1}^{n} u_k g_{M_k^d} = \sum_{k=1}^{n} u_k g_{P_k} + \sum_{k=1}^{n} u_k \eta_{Y_k} g_{Y_k} + \sum_{k=1}^{n} u_k \eta_{i_k} g_{i_k} \qquad (4-12)$$

3. 全球货币市场均衡

由全球货币市场均衡条件（ $g_{M^s} = g_{M^d}$ ）可得：

$$\sum_{k=1}^{n} u_k g_{m_k} + \sum_{k=1}^{n} u_k r_k g_{R_k} + \sum_{k=1}^{n} u_k (1 - r_k) g_{D_k} = \sum_{k=1}^{n} u_k g_{P_k} + \sum_{k=1}^{n} u_k \eta_{Y_k} g_{Y_k} + \sum_{k=1}^{n} u_k \eta_{i_k} g_{i_k} \qquad (4-13)$$

和

$$\sum_{k=1}^{n} u_k g_{m_k} + \sum_{k=1}^{n} u_k r_k a_k g_{GR_k} + \sum_{k=1}^{n} u_k r_k (1 - a_k) g_{FR_k} + \sum_{k=1}^{n} u_k (1 - r_k) g_{D_k} = \sum_{k=1}^{n} u_k g_{P_k} + \sum_{k=1}^{n} u_k \eta_{Y_k} g_{Y_k} + \sum_{k=1}^{n} u_k \eta_{i_k} g_{i_k} \qquad (4-14)$$

至此，我们完成了对国际货币体系下国际储备货币演进分析框架的描述。接下来，我们将利用这一简明的分析框架来分析国际货币体系的演进及其可能的改革前景。

第二节　国际货币体系运转与演变分析

从历史来看，国际货币体系的发展大致经历了国际金本位制、布雷顿森林体系和牙买加体系三个阶段。下面分别用上述模型来讨论国际货币体系在各个发展阶段的运转情况。

一、国际金本位制下的国际货币体系运转

从理论上说，实行纯粹金本位制的国家货币发行都是以黄金准备作为基

础，这意味着式（4－7）中 $r_k=1$，$a_k=1$，因此，式（4－7）可以改写为：

$$g_{m_k}+g_{GR_k}=g_{P_k}+\eta_{Y_k}g_{Y_k}+\eta_{i_k}g_{i_k} \tag{4-15}$$

如果全球所有的国家都实行纯粹的金本位制，那么在全球货币市场保持均衡的条件下，全球流动性供给与全球产出、价格水平和利率水平之间的关系可以表示为：

$$\sum_{k=1}^{n}u_k g_{m_k}+\sum_{k=1}^{n}u_k g_{GR_k}=\sum_{k=1}^{n}u_k g_{P_k}+\sum_{k=1}^{n}u_k\,\eta_{Y_k}g_{Y_k}+\sum_{k=1}^{n}u_k\,\eta_{i_k}g_{i_k} \tag{4-16}$$

显然，从式（4－16）中可以看出，给定其他条件，为保持全球经济稳定增长，全球的货币供给或流动性供给必须保持相应的增长。

如果实行的是严格的金本位制，那么货币的黄金准备比率从而货币乘数保持不变，在这种情况下，世界经济的增长就只能依赖于黄金供给的增长，然而，在现实中黄金供给不可能无限增长（$\lim g_{GR_k}=0$），因此，从长期来看，金本位制会束缚世界经济持续稳定增长。

从长期来看，在黄金供给不变的情况下，银行体系也可以通过降低货币的黄金准备比率从而提高货币乘数，来增加货币供给或流动性供给，从而为全球经济增长提供足够的流动性支撑，但是黄金准备比率降低会削弱市场对黄金可兑换性的信心，一旦黄金准备比率下降到某个临界值，就可能引起黄金挤兑风潮，并且会危及银行体系的稳定①；因此为了维护金本位制，黄金准备比率不可能无限降低从而货币乘数不可能无限提高，在黄金供给受限的情况下，这种状况将会严重影响全球经济增长，这实际上是金本位制下的“特里芬难题”。

在现实中，即使在早期的古典金本位制下，也只有少数的国家实行纯粹的金本位货币制度，即这些国家的国际储备都是黄金储备，因此其货币发行也是仅仅以黄金准备作为基础，这些国家相应地成为国际储备货币发行国；

---

① 实际上，法定准备金率是为了防止银行风险过度积累从而招致挤兑的产物。

而另外一些国家同时持有部分黄金储备和部分外汇储备（即实行纯粹金本位制的国家以黄金储备作为准备发行的货币）作为国际储备；还有一些国家持有的国际储备都是外汇储备。

由式（4－7）可以分别得到上述三类国家的货币市场均衡条件。其中，对于实行纯粹金本位制的国家，$r_k=1$，$a_k=1$，其货币市场均衡条件是：

$$g_{m_k}+g_{GR_k}=g_{P_k}+\eta_{Y_k}g_{Y_k}+\eta_{i_k}g_{i_k} \tag{4-17}$$

对于同时持有部分黄金储备和部分外汇储备作为国际储备并以此作为货币发行准备的国家，$r_k=1$，$0<a_k<1$，其货币市场均衡条件是：

$$g_{m_k}+a_kg_{GR_k}+(1-a_k)g_{FR_k}=g_{P_k}+\eta_{Y_k}g_{Y_k}+\eta_{i_k}g_{i_k} \tag{4-18}$$

对于仅持有外汇储备作为货币发行准备的国家，$r_k=1$，$a_k=0$，其货币市场均衡条件是：

$$g_{m_k}+g_{FR_k}=g_{P_k}+\eta_{Y_k}g_{Y_k}+\eta_{i_k}g_{i_k} \tag{4-19}$$

在这种情况下，由式（4－14）可知，在国际金本位制下，在全球货币市场保持均衡的条件下，全球流动性供给与全球产出、价格水平和利率水平之间的关系可以表示为：

$$\begin{aligned}&\left(\sum_{k=1}^{j}u_kg_{m_k}+\sum_{k=1}^{j}u_kg_{GR_k}\right)+\left(\sum_{k=j+1}^{j+i}u_kg_{m_k}+\sum_{k=j+1}^{j+i}u_k\,a_kg_{GR_k}+\sum_{k=j+1}^{j+i}u_k\,(1-a_k)g_{FR_k}\right)\\&\qquad+\left(\sum_{k=j+i+1}^{n}u_kg_{m_k}+\sum_{k=j+i+1}^{n}u_kg_{FR_k}\right)\\&=\sum_{k=1}^{n}u_kg_{P_k}+\sum_{k=1}^{n}u_k\,\eta_{Y_k}g_{Y_k}+\sum_{k=1}^{n}u_k\,\eta_{i_k}g_{i_k}\end{aligned} \tag{4-20}$$

其中，

$$\begin{cases}r_k=1,\ a_k=1 & k=1,\ 2,\ \cdots,\ j\\ r_k=1,\ 0<a_k<1 & k=j+1,\ j+2,\ \cdots,\ j+i\\ r_k=1,\ a_k=0 & k=j+i+1,\ j+i+2,\ \cdots,\ n\end{cases}$$

$k=1$，2，…，j 为实行纯粹金本位制即以黄金储备作为货币发行准备的国家，也即储备货币发行国；$k=j+1$，$j+2$，…，$j+i$ 为同时持有黄金储备和外汇储备，同时以黄金储备和外汇储备作为货币发行准备的国家；$k=j+i+1, j+i+2, \cdots, n$ 为仅持有外汇储备，并以外汇储备作为货币发行准备的国家。

式（4－20）还可以进一步分解为：

$$
\begin{aligned}
&(\sum_{k=1}^{j} u_k g_{m_k} + \sum_{k=1}^{j} u_k g_{GR_k}) + (\sum_{k=j+1}^{j+i} u_k g_{m_k} + \sum_{k=j+1}^{j+i} u_k a_k g_{GR_k} + \sum_{k=j+1}^{j+i} u_k (1-a_k) g_{FR_k}) \\
&\quad + (\sum_{k=j+i+1}^{n} u_k g_{m_k} + \sum_{k=j+i+1}^{n} u_k g_{FR_k}) \\
&= (\sum_{k=1}^{j} u_k g_{P_k} + \sum_{k=1}^{j} u_k \eta_{Y_k} g_{Y_k} + \sum_{k=1}^{j} u_k \eta_{i_k} g_{i_k}) \\
&\quad + (\sum_{k=j+1}^{j+i} u_k g_{P_k} + \sum_{k=j+1}^{j+i} u_k \eta_{Y_k} g_{Y_k} + \sum_{k=j+1}^{j+i} u_k \eta_{i_k} g_{i_k}) \\
&\quad + (\sum_{k=j+i+1}^{n} u_k g_{P_k} + \sum_{k=j+i+1}^{n} u_k \eta_{Y_k} g_{Y_k} + \sum_{k=j+i+1}^{n} u_k \eta_{i_k} g_{i_k}) \qquad (4-21)
\end{aligned}
$$

从式（4－20）和式（4－21）可以看出，为了保持经济增长，全球货币供给必须保持相应的增长。此外，在现实中，由于部分国家使用部分或全部外汇储备即储备货币发行国发行的货币作为自身货币发行的准备，在这种情况下，这些国家货币发行的最终准备仍然是黄金，与此同时，作为这些国家货币发行的直接准备的储备货币发行国发行的货币，实际上已经是在黄金基础上的货币创造的产物，因此，这些国家的货币创造实际上是在储备货币发行国货币创造基础上的衍生货币创造，从这个意义上说，这种部分或全部以外汇储备作为准备的货币创造实际上降低了全球经济增长对黄金的依赖程度。尽管如此，世界经济的增长最终仍然要依赖于黄金供给的增长。此外，从长期来看，尽管银行体系可以通过降低黄金准备比率从而提高货币乘数的方式来增加货币供给或流动性供给，但这样又会遇到金本位制下的“特里芬难题”。因此，在早期的古典金本位制下，从长期来看，世界经济持续稳定增长依然面临黄金供给增长束缚的难题。

而且从短期来看，即使在早期的古典金本位制度下，国际收支顺差国与国际收支逆差国之间也存在着国际收支调节的不对称性，从而使得价格—铸

币流动机制的自动调节作用发挥受到很大的限制。由于实行金本位制的国家通常都只规定一个法定的黄金准备比率下限，而不规定黄金准备比率的上限。在这种情况下，那些按照价格—铸币流动机制本应扩大货币供给的国际收支盈余从而黄金流入的国家，在现实中由于未规定黄金准备比率的上限，它们为了避免国内通货膨胀，往往会通过提高黄金与货币供给之间的比率即提高黄金准备金比率，从而降低货币乘数的方式来部分冲销黄金流入对货币供给的影响，即国际收支顺差国通过使 $g_{m_k} < 0$ 的方式来部分抵销 $g_{GR_k} > 0$ 对本国货币供给的影响。在这种情况下，只要 $|g_{m_k}| < g_{GR_k}$，那些国际收支盈余从而黄金流入的国家就可以在保持适度经济增长的同时，又可以防止过度的通货膨胀。但是，对于那些存在国际收支赤字从而黄金流出的国家，由于法定的黄金准备比率下限的存在，它们就只能按照价格—铸币流动机制的作用，被迫实行货币紧缩，减少国内货币供给，并且承受国内产出的下降甚至通货紧缩。与之相似，那些以部分或全部外汇储备作为货币发行准备的国家同样存在着国际收支调整的不对称性。

总之，从式（4-20）、式（4-21）可以看出，一方面，从整个国际货币体系来看，在古典金本位制下，全球货币供给的增长最终取决于全球黄金产量的增长，而提高货币乘数又会遭遇金本位制的“特里芬难题”，因此，黄金产量的限制最终会成为全球经济增长的障碍；另一方面，在古典金本位制下，国际收支盈余国家与国际收支赤字国家的国际收支调节存在着不对称性，盈余国家可以通过冲销黄金流入、外汇流入的方式，来控制货币供给增加；而与此同时，赤字国家必须保持法定的货币发行的最低准备比率，从而被迫减少货币供给。因此，从长期来看，国际金本制存在着内在的紧缩倾向。也正因为如此，随着国际经济形势的发展，国际货币体系必须寻找新的出路，古典金本位制最终蜕化为金汇兑本位制。

从式（4-20）、式（4-21）中可以看出，在古典金本位制下，尽管全球货币供给在最终意义上取决于黄金供给，但从货币创造的直接来源来看，全球货币供给却既直接取决于黄金供给，也直接取决于国际储备货币发行国的货币创造。从长期来看，在黄金供给增长面临困难的情况下，储备货币发行国通过国内信用创造的形式来增加储备货币供给，从而为全球货币供给提供新的动力，就成为历史的必然。

在这种情况下，继续由式（4－7）可以分别得到实行纯粹金本位制即储备发行国、同时以黄金储备和外汇储备作为货币发行准备国家、纯粹以外汇储备作为货币发行准备国家这三类国家的货币市场均衡条件。其中，对于实行纯粹金本位制的国家，$0<r_k<1$，$a_k=1$，其货币市场均衡条件是：

$$g_{m_k}+r_k g_{GR_k}+(1-r_k)g_{D_k}=g_{P_k}+\eta_{Y_k}g_{Y_k}+\eta_{i_k}g_{i_k} \qquad (4-22)$$

对于同时持有部分黄金储备和部分外汇储备作为国际储备并以此作为货币发行准备的国家，$r_k=1$，$0<a_k<1$，其货币市场均衡条件仍然为式（4－18）。

对于仅持有外汇储备作为货币发行准备的国家，$r_k=1$，$a_k=0$，其货币市场均衡条件仍然为式（4－19）。

在这种情况下，由式（4－14）可知，在国际金本位制下，在全球货币市场保持均衡的条件下，全球流动性供给与全球产出、价格水平和利率水平之间的关系可以表示为：

$$\begin{aligned}&\left(\sum_{k=1}^{j}u_k g_{m_k}+\sum_{k=1}^{j}u_k r_k g_{GR_k}+\sum_{k=1}^{j}u_k(1-r_k)g_{D_k}\right)\\&+\left(\sum_{k=j+1}^{j+i}u_k g_{m_k}+\sum_{k=j+1}^{j+i}u_k a_k g_{GR_k}+\sum_{k=j+1}^{j+i}u_k(1-a_k)g_{FR_k}\right)\\&+\left(\sum_{k=j+i+1}^{n}u_k g_{m_k}+\sum_{k=j+i+1}^{n}u_k g_{FR_k}\right)\\&=\sum_{k=1}^{n}u_k g_{P_k}+\sum_{k=1}^{n}u_k\eta_{Y_k}g_{Y_k}+\sum_{k=1}^{n}u_k\eta_{i_k}g_{i_k}\end{aligned} \qquad (4-23)$$

其中，

$$\begin{cases}0<r_k<1,\ a_k=1 & k=1,2,\cdots,j\\ r_k=1,\ 0<a_k<1 & k=j+1,j+2,\cdots,j+i\\ r_k=1,\ a_k=0 & k=j+i+1,j+i+2,\cdots,n\end{cases}$$

$k=1, 2, \cdots, j$ 为实行纯粹金本位制即以黄金储备作为货币发行准备的国家，也即储备货币发行国；$k=j+1, j+2, \cdots, j+i$ 为同时持有黄金储备和外汇储备，同时以黄金储备和外汇储备作为货币发行准备的国家；$k=j+i+1, j+i+2, \cdots, n$ 为持有外汇储备，以外汇储备作为货币发行准备的国家。

式（4-23）还可以进一步分解为：

$$
\begin{aligned}
&\left(\sum_{k=1}^{j} u_k g_{m_k} + \sum_{k=1}^{j} u_k r_k g_{GR_k} + \sum_{k=1}^{j} u_k (1-r_k) g_{D_k}\right) \\
&+\left(\sum_{k=j+1}^{j+i} u_k g_{m_k} + \sum_{k=j+1}^{j+i} u_k a_k g_{GR_k} + \sum_{k=j+1}^{j+i} u_k (1-a_k) g_{FR_k}\right) \\
&+\left(\sum_{k=j+i+1}^{n} u_k g_{m_k} + \sum_{k=j+i+1}^{n} u_k g_{FR_k}\right) \\
&=\left(\sum_{k=1}^{j} u_k g_{P_k} + \sum_{k=1}^{j} u_k \eta_{Y_k} g_{Y_k} + \sum_{k=1}^{j} u_k \eta_{i_k} g_{i_k}\right) \\
&+\left(\sum_{k=j+1}^{j+i} u_k g_{P_k} + \sum_{k=j+1}^{j+i} u_k \eta_{Y_k} g_{Y_k} + \sum_{k=j+1}^{j+i} u_k \eta_{i_k} g_{i_k}\right) \\
&+\left(\sum_{k=j+i+1}^{n} u_k g_{P_k} + \sum_{k=j+i+1}^{n} u_k \eta_{Y_k} g_{Y_k} + \sum_{k=j+i+1}^{n} u_k \eta_{i_k} g_{i_k}\right) \qquad (4-24)
\end{aligned}
$$

从式（4-23）、式（4-24）可以看出，在世界黄金增长受限，提高货币乘数又会遭遇金本位制的“特里芬难题”的情况下，国际储备货币发行国的国内信用创造一方面提高了国际储备货币发行国本国的货币供给能力，另一方面也间接地提高了非储备货币发行国的货币供给能力，从而为克服黄金供给对全球经济增长的束缚提供了重要动力。从某种意义上说，无论是主动选择还是被动选择，国际储备货币发行国通过国内信用创造增加货币供给是国际货币体系适应全球经济发展对流动性需求的必然选择。当然，在这种情况下，国际储备货币发行国通过国内信用创造增加货币供给客观上也必然会弱化货币与黄金之间的关系，从而使得金本位制下的“特里芬难题”更加突出。

在现实中，在国际金汇兑本位制下，不仅国际储备货币发行国会通过国内信用创造的方式提高货币供给能力，而且非国际储备货币发行国也会通过国内信用创造的方式提高货币供给能力。

在这种情况下，由式（4－7）可以分别得到上述实行纯粹金本位制即储备发行国、同时以黄金储备和外汇储备作为货币发行准备国家、纯粹以外汇储备作为货币发行准备国家这三类国家的货币市场均衡条件。其中，对于实行纯粹金本位制的国家，$0<r_k<1$，$a_k=1$，其货币市场均衡条件仍然是式（4－22）。

对于同时持有部分黄金储备和部分外汇储备作为国际储备的国家，$0<r_k<1$，$0<a_k<1$，其货币市场均衡条件是：

$$g_{m_k}+r_k a_k g_{GR_k}+r_k(1-a_k)g_{FR_k}+(1-r_k)g_{D_k}=g_{P_k}+\eta_{Y_k}g_{Y_k}+\eta_{i_k}g_{i_k} \tag{4-25}$$

对于仅持有外汇储备的国家，$0<r_k<1$，$a_k=0$，其货币市场均衡条件是：

$$g_{m_k}+r_k g_{FR_k}+(1-r_k)g_{D_k}=g_{P_k}+\eta_{Y_k}g_{Y_k}+\eta_{i_k}g_{i_k} \tag{4-26}$$

在这种情况下，由式（4－14）可知，在国际金汇兑本位制下，在全球货币市场保持均衡的条件下，全球流动性供给与全球产出、价格水平和利率水平之间的关系可以表示为：

$$\begin{aligned}&\left(\sum_{k=1}^{j}u_k g_{m_k}+\sum_{k=1}^{j}u_k r_k g_{GR_k}+\sum_{k=1}^{j}u_k(1-r_k)g_{D_k}\right)\\&+\left(\sum_{k=j+1}^{j+i}u_k g_{m_k}+\sum_{k=j+1}^{j+i}u_k r_k a_k g_{GR_k}+\sum_{k=j+1}^{j+i}u_k r_k(1-a_k)g_{FR_k}+\sum_{k=j+1}^{j+i}u_k(1-r_k)g_{D_k}\right)\\&+\left(\sum_{k=j+i+1}^{n}u_k g_{m_k}+\sum_{k=j+i+1}^{n}u_k r_k g_{FR_k}+\sum_{k=j+i+1}^{n}u_k(1-r_k)g_{D_k}\right)\\&=\sum_{k=1}^{n}u_k g_{P_k}+\sum_{k=1}^{n}u_k\eta_{Y_k}g_{Y_k}+\sum_{k=1}^{n}u_k\eta_{i_k}g_{i_k}\end{aligned} \tag{4-27}$$

其中，

$$\begin{cases}0<r_k<1,\ a_k=1 & k=1,2,\cdots,j\\0<r_k<1,\ 0<a_k<1 & k=j+1,j+2,\cdots,j+i\\0<r_k<1,\ a_k=0 & k=j+i+1,j+i+2,\cdots,n\end{cases}$$

$k=1,2,\cdots,j$ 为实行纯粹金本位制即仅持有黄金储备的国家，也即储备货币发行国；$k=j+1,j+2,\cdots,j+i$ 为同时持有黄金储备和外汇储备的国家；$k=j+i+1, j+i+2, \cdots, n$ 为仅持有外汇储备的国家。

式（4－27）式还可以进一步分解为：

$$
\begin{aligned}
&(\sum_{k=1}^{j} u_k g_{m_k} + \sum_{k=1}^{j} u_k r_k g_{GR_k} + \sum_{k=1}^{j} u_k(1-r_k)g_{D_k}) \\
&+(\sum_{k=j+1}^{j+i} u_k g_{m_k} + \sum_{k=j+1}^{j+i} u_k r_k a_k g_{GR_k} + \sum_{k=j+1}^{j+i} u_k r_k (1-a_k) g_{FR_k} + \sum_{k=j+1}^{j+i} u_k(1-r_k)g_{D_k}) \\
&+(\sum_{k=j+i+1}^{n} u_k g_{m_k} + \sum_{k=j+i+1}^{n} u_k r_k g_{FR_k} + \sum_{k=j+i+1}^{n} u_k(1-r_k)g_{D_k}) \\
&=(\sum_{k=1}^{j} u_k g_{P_k} + \sum_{k=1}^{j} u_k \eta_{Y_k} g_{Y_k} + \sum_{k=1}^{j} u_k \eta_{i_k} g_{i_k}) \\
&+(\sum_{k=j+1}^{j+i} u_k g_{P_k} + \sum_{k=j+1}^{j+i} u_k \eta_{Y_k} g_{Y_k} + \sum_{k=j+1}^{j+i} u_k \eta_{i_k} g_{i_k}) \\
&+(\sum_{k=j+i+1}^{n} u_k g_{P_k} + \sum_{k=j+i+1}^{n} u_k \eta_{Y_k} g_{Y_k} + \sum_{k=j+i+1}^{n} u_k \eta_{i_k} g_{i_k}) \qquad (4-28)
\end{aligned}
$$

显然，从式（4－27）、式（4－28）可以看出，在世界黄金增长受限的情况下，世界各国的国内信用创造可以大大提高全球的货币供给能力，从而对于摆脱黄金供给对全球经济增长的束缚具有十分重要的意义。从某种意义上说，无论是主动选择还是被动选择，通过国内信用创造增加货币供给是世界各国国内货币制度乃至国际货币体系适应全球经济发展对流动性需求的必由之路。当然，在这种情况下，世界各国纷纷通过国内信用创造增加货币供给也必然会不断地弱化货币与黄金之间的关系，从而使得金汇兑本位制下的“特里芬难题”不断尖锐。特别是在金汇兑本位制后期，一些国家为了进一步增加国内货币供给，在不断增加国内信用创造的同时，不断降低黄金准备比率，从而最终导致了金本位制的彻底崩溃。

二、布雷顿森林体系下的国际货币体系运转

在布雷顿森林体系下实行的是美元与黄金挂钩、各国货币与美元挂钩的“双挂钩”制度。在布雷顿森林体系中，美元处于国际货币体系中的中心地位，发挥世界货币的职能。布雷顿森林体系实际上实行的是“黄金—美元本

位制”。与此同时，美国高度发达的金融体系为美元在国际货币体系中的中心地位提供了重要支撑。

在这种情况下，由式（4－7）可以分别得到美国和世界其他国家的货币市场均衡条件。其中，假定 $k=1$ 时表示美国。因此对于美国，$0<r_k<1$，$a_k=1$，其货币市场均衡条件是：

$$g_{m_1}+r_1g_{GR_1}+(1-r_1)g_{D_1}=g_{P_1}+\eta_{Y_1}g_{Y_1}+\eta_{i_1}g_{i_1} \tag{4-29}$$

对于 $k=2$，3，…，n 的世界其他国家，$0<r_k<1$，$a_k=0$，其货币市场均衡条件是：

$$g_{m_k}+r_kg_{FR_k}+(1-r_k)g_{D_k}=g_{P_k}+\eta_{Y_k}g_{Y_k}+\eta_{i_k}g_{i_k} \tag{4-30}$$

在这种情况下，由式（4－14）可知，在布雷顿森林体系下，在全球货币市场保持均衡的条件下，全球流动性供给与全球产出、价格水平和利率水平之间的关系可以表示为：

$$\begin{aligned}&(u_1g_{m_1}+u_1r_1g_{GR_1}+u_1(1-r_1)g_{D_1})\\&+\Big(\sum_{k=2}^{n}u_kg_{m_k}+\sum_{k=2}^{n}u_kr_kg_{FR_k}+\sum_{k=2}^{n}u_k(1-r_k)g_{D_k}\Big)\\&=\sum_{k=1}^{n}u_kg_{P_k}+\sum_{k=1}^{n}u_k\,\eta_{Y_k}g_{Y_k}+\sum_{k=1}^{n}u_k\,\eta_{i_k}g_{i_k}\end{aligned} \tag{4-31}$$

其中，

$$\begin{cases}0<r_k<1,\ a_k=1 & k=1\\0<r_k<1,\ a_k=0 & k=2,\ 3,\ \cdots,\ n\end{cases}$$

$k=1$ 为持有黄金作为国际储备的美国；$k=2$，3，…，n 为持有美元作为外汇储备的世界其他国家。

式（4－31）还可以进一步分解为：

$$\begin{aligned}&(u_1g_{m_1}+u_1r_1g_{GR_1}+u_1(1-r_1)g_{D_1})\\&+\Big(\sum_{k=2}^{n}u_kg_{m_k}+\sum_{k=2}^{n}u_kr_kg_{FR_k}+\sum_{k=2}^{n}u_k(1-r_k)g_{D_k}\Big)\\&=(u_1g_{P_1}+u_1\,\eta_{Y_1}g_{Y_1}+u_1\,\eta_{i_1}g_{i_1})\end{aligned}$$

$$+\left(\sum_{k=2}^{n} u_k g_{P_k} + \sum_{k=2}^{n} u_k\ \eta_{Y_k} g_{Y_k} + \sum_{k=2}^{n} u_k\ \eta_{i_k} g_{i_k}\right) \qquad (4-32)$$

从式（4－31）、式（4－32）可以看出，在布雷顿森林体系下，美国作为唯一的国际储备货币发行国，必须承担起为世界经济提供充足的外汇储备的职责。面对世界经济增长对国际流动性的巨大需求，在黄金储备总量有限的情况下，为保证充足的美元流动性国际供给，美国货币当局只能通过国内信用创造的方式来增加美元供给。

一方面，从短期来看，作为唯一的储备货币发行国，美国货币当局既不能忽视美元的国际职能而单纯考虑国内目标，但又往往无法同时兼顾国内外的不同目标。在这种情况下，美元流动性既可能因美国抑制通货膨胀的需要而无法充分满足全球经济不断增长对美元流动性的需求，也可能因美国过分刺激国内需求而导致全球流动性泛滥，从而对国际金融体系和世界经济造成严重冲击。

另一方面，从长期来看，在黄金储备有限的情况下，为适应国际经济交易对国际流动性需求的增长和世界经济增长的需要，美国通过国内信用创造的美元国际流动性供给不断增加；而这种通过美国国内信用创造的美元国际流动性输出只能采取国际收支逆差的方式，因此，美元国际流动性供给不断增加意味着美国国际收支逆差的不断积累，从而最终会损害美元持有者对美国的35美元兑换1盎司黄金的保证的信心。随着美国国际收支持续恶化，“特里芬难题”最终导致了布雷顿森林体系的解体。

三、牙买加体系下的国际货币体系运转

牙买加体系实现了黄金非货币化和国际储备多元化。在这种情况下，由式（4－7）可以分别得到储备货币发行国和非储备货币发行国的货币市场均衡条件。其中，对于储备货币发行国①，$r_k=0$，$a_k=0$，其货币市场均衡条

① 为简化分析，假定储备货币发行国不持有外汇储备。

件是：

$$g_{m_k} + g_{D_k} = g_{P_k} + \eta_{Y_k} g_{Y_k} + \eta_{i_k} g_{i_k} \tag{4-33}$$

对于非储备货币发行国，$0 < r_k < 1$，$a_k = 0$，其货币市场均衡条件仍为式（4-30）。

在这种情况下，由式（4-14）可知，在牙买加体系下，在全球货币市场保持均衡的条件下，全球流动性供给与全球产出、价格水平和利率水平之间的关系可以表示为：

$$\left(\sum_{k=1}^{j} u_k g_{m_k} + \sum_{k=1}^{j} u_k g_{D_k}\right) + \left(\sum_{k=j+1}^{n} u_k g_{m_k} + \sum_{k=j+1}^{n} u_k r_k g_{FR_k} + \sum_{k=j+1}^{n} u_k (1 - r_k) g_{D_k}\right)$$
$$= \sum_{k=1}^{n} u_k g_{P_k} + \sum_{k=1}^{n} u_k \eta_{Y_k} g_{Y_k} + \sum_{k=1}^{n} u_k \eta_{i_k} g_{i_k} \tag{4-34}$$

其中，

$$\begin{cases} r_k = 0,\ a_k = 0 & k = 1,\ 2,\ \cdots,\ j \\ 0 < r_k < 1,\ a_k = 0 & k = j+1,\ j+2,\ \cdots,\ n \end{cases}$$

$k=1,\ 2,\ \cdots,\ j$ 为储备货币发行国；$k=j+1,\ j+2,\ \cdots,\ n$ 为持有外汇储备的国家。

式（4-34）还可以进一步分解为：

$$\left(\sum_{k=1}^{j} u_k g_{m_k} + \sum_{k=1}^{j} u_k g_{D_k}\right) + \left(\sum_{k=j+1}^{n} u_k g_{m_k} + \sum_{k=j+1}^{n} u_k r_k g_{FR_k} + \sum_{k=j+1}^{n} u_k (1 - r_k) g_{D_k}\right)$$
$$= \left(\sum_{k=1}^{j} u_k g_{P_k} + \sum_{k=1}^{j} u_k \eta_{Y_k} g_{Y_k} + \sum_{k=1}^{j} u_k \eta_{i_k} g_{i_k}\right)$$
$$+ \left(\sum_{k=j+1}^{n} u_k g_{P_k} + \sum_{k=j+1}^{n} u_k \eta_{Y_k} g_{Y_k} + \sum_{k=j+1}^{n} u_k \eta_{i_k} g_{i_k}\right) \tag{4-35}$$

从式（4-34）、式（4-35）可以看出，在牙买加体系下，全球货币供给最终摆脱了黄金束缚，实现了储备货币多元化，从理论上说，多个国际储备货币发行国共同承担起了为世界经济提供充足的外汇储备的职责。但是在现实中，在多元化的国际储备货币体系中，美元依然处于中心的地位，牙买加体系实际上实行的是“美元本位制”，美元事实上承担起了为世界经济提供绝大多数国际流动性的功能。面对世界经济增长对国际流动性特别是美元流动性的巨大需求，为保证充足的美元流动性国际供给，一方面，美国货币当局只能继续通过国内信用创造的方式来增加美元基础流动性供给；另一方面，美国的金融体系特别是“影子银行体系”得到了迅猛发展，影子银行的迅猛发展使得美国金融体系的实质性的美元流动性创造和供给能力得到极大提高。

因此，一方面，从短期来看，作为最主要的储备货币发行国，美国的国内货币政策目标与各国对储备货币的要求经常产生矛盾；更重要的是，20 世纪 70 年代以来美国金融体系特别是“影子银行体系”日新月异的金融创新导致了美国金融体系的流动性乘数不断增大，同时也使得美国金融体系流动性创造的内生性不断加强，并且具有了很强的顺周期性①。这种情况造成了全球流动性的巨大波动并对国际金融体系和世界经济造成了严重冲击。

另一方面，从长期来看，为适应国际经济交易对国际流动性需求的增长和世界经济增长的需要，美国通过国际收支逆差的方式不断向外输出美国国内信用创造的美元流动性，从而导致美国国际收支失衡以及相应的全球失衡不断加剧，进而最终也会损害美元持有者对美元币值稳定和美元国际地位的信心，这种“新特里芬难题”同样对国际货币体系的稳定造成严重冲击②。

---

① 从某种意义上说，20 世纪 70 年代最重要的金融创新或国际金融体系发展最重要的表现形式就是“影子银行体系”的发展、演变，影子银行体系极大地提高了经济的流动性创造和流动性供给能力，同时也使流动性创造和供给具有了更强的内生性。由于影子银行处于传统的银行监管之外，也没有法定的准备要求，因此，影子银行在进行流动性创造时所保留的用于吸收损失的权益资产实际上相当于影子银行的自愿准备或超额准备。在这种状况下，在经济形势向好时，影子银行风险偏好往往会提高，从而会偏向于较少持有留存准备，而将更多的资金用于高风险的影子银行业务，从而推高流动性创造乘数；反之，当经济形势暗淡时，影子银行的避险情绪会上升，从而会保留更多的资金用于吸收风险，从而会降低流动性乘数。因此，影子银行的信用具有很强的顺周期性。由于传统银行存在法定的最低准备要求，因此即使在经济景气时也面临信用创造上限。因此，从这个意义上来说，影子银行比传统银行更具波动性和风险性。从 2008 年全球金融危机前后影子银行规模的急剧变化，以及危机前后全球流动性泛滥到流动性枯竭之间的急剧转化，可以看到这一点。

② 王道平，范小云：“现行的国际货币体系是否是全球经济失衡和金融危机的原因”，《世界经济》2011 年第 1 期。

第三节　国际货币体系改革前景分析

2008 年爆发的全球金融危机充分暴露了现行国际货币体系面临的严峻挑战。危机爆发后国际社会提出了一系列的国际货币体系改革主张。

一、建立某种新的商品本位制的国际货币体系改革主张①

这种改革现行国际货币体系的建议主张重建金本位制或建立某种新的商品本位制。假定选定的商品本位为 C，在这种新商品本位制下，部分国家实行纯粹的商品本位货币制度，即这些国家的国际储备都是该种商品储备，记为 CR，因此货币发行也是仅仅以该商品储备作为基础，这些国家相应地成为国际储备货币发行国；而另外有一些国家同时持有部分商品储备和部分外汇储备（即实行纯粹商品本位制的国家以商品储备作为准备发行的货币）作为国际储备；还有一些国家持有的国际储备都是外汇储备。

由式（4－7）可以分别得到上述三类国家的货币市场均衡条件。其中，对于实行纯粹商品本位制的国家，$r_k=1$、$a_k=1$，其货币市场均衡条件是：

$$g_{m_k}+g_{CR_k}=g_{P_k}+\eta_{Y_k}g_{Y_k}+\eta_{i_k}g_{i_k} \tag{4-36}$$

对于同时持有部分商品储备和部分外汇储备作为国际储备并以此作为货币发行准备的国家，$r_k=1$，$0<a_k<1$，其货币市场均衡条件是：

$$g_{m_k}+a_k g_{CR_k}+(1-a_k)g_{FR_k}=g_{P_k}+\eta_{Y_k}g_{Y_k}+\eta_{i_k}g_{i_k} \tag{4-37}$$

对于仅持有外汇储备作为货币发行准备的国家，$r_k=1$，$a_k=0$，其货币市场均衡条件是：

---

① 在这一部分讨论中，a_k 为国家 k 的本位商品储备－国际储备比率，即 $a_k=\frac{CR_k}{(CR_k+FR_k)}$，$0\leqslant a_k\leqslant 1$。

$$g_{m_k} + g_{FR_k} = g_{P_k} + \eta_{Y_k} g_{Y_k} + \eta_{i_k} g_{i_k} \tag{4-38}$$

在这种情况下，由式（4－14）可知，在新商品本位制下，在全球货币市场保持均衡的条件下，全球流动性供给与全球产出、价格水平和利率水平之间的关系可以表示为：

$$\begin{aligned}&\left(\sum_{k=1}^{j} u_k g_{m_k} + \sum_{k=1}^{j} u_k g_{CR_k}\right) + \left(\sum_{k=j+1}^{j+i} u_k g_{m_k} + \sum_{k=j+1}^{j+i} u_k\, a_k g_{CR_k} + \sum_{k=j+1}^{j+i} u_k\,(1-a_k) g_{FR_k}\right)\\ &\quad + \left(\sum_{k=j+i+1}^{n} u_k g_{m_k} + \sum_{k=j+i+1}^{n} u_k g_{FR_k}\right)\\ &= \sum_{k=1}^{n} u_k g_{P_k} + \sum_{k=1}^{n} u_k\, \eta_{Y_k} g_{Y_k} + \sum_{k=1}^{n} u_k\, \eta_{i_k} g_{i_k}\end{aligned} \tag{4-39}$$

其中，

$$\begin{cases} r_k = 1,\ a_k = 1 & k = 1,\ 2,\ \cdots,\ j \\ r_k = 1,\ 0 < a_k < 1 & k = j+1,\ j+2,\ \cdots,\ j+i \\ r_k = 1,\ a_k = 0 & k = j+i+1,\ j+i+2,\ \cdots,\ n \end{cases}$$

$k=1$，2，…，j 为实行纯粹商品本位制即以商品储备作为货币发行准备的国家，也即储备货币发行国；$k=j+1$，$j+2$，…，$j+i$ 为同时持有商品储备和外汇储备，同时以商品储备和外汇储备作为货币发行准备的国家；$k=j+i+1$，$j+i+2$，…，n 为仅持有外汇储备，并以外汇储备作为货币发行准备的国家。

式（4－39）还可以进一步分解为：

$$\begin{aligned}&\left(\sum_{k=1}^{j} u_k g_{m_k} + \sum_{k=1}^{j} u_k g_{CR_k}\right) + \left(\sum_{k=j+1}^{j+i} u_k g_{m_k} + \sum_{k=j+1}^{j+i} u_k\, a_k g_{CR_k} + \sum_{k=j+1}^{j+i} u_k\,(1-a_k) g_{FR_k}\right)\\ &\quad + \left(\sum_{k=j+i+1}^{n} u_k g_{m_k} + \sum_{k=j+i+1}^{n} u_k g_{FR_k}\right)\\ &= \left(\sum_{k=1}^{j} u_k g_{P_k} + \sum_{k=1}^{j} u_k\, \eta_{Y_k} g_{Y_k} + \sum_{k=1}^{j} u_k\, \eta_{i_k} g_{i_k}\right)\\ &\quad + \left(\sum_{k=j+1}^{j+i} u_k g_{P_k} + \sum_{k=j+1}^{j+i} u_k\, \eta_{Y_k} g_{Y_k} + \sum_{k=j+1}^{j+i} u_k\, \eta_{i_k} g_{i_k}\right)\\ &\quad + \left(\sum_{k=j+i+1}^{n} u_k g_{P_k} + \sum_{k=j+i+1}^{n} u_k\, \eta_{Y_k} g_{Y_k} + \sum_{k=j+i+1}^{n} u_k\, \eta_{i_k} g_{i_k}\right)\end{aligned} \tag{4-40}$$

从式（4－39）、式（4－40）可以看出，一方面，从整个国际货币体系来看，在新的商品本位制下，全球货币供给的增长最终取决于本位商品产量的增长，尽管银行体系可以通过降低本位商品准备比率从而提高货币乘数的方式来增加货币供给或流动性供给，但这样又会遇到新的“特里芬难题”，因此，本位商品产量的限制最终会成为全球经济增长的障碍；另一方面，在新商品本位制下，国际收支盈余国家与国际收支赤字国家的国际收支调节也可能会出现不对称性，盈余国家可以通过冲销本位商品流入、外汇流入的方式，来控制货币供给增加；而与此同时，赤字国家必须保持法定的货币发行的本位商品准备金比率，从而被迫减少货币供给。因此，从长期来看，新的商品本位制与最早出现的国际货币体系——国际金本位制一样存在着内在的紧缩倾向，从而最终难免会重蹈国际金本位制的覆辙，因此新的商品本位制国际货币体系改革方案可行性不高。

二、建立超主权国际储备货币的国际货币体系改革主张

这种国际货币体系改革建议主张创立可取代美元霸权地位的超主权国际储备货币，以克服现行国际货币体系中主权货币充当国际储备货币的局限性。

在这种方案下又有两种主张，一种是在现有的国际储备体系之外，发挥超主权国际储备货币对现有国际储备货币体系的补充作用。一种是创立某种新超主权国际储备货币，充分行使国际储备的职能，这实际上是对现行国际储备货币体系的替代。

在第一种情况下，假定某种超主权储备货币的增长率为 g_{SR_k}，由式（4－7）可以分别得到现有的储备货币发行国和非储备货币发行国的货币市场均衡条件。其中，对于储备货币发行国，$r_k=0$，$a_k=0$，其货币市场均衡条件是：

$$g_{m_k}+g_{D_k}+g_{SR_k}=g_{P_k}+\eta_{Y_k}g_{Y_k}+\eta_{i_k}g_{i_k} \tag{4-41}$$

对于非储备货币发行国，$0<r_k<1$，$a_k=0$，其货币市场均衡条件是：

$$g_{m_k}+r_k g_{FR_k}+(1-r_k)g_{D_k}+g_{SR_k}=g_{P_k}+\eta_{Y_k}g_{Y_k}+\eta_{i_k}g_{i_k} \quad (4-42)$$

由于超主权储备货币为超主权发行，因此全球所有国家都面对的超主权储备货币增长率为 g_{SR_k}，由式（4－14）可知，在全球货币市场保持均衡的条件下，全球流动性供给与全球产出、价格水平和利率水平之间的关系可以表示为：

$$\left(\sum_{k=1}^{j}u_k g_{m_k}+\sum_{k=1}^{j}u_k g_{D_k}\right)+\left(\sum_{k=j+1}^{n}u_k g_{m_k}+\sum_{k=j+1}^{n}u_k r_k g_{FR_k}+\sum_{k=j+1}^{n}u_k(1-r_k)g_{D_k}\right)+g_{SR_k}$$
$$=\sum_{k=1}^{n}u_k g_{P_k}+\sum_{k=1}^{n}u_k\,\eta_{Y_k}g_{Y_k}+\sum_{k=1}^{n}u_k\,\eta_{i_k}g_{i_k} \quad (4-43)$$

其中，

$$\begin{cases} r_k=0,\ a_k=0 & k=1,\ 2,\ \cdots,\ j \\ 0<r_k<1,\ a_k=0 & k=j+1,\ j+2,\ \cdots,\ n \end{cases}$$

$k=1, 2, \cdots, j$ 为储备货币发行国；$k=j+1, j+2, \cdots, n$ 为持有外汇储备的国家。

式（4－43）还可以进一步分解为：

$$\left(\sum_{k=1}^{j}u_k g_{m_k}+\sum_{k=1}^{j}u_k g_{D_k}\right)+\left(\sum_{k=j+1}^{n}u_k g_{m_k}+\sum_{k=j+1}^{n}u_k r_k g_{FR_k}+\sum_{k=j+1}^{n}u_k(1-r_k)g_{D_k}\right)+g_{SR_k}$$
$$=\left(\sum_{k=1}^{j}u_k g_{P_k}+\sum_{k=1}^{j}u_k\,\eta_{Y_k}g_{Y_k}+\sum_{k=1}^{j}u_k\,\eta_{i_k}g_{i_k}\right)$$
$$+\left(\sum_{k=j+1}^{n}u_k g_{P_k}+\sum_{k=j+1}^{n}u_k\,\eta_{Y_k}g_{Y_k}+\sum_{k=j+1}^{n}u_k\,\eta_{i_k}g_{i_k}\right) \quad (4-44)$$

从式（4－43）、式（4－44）可以看出，超主权储备货币的引入，可以部分承担起国际储备货币供给的职能。面对世界经济增长对国际流动性特别是美元流动性的巨大需求，超主权储备货币供给可以部分减少美元流动性供给的压力，从而可能有利于降低美国的国际收支失衡程度，进而有利于国际货币体系的稳定。

在第二种情况下，假定某种超主权储备货币的增长率为 g_{SR_k}，由式（4－7）

可以分别得到世界所有国家的货币市场均衡条件。对于所有国家而言，$r_k=0$，$a_k=0$，货币市场均衡条件是：

$$g_{m_k}+g_{D_k}+g_{SR_k}=g_{P_k}+\eta_{Y_k}g_{Y_k}+\eta_{i_k}g_{i_k} \tag{4-45}$$

由于超主权储备货币为超主权发行，因此全球所有国家都面对的超主权储备货币增长率为 g_{SR_k}，由式（4－14）可知，在全球货币市场保持均衡的条件下，全球流动性供给与全球产出、价格水平和利率水平之间的关系可以表示为：

$$\left(\sum_{k=1}^{n}u_k g_{m_k}+\sum_{k=1}^{n}u_k g_{D_k}\right)+g_{SR_k}=\sum_{k=1}^{n}u_k g_{P_k}+\sum_{k=1}^{n}u_k\,\eta_{Y_k}g_{Y_k}+\sum_{k=1}^{n}u_k\,\eta_{i_k}g_{i_k} \tag{4-46}$$

从式（4－46）可以看出，在国际货币体系中引入超主权储备货币作为唯一的国际储备货币，承担起全部国际储备货币供给的功能，能够满足世界经济增长对国际流动性的巨大需求，从长远来看，有利于保持国际货币体系的稳定和世界经济的稳定增长。但是，超主权储备货币会损害现有的国际储备货币特别是美元的地位，因此，尽管这一方案有利于全球经济长远发展，但实施起来难度太大。

三、推动国际储备货币多元化的国际货币体系改革主张

这种国际货币体系改革建议主张进一步推动国际储备货币体系多元化，改变现行国际货币体系中美元“一元独大”的“一主多元”的状态，形成多种储备货币“多元竞争制衡”的局面。

在这种情况下，由式（4－7）可以分别得到储备货币发行国和非储备货币发行国的货币市场均衡条件。其中，对于储备货币发行国，$r_k=0$，$a_k=0$，其货币市场均衡条件仍然是式（4－33）。

对于非储备货币发行国，$0<r_k<1$，$a_k=0$，其货币市场均衡条件仍为式（4－30）。

在这种情况下，由式（4－14）可知，在全球货币市场保持均衡的条件下，全球流动性供给与全球产出、价格水平和利率水平之间的关系可以表示为：

$$\left(\sum_{k=1}^{j+i} u_k g_{m_k} + \sum_{k=1}^{j+i} u_k g_{D_k}\right) + \left(\sum_{k=j+i+1}^{n} u_k g_{m_k} + \sum_{k=j+i+1}^{n} u_k r_k g_{FR_k} + \sum_{k=j+i+1}^{n} u_k (1-r_k) g_{D_k}\right)$$
$$= \sum_{k=1}^{n} u_k g_{P_k} + \sum_{k=1}^{n} u_k \eta_{Y_k} g_{Y_k} + \sum_{k=1}^{n} u_k \eta_{i_k} g_{i_k} \qquad (4-47)$$

其中，

$$\begin{cases} r_k = 0,\ a_k = 0 & k = 1,2,\cdots,j+i \\ 0 < r_k < 1,\ a_k = 0 & k = j+i+1, j+i+2,\cdots,n \end{cases}$$

$k=1$，2，…，j，…，$j+i$ 为储备货币发行国；$k=j+i+1$，$j+i+2$，…，n 为持有外汇储备的国家。

式（4－47）还可以进一步分解为：

$$\left(\sum_{k=1}^{j+i} u_k g_{m_k} + \sum_{k=1}^{j+i} u_k g_{D_k}\right) + \left(\sum_{k=j+i+1}^{n} u_k g_{m_k} + \sum_{k=j+i+1}^{n} u_k r_k g_{FR_k} + \sum_{k=j+i+1}^{n} u_k (1-r_k) g_{D_k}\right)$$
$$= \left(\sum_{k=1}^{j+i} u_k g_{P_k} + \sum_{k=1}^{j+i} u_k \eta_{Y_k} g_{Y_k} + \sum_{k=1}^{j+i} u_k \eta_{i_k} g_{i_k}\right)$$
$$+ \left(\sum_{k=j+i+1}^{n} u_k g_{P_k} + \sum_{k=j+i+1}^{n} u_k \eta_{Y_k} g_{Y_k} + \sum_{k=j+i+1}^{n} u_k \eta_{i_k} g_{i_k}\right) \qquad (4-48)$$

显然，从式（4－47）、式（4－48）可以看出，与现行的牙买加体系相比，从长期来看，国际储备货币发行国数量增多（在模型中增加的国际储备货币发行国为 $k=j+1$，$j+2$，…，$j+i$），在保持全球货币稳定增长的同时，一方面提高了国际储备货币的供给能力，另一方面，也相应地减少了对国际储备货币的需求，从而有利于减少现行国际货币体系对美元的依赖，有利于减少由于现行国际货币体系对美元的过度依赖而导致的美国国际收支持续失衡以及由此而导致的持续的全球失衡；与此同时，通过多元化国际储备货币之间的竞争，可以提高现行国际储备货币发行国的货币发行纪律约束，从而对国际货币金融体系稳定产生积极的影响。

尽管这种改革方案会影响到现有的国际储备货币特别是美元的地位，但是伴随着世界经济格局的变化、新兴市场国家的迅速崛起，新兴市场国家货币实力的不断壮大，新兴市场大国货币在国际货币体系中的崛起，建立多元化的国际储备货币体系、形成多种储备货币“多元竞争制衡”的局面应该是国际货币体系改革比较现实可行的路径选择。

第五章
国际货币体系中的主要国际货币

从货币的本质和功能（交易媒介、计价单位、价值贮藏）出发，在国际货币体系中，存在着国际货币与非国际货币之别。在国际货币体系中，国际货币发挥着关键性的作用。历史地来看，国际货币体系的演进实际上就是国际货币的兴替史。深入研究国际货币的本质特征、功能及其在国际货币体系中的作用、地位，对于探讨国际货币体系的演进和货币国际化的可能路径具有重要意义。

第一节　美元在当前国际货币体系中的霸权地位

美元在国际货币体系中的霸权地位由来已久。第二次世界大战后，美国成为头号世界强国，美元的国际地位因其空前雄厚的经济实力、黄金储备而空前巩固，由此建立了第二次世界大战后运转达25年之久的以美元为中心的国际货币体系——布雷顿森林体系。布雷顿森林体系的核心是美元与黄金挂钩，各国货币与美元挂钩，通过这一安排，正式确立了美元在国际货币体系中的中心地位，使之发挥世界货币的职能，因而布雷顿森林体系实际上实行的是“黄金—美元本位制”。在牙买加体系下，美元虽然不再是唯一的国际储备货币，但未影响到它在国际货币体系中的支配地位；与布雷顿森林体系相比，牙买加体系的制度约束严重弱化，事实上成为一种“无秩序的体系”或“无体系的体系”，由此也导致了美元在现行国际货币体系下“嚣张的特权”。

一、美元在国际货币体系扮演的角色

作为国际货币，必须能够发挥国际交易媒介、计价单位和价值储藏的功能。在过去数十年中，在贸易结算、金融交易、衍生品交易、官方外汇储备以及作为货币锚、干预货币方面，美元一直是世界上最主要的货币。美元在国际货币体系中的霸主地位，可以从以下的事实中体现出来（高海红，2008）。

1. 美元在国际金融资产交易中扮演着最重要的计价货币角色

首先，从国际银行跨国资产、负债业务的角度来看，尽管有所波动，但美元一直保持着世界主要银行系统资产、负债的第一大计价货币的地位（见表5－1、表5－2）。从国际银行的本外币资产之比、负债之比来看，大部分美元资产、负债是由位于美国以外的国家和地区的银行系统持有，与之相对照，大部分欧元资产、负债是由欧元区国家的银行体系本身持有（表5－3、表5－4）。

表5－1　42个国家银行系统资产的货币构成（%）

	1998	1999	2000	2001	2002	2003	2004
美元	42.60	42.87	44.84	46.62	43.43	40.61	39.44
欧元	25.22	28.30	28.41	29.29	34.18	38.08	39.52
日元	10.46	9.42	8.61	6.38	5.60	5.00	4.83
英镑	4.22	4.24	4.29	5.40	5.35	5.51	5.53
瑞士法郎	2.68	2.53	2.27	2.18	2.07	1.79	1.69
其他货币	5.90	4.38	4.25	3.82	3.91	4.10	4.32
未分配币种	8.92	8.26	7.34	6.31	5.48	4.90	4.67

续表

	2005	2006	2007	2008	2009	2010	2011
美元	41.75	41.15	38.51	39.77	39.85	41.97	43.00
欧元	37.42	38.11	38.76	39.01	39.05	35.41	34.34
日元	4.37	3.27	3.90	4.47	3.52	4.25	4.49
英镑	5.65	6.51	7.37	5.56	5.61	5.08	4.36
瑞士法郎	1.55	1.60	1.58	1.56	1.44	1.56	1.65
其他货币	4.57	5.10	5.59	5.12	5.99	6.67	6.78
未分配币种	4.70	4.27	4.28	4.51	4.53	5.06	5.37

资料来源：根据 BIS 数据库整理。

表 5－2　　42 个国家银行系统负债的货币构成（%）

	1998	1999	2000	2001	2002	2003	2004
美元	45.55	47.79	50.59	51.63	48.02	45.90	45.32
欧元	23.89	25.07	24.10	24.77	29.35	32.51	33.34
日元	7.77	7.32	6.84	4.82	4.62	3.76	3.69
英镑	5.08	5.28	5.36	6.68	6.72	7.24	7.35
瑞士法郎	2.61	2.41	2.21	2.46	2.28	1.87	1.68
其他货币	5.70	3.96	3.96	3.83	3.99	4.30	4.18
未分配币种	9.40	8.17	6.94	5.81	5.03	4.43	4.42
	2005	2006	2007	2008	2009	2010	2011
美元	47.92	47.68	44.12	44.92	45.13	46.14	46.75
欧元	31.31	31.76	33.52	33.95	34.33	32.85	32.53
日元	3.49	2.77	3.36	4.10	3.17	3.42	3.28
英镑	7.26	7.95	8.93	6.96	6.71	5.96	5.02
瑞士法郎	1.56	1.51	1.39	1.51	1.42	1.38	1.69
其他货币	4.35	4.68	4.91	4.55	5.17	5.57	5.68
未分配币种	4.10	3.64	3.76	4.01	4.07	4.68	5.05

资料来源：根据 BIS 数据库整理。

表 5－3 42 个国家银行系统资产的本外币构成（本国货币/外国货币，%）

	1998	1999	2000	2001	2002	2003	2004
美元	21.60	23.30	23.32	24.25	23.54	26.06	29.17
欧元	53.08	208.59	191.20	178.56	186.64	195.16	214.90
日元	111.69	116.23	98.82	110.73	93.46	73.23	66.27
英镑	88.07	70.82	80.63	122.78	120.67	114.08	101.94
瑞士法郎	56.98	55.04	44.07	44.91	48.26	37.49	40.45
其他货币	18.82	25.29	27.89	27.90	29.08	38.31	31.96
	2005	2006	2007	2008	2009	2010	2011
美元	26.62	27.15	28.24	27.04	31.35	35.31	33.06
欧元	219.05	218.94	212.02	220.65	226.26	221.60	210.12
日元	78.93	82.34	92.78	109.21	129.86	138.69	144.94
英镑	101.08	100.97	94.65	86.61	79.14	84.32	85.85
瑞士法郎	35.30	34.19	35.46	31.71	30.52	26.45	25.24
其他货币	29.42	32.52	28.00	28.36	28.11	26.10	27.91

资料来源：根据 BIS 数据库整理。

表 5－4 42 个国家银行系统负债的本外币构成（本国货币/外国货币，%）

	1998	1999	2000	2001	2002	2003	2004
美元	29.99	31.98	29.58	29.27	30.30	37.28	40.32
欧元	58.12	248.87	231.79	191.90	182.80	187.68	197.63
日元	91.13	67.04	55.59	64.05	65.91	77.05	63.91
英镑	57.45	65.23	71.40	136.88	142.73	126.55	128.81
瑞士法郎	46.16	63.01	53.99	41.81	36.41	39.07	37.12
其他货币	30.07	49.26	58.66	56.96	58.23	58.86	57.51
	2005	2006	2007	2008	2009	2010	2011
美元	38.24	39.87	37.73	39.84	39.12	40.51	44.19
欧元	199.48	197.50	213.12	214.11	223.58	250.75	240.13
日元	62.47	54.16	34.57	53.16	71.26	86.05	74.22
英镑	125.27	114.02	120.66	108.31	131.27	139.69	147.31
瑞士法郎	34.51	30.87	30.17	29.88	35.27	46.97	61.28
其他货币	55.36	51.17	54.93	68.91	79.36	78.60	74.17

资料来源：根据 BIS 数据库整理。

其次，从国际债券发行来看，目前在国际债务证券存量中，美元计价国际债券占有的份额近年来下降至占三分之一左右，而欧元计价国际债券的份额自2003年超过了美元计价国际债券的份额，目前欧元计价债券的份额达到45%以上，在国际债券证券发行中，美元居于欧元之后，处于第二大计价货币的地位（见表5－5）。当然，如果考虑到在欧元计价国际债券中有相当大一部分是由欧元区国家之间相互持有，那么美元在国际债券发行中的地位会更加重要。

表5－5　国际债务证券余额的币种构成（%）

	1998	1999	2000	2001	2002	2003	2004
美元	45.34	44.68	46.33	48.05	43.73	37.97	34.57
欧元	26.01	28.47	29.90	31.58	36.66	42.73	45.67
日元	12.16	11.38	9.30	7.19	5.91	5.17	4.69
英镑	8.44	8.82	8.86	8.45	8.62	8.74	9.35
瑞士法郎	4.04	2.97	2.50	2.06	2.21	2.17	2.02
其他货币	4.00	3.68	3.12	2.67	2.88	3.23	3.69
	2005	2006	2007	2008	2009	2010	2011
美元	35.74	32.99	30.77	30.38	29.67	31.51	32.84
欧元	44.24	46.90	49.14	49.59	49.97	47.27	46.00
日元	3.98	3.27	3.27	4.07	3.34	3.68	3.63
英镑	9.84	10.55	10.05	9.72	10.39	10.06	9.77
瑞士法郎	1.83	1.77	1.73	1.84	1.81	1.96	1.87
其他货币	4.36	4.50	4.98	4.35	4.75	5.45	5.84

资料来源：根据BIS数据库整理。

再次，从外汇衍生品市场来看，无论是外汇衍生品场外市场的名义未清偿额，还是外汇衍生品场外市场的总市值，美元的外汇衍生品交易都占到了全球外汇衍生品交易总额的将近50%，而且这一比例在过去几年中一直都相对稳定，未发生显著的变化（高海红，2008）。这从很大程度上反映了美元在外汇衍生品交易中一直保持着统治地位（见表5－6、表5－7）。

表 5-6　　外汇衍生品场外市场名义未清偿额的币种构成（%）

	1998	1999	2000	2001	2002	2003	2004
美元	87.78	89.47	89.83	92.01	89.44	87.55	87.84
欧元	—	32.54	38.18	38.03	42.25	41.45	40.63
日元	29.53	29.53	27.16	24.94	25.97	22.47	24.16
英镑	14.50	15.63	15.26	13.82	13.34	17.51	14.79
瑞士法郎	5.20	6.14	5.42	4.78	5.07	5.45	4.96
其他货币	62.99	26.70	24.15	26.41	23.92	25.57	27.63
	2005	2006	2007	2008	2009	2010	2011
美元	83.85	83.82	83.48	84.83	83.20	84.33	85.34
欧元	41.00	39.82	38.77	42.26	41.41	37.91	36.68
日元	24.15	23.57	22.86	24.63	22.85	21.76	21.57
英镑	14.11	15.24	14.19	11.20	12.06	11.39	11.09
瑞士法郎	5.39	5.74	6.51	6.50	6.32	7.29	6.44
其他货币	31.51	31.82	34.19	30.58	34.17	37.31	38.89

资料来源：根据 BIS 数据库整理。

表 5-7　　外汇衍生品场外市场总市值的币种构成（%）

	1998	1999	2000	2001	2002	2003	2004
美元	88.84	87.68	90.72	90.41	92.22	93.15	91.05
欧元	—	36.11	42.46	34.21	48.67	51.13	48.61
日元	47.11	39.55	32.23	40.18	21.40	16.66	16.69
英镑	7.85	8.31	9.63	8.82	11.14	13.79	14.24
瑞士法郎	3.81	5.89	4.89	3.56	5.52	4.30	3.88
其他货币	52.39	22.47	20.07	22.82	21.06	20.98	25.53
	2005	2006	2007	2008	2009	2010	2011
美元	86.92	84.42	81.39	79.64	80.31	78.79	81.56
欧元	39.84	40.22	43.70	39.92	41.73	35.73	39.77
日元	25.63	25.70	20.53	23.51	26.04	27.70	23.10
英镑	12.14	15.58	14.37	18.44	13.61	10.24	9.26
瑞士法郎	4.65	3.85	5.02	5.04	4.73	11.86	8.78
其他货币	30.82	30.22	34.99	33.45	33.58	35.67	37.53

资料来源：根据 BIS 数据库整理。

2. 美元占有外汇储备中最大的份额，是最重要的国际价值贮藏

自布雷顿森林体系解体以来，尽管有越来越多的国家放弃钉住汇率转而采用更加灵活的汇率制度，因此对国际货币发挥干预货币职能的需求有所下降，但是在全球总的外汇储备中，美元份额下降的幅度十分有限。1998 年，美元在全球外汇储备的占比为69.30%，到2011 年，仅下降至62.07%。而同期，日元所占的份额不到10%，且处于不断下降状态。与此同时，欧元所占的份额尽管稳步提升，但是它在全球外汇储备中的份额远远低于美元的份额（见表5－8）。

表5－8 外汇储备的货币构成（%）

	1998	1999	2000	2001	2002	2003	2004
美元	69.30	71.01	71.13	71.51	67.08	65.93	65.95
欧元	16.99	17.90	18.29	19.18	23.80	25.16	24.81
日元	6.24	6.37	6.06	5.05	4.35	3.94	3.83
英镑	2.66	2.89	2.75	2.70	2.81	2.77	3.37
瑞士法郎	0.33	0.23	0.27	0.28	0.41	0.23	0.17
其他货币	4.47	1.60	1.49	1.28	1.55	1.97	1.88
	2005	2006	2007	2008	2009	2010	2011
美元	66.91	65.48	64.13	64.10	62.03	61.83	62.07
欧元	24.05	25.09	26.28	26.42	27.66	26.01	24.94
日元	3.58	3.08	2.92	3.13	2.90	3.66	3.59
英镑	3.60	4.38	4.68	4.01	4.25	3.93	3.84
瑞士法郎	0.15	0.17	0.16	0.14	0.12	0.13	0.29
其他货币	1.72	1.80	1.84	2.21	3.05	4.44	5.26

资料来源：根据BIS数据库整理。

总之，从以上几个方面的特征事实来看，美元在国际货币体系中扮演着最重要的角色，是国际货币体系中居于最顶层的“超级货币”，在国际货币体系中承担着最重要的交易手段、计价尺度和价值贮藏职能，对于世界各国经济发展具有举足轻重的作用（见表5－9）。

表 5－9　　　　国际货币体系的层级划分

	贸易计价结算	资产计价结算	官方外汇储备
第一级：美元	大部分国际贸易都以美元结算；大宗商品一般都以美元计价结算；美元在没有美国参与的贸易中占有相当重要的地位	在银行系统的资产中占有接近 40% 的份额；在债券、外汇、外汇衍生品等金融市场上占有绝对的优势；美元资产被美国之外的实体广泛持有	占国际官方外汇储备资产的份额为 60% 左右，被各国广泛持有
第二级：欧元	在国际贸易中的结算份额低于美元，但明显高于日元和英镑；主要在欧盟内部贸易中使用	在银行系统中的资产份额与美元接近，但在国际金融市场上的份额明显低于美元；欧元资产主要为欧盟国家持有	占国际官方外汇储备资产的份额为 27% 左右，且多为欧盟内部非欧元区的国家持有（ECB，2009）
第三级：日元和英镑	在国际贸易中的结算份额明显低于欧元；主要在有本币发行国参与的进出口贸易中一定程度地使用	在国际金融市场上的份额明显低于欧元，一般为 10% ~20%	占国际官方外汇储备资产的份额在 10% 以下
第四级：瑞士法郎、加元、澳元	在国际贸易中的结算份额还要低于日元和英镑	在国际金融市场上的份额一般在 10% 以下，低于日元和英镑	占国际官方外汇储备资产的份额低于日元和英镑
第五级：国家货币	用于国内贸易计价和结算	用于国内金融资产计价和结算	—

资料来源：宋敏、屈宏斌、孙增元：《走向全球第三大货币——人民币国际化问题研究》，北京大学出版社 2011 年版，第 11 ~12 页。

3. 美元发行机制赋予了美元更大的权力

自布雷顿森林体系崩溃以来，美元本位制从贵金属本位转向了信用本位。在牙买加体系下，美元完全是信用发行货币，其发行完全摆脱了黄金储备约束，由此使得美国货币当局可以按照自己的意愿来管理美元，从而导致美元本位成为了一种“随机行走的货币本位”（Leijonhufvud，1987）；与此同时，美国“影子银行”业的迅猛发展使得美国金融体系拥有了更加强大的美元流动性创造能力，货币发行黄金硬约束的消除与美国金融体系强大的流动性创造能力二者结合，造就了美元在国际货币体系中超级强大的发行和供给机制，这就从根本上扫除了美国滥用美元特权的障碍，进一步强化了美元在国际货币体系中的权力地位，由此也暴露出主权信用货币作为国际储备货币的内在缺陷。

4. 美元作为国际货币体系关键货币的网络外部性

蔓延全球的金融危机爆发后，以美元为中心的国际货币体系受到极大的质疑，但由于国际货币体系是一种具有极强历史延续性的复杂制度安排，美元国际关键货币的各种职能已经深深嵌入了世界经济运行之中。因此，即使金融危机的爆发会推动国际货币体系的演变，但就短期而言，美元的中心地位难以出现根本性动摇。那么，是什么因素导致美元在国际货币体系中的主导地位难以撼动呢？

首先，美元的地位是由美国的经济、金融、政治、军事等综合实力决定的。尽管美国金融市场与实体经济在此次金融危机中遭受重创，但其世界头号政治、经济和军事强国的地位没有而且短期内也不会发生变化。作为美元的潜在竞争对手，欧元区、日本等国也遭受了危机的冲击，甚至情况更糟，以金砖国家为代表的新兴大国在危机中虽然仍然保持着旺盛的增长活力，但其实力与美国相去甚远，这决定了短期内没有任何主权货币能够挑战美元在国际货币体系中的地位。

其次，除了美国强大的经济、金融、政治、军事实力等基本因素支撑之外，美元的网络外部性（Network Externalities）对于美元在国际货币体系中的主导地位也起到非常重要的作用。所谓网络外部性，是指当一种产品对消费者的价值随着其他使用者数量增加而增加时，这种产品就具有网络外部性。在国际货币体系中，网络外部性对国际货币职能和流通范围的拓展具有正的反馈效应。如果一种国际货币在交易中被大量使用，使用该种货币的交易成本将会趋于下降，从而会对新使用者产生吸引力，进一步扩大其使用，进而会放大并强化货币的网络效应。网络效应一旦形成，改变的成本将十分高昂，从而会形成所谓的“路径依赖均衡”或“锁定效应”①。因此，如果一种货币

① 曹勇：“国际关键货币易位的网络外部分析”，《上海金融》2012 年第 4 期。

在交易中被广泛使用，就会产生巨大的规模经济收益和网络外部性，这种网络外部性将会导致国际储备货币较强的历史惯性和形成对这种国际储备货币的路径依赖，这有利于既有国际储备货币在位优势地位的维持，也有助于强势国际储备货币向自然垄断的方向转化。由此，国际储备货币的地位一旦形成，往往具有历史的惯性。

在这种情况下，即使支撑国际货币地位的某些决定因素已经发生变化（如一国经济或政治实力的减弱），由于网络外部性的存在，该货币的国际地位也不会立即发生变动，国际货币地位的相对变化会存在一个较长的滞后期。换言之，由于网络外部性的作用，一种国际货币与其发行国经济地位之间会存在错位的现象。一方面，一国货币国际地位的上升往往滞后于一国经济国际地位的上升；另一方面，当一国失去经济领先地位后，其货币的国际地位会因“惯性”的力量而在较长时间内得到维持（曹勇，2010）。因此，即使美国的综合实力逐步相对下降，但美元国际地位的相对变化也会滞后于其综合国力的相对下降进程（见图 5 – 1）。

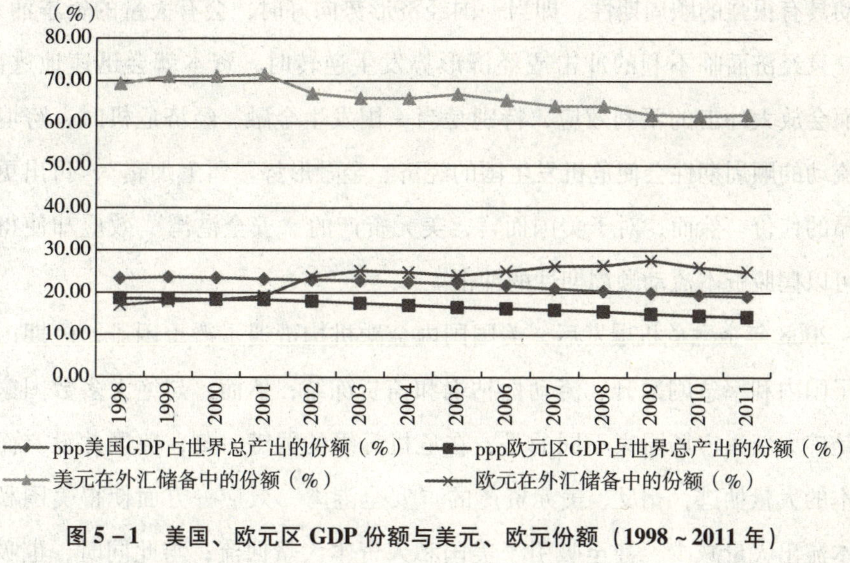

图 5 – 1　美国、欧元区 GDP 份额与美元、欧元份额（1998 ~ 2011 年）

资料来源：根据 IMF 网站数据绘制。

从这个意义上说，姑且不论美国的经济实力仍然稳居世界的首位，即使美国失去了其经济的世界领先地位，货币网络外部性的存在仍然能够在较长的时间内继续维持美元对其他货币的竞争优势，使美元在国际货币体系中的主导地位在较长时间内得以持续。

5. 美元资产的国际“安全港湾”效应

按照国际资产组合理论，不同国家、不同货币计值的资产具有不同的风险、收益特征。在现实中，由于美国的经济实力、制度安排等方面的优势，使得美国成为全世界最安全的投资目的地，美元资产成为最安全的国际资产。从理论上说，当全球经济面临风险、不确定上升时，资本会大量地从高风险资产流向低风险资产，由此导致资产之间的利差扩大。因此，每当发生严重的金融、经济危机，全球经济风险和不确定性上升时，国际社会对美元资产的需求就会上升；而当全球经济形势改善时，美元的避险功能变弱，国际社会对美元资产的需求也会相应的下降。

此外，对于绝大多数国家特别是广大新兴市场国家而言，通常跨境资本流动具有很强的顺周期性。即当一国经济形势向好时，会有大量的资本涌入，而一旦经济面临不利的冲击或经济形势发生逆转时，资本就会迅速地逃离，从而会放大冲击的不利效应，特别是当一国发生金融、经济危机时，跨境资本流动的顺周期性会使危机发生国的经济、金融形势“雪上加霜”，付出更加高昂的代价。然而，对于美国而言，美元资产的“安全港湾”效应却使得美国可以摆脱资本流动顺周期性的冲击。

2008 年金融危机爆发后，美国国内金融机构遭遇了严重困难，短期内造成了国内利率急剧攀升、流动性枯竭和信贷冻结；然而，与绝大多数国家特别是广大新兴市场国家不同的是，在危机升级的关键时刻，美国并没有面临资本的大量抽逃，相反，美元资产的“安全港湾”效应一方面使得美国私人资本流出大量减少，甚至吸引了美国私人资本大量回流；与此同时，也吸引了外国私人资本大量涌入美国（见图 5－2）。

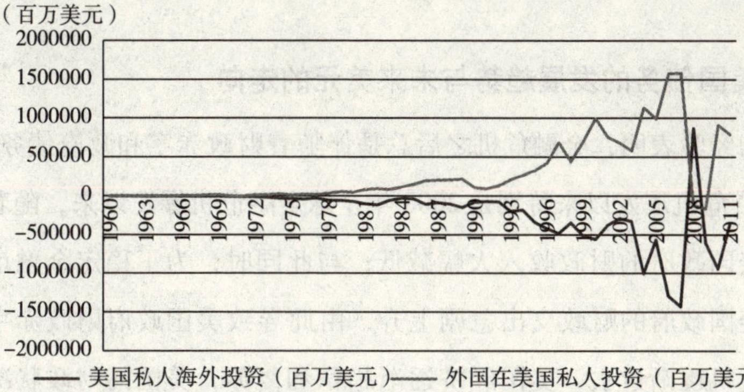

图 5－2　美国的私人跨境资本流动（1960～2011 年）

资料来源：根据美国商务部网站数据绘制。

作为此次全球金融危机的发源地，美元资产的"安全港湾"效应使得美国在危机期间非但没有面临风险溢价上升、融资成本提高，从而加剧危机的局面，相反，"安全港湾"效应使美国在危机期间能够享受到比危机前更低的融资成本，这对于减轻危机具有十分重要的意义。避险资本的大量流入，对于美国的金融机构无异于"雪中送炭"，不仅压低了美国国债的收益率水平（见图5－3），有效缓解了金融机构面临的资金压力，而且对陷于风雨飘摇之中的美国国内金融体系更起到了重要的支撑作用，从而使美国国内的金融形势迅速稳定下来。

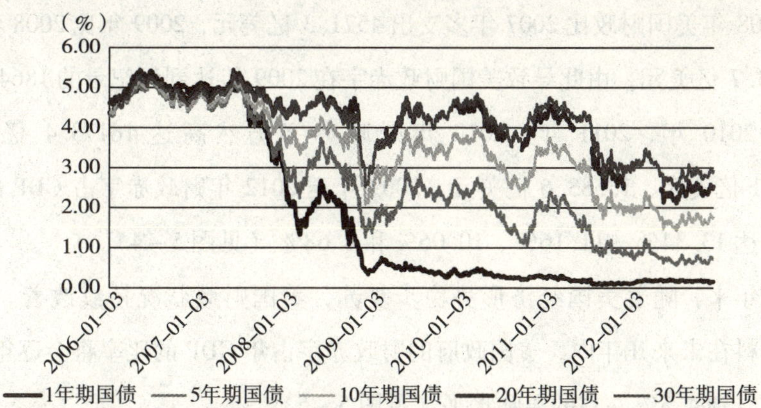

图 5－3　美国国债收益率（2006～2012 年）

资料来源：根据美联储网站数据绘制。

二、美国债务的发展趋势与未来美元的走向

历史的经验表明，金融危机之后总是伴随着财政赤字和政府债务的增加。2007年次贷危机爆发以来特别是2008年全球金融危机爆发以来，随着经济形势恶化，美国政府的财政收入大幅减低；与此同时，为了稳定金融市场和刺激经济，美国政府的财政支出急剧上升，由此导致美国政府财政赤字急剧恶化。随着危机逐渐过去，美国经济逐渐趋稳和复苏，美国的财政状况也逐渐趋于好转；但是，从长期来看，美国财政状况仍然面临着严峻挑战。

1. 后金融危机时代美国经济和财政状况的走势

长期以来，美国一直面临着政府财政赤字不断积累和政府债务不断攀升的困扰。金融危机爆发以来，为应对危机，美国政府更面临着空前的财政压力。

2007年次贷危机爆发特别是2008年9月危机急剧恶化，演变为全球金融危机以来，美国金融体系和实体经济受到了沉重打击，导致了美国财政收入急剧下降，2008年美国财政比2007年减收1139.9亿美元，2009年比2008年减收3325.3亿美元；与此同时，为了挽救金融体系和刺激实体经济，美国政府接连出台了多项财政救助计划和经济刺激方案，由此导致财政支出大幅增加，2008年美国财政比2007年多支出4571.3亿美元，2009年比2008年多支出5753.7亿美元，由此导致美国财政赤字在2009年达到创纪录的18640.9亿美元，2010年、2011年、2012年财政赤字仍然高达16173.4亿美元、15164.1亿美元、13583.6亿美元，2009年至2012年财政赤字占GDP的比例分别高达13.34%、11.16%、10.06%和8.68%（见图5－4）。

近年来，随着美国经济形势稳步复苏，美国财政状况持续改善。因此，可以预料在未来几年内，美国政府的财政赤字占年GDP的比率将会逐年走低，逐步恢复到4.5%左右的温和水平（见图5－5）。

然而，从长期来看，美国财政面临的最大挑战是人口老龄化给财政带来的压力。由于人口老龄化，美国财政面临的直接压力就是社会保障和医疗支

出增加。根据美国国会预算办公室估计，如果维持目前的医疗支出政策不变，医疗支出在 GDP 中的占比将从 2012 年的 5% 增加到 2037 年的 10%。不仅如此，财政赤字的上升和债务负担率的提高必然会进一步挤压本来已经极低的美国私人储蓄，从而会导致利率水平上升，国内投资降低，进而影响美国经济的长期增长①。

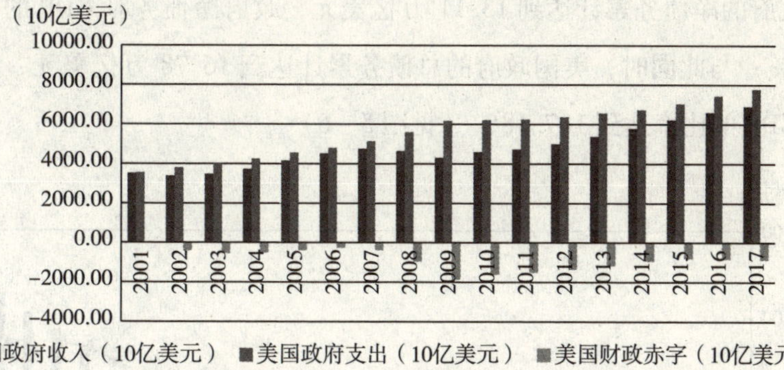

图 5-4　美国财政状况之一

注：2010 以后的数据为估计数据。
资料来源：根据 IMF 网站 WEO 数据库绘制。

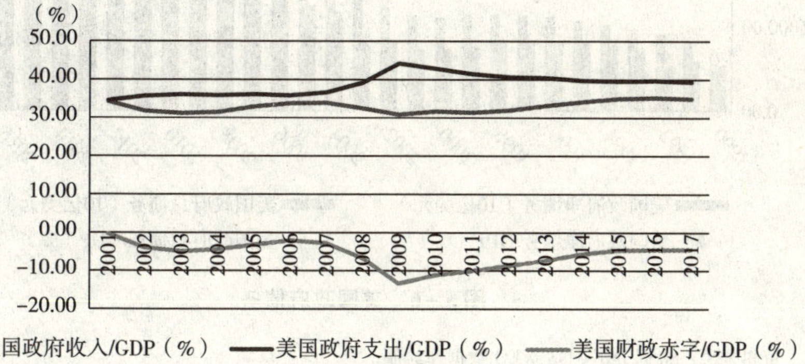

图 5-5　美国财政状况之二

注：2010 年以后的数据为估计数据。
资料来源：根据 IMF 网站 WEO 数据库绘制。

---

① 孙杰："美国经济：复苏与挑战"，载王洛林、张宇燕主编：《2013 年世界经济形势分析与预测》，社会科学文献出版社 2013 年版，第 38 页。

因此，面对美国长期的财政压力挑战，为了保持财政的可持续性和经济长期稳定增长，美国政府必须以适度的速度降低当前的财政赤字，以便为以后财政支出的上升留出空间。

2. 美元霸权与美国债务可持续性之间的关系

财政赤字的不断积累，导致了美国政府债务不断攀升。截至 2012 年底，美国政府的净债务累计达到 13.11 万亿美元，政府净债务对 GDP 的比率达到 83.77%；与此同时，美国政府的总债务累计达到 16.78 万亿美元，政府总债务对 GDP 的比率达到 107.18%（见图 5－6）。

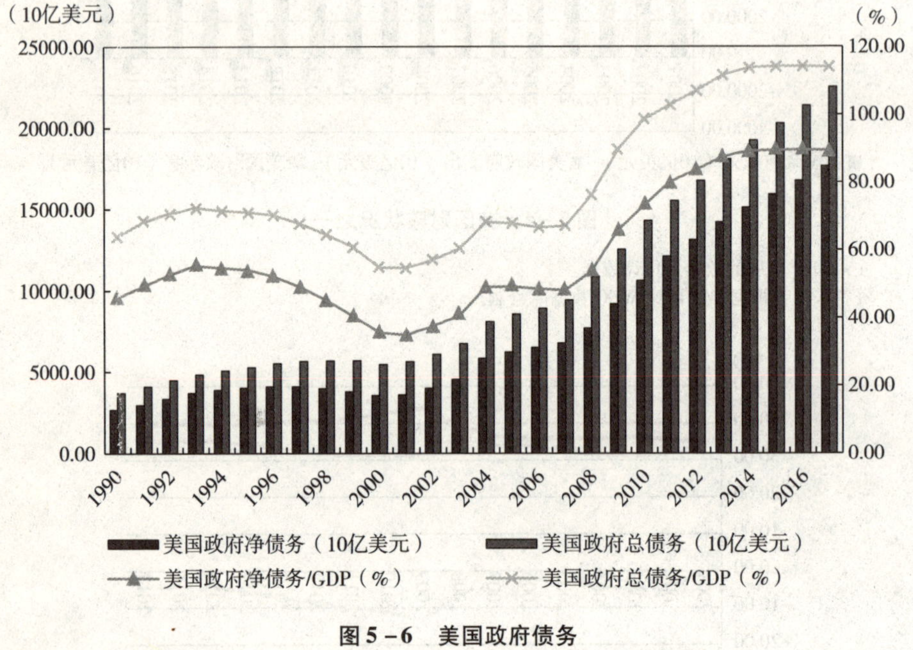

图 5－6 美国政府债务

资料来源：根据 IMF 网站 WEO 数据库绘制。

按照 IMF 的预测，随着美国经济逐渐恢复增长，美国政府财政政策向常态回归，美国的财政赤字在未来几年来将呈下降趋势，由此将会带动美国政府债务规模缓慢攀升。据 IMF 预测，到 2017 年，美国政府的净债务累计将到达 17.66 万亿美元，政府净债务对 GDP 的比率达到 89.44%；与此同时，美国政府的总债务累计将达到22.51万亿美元，政府总债务对GDP的比率达到114.02%。在2013年至2017年的5年间，美国净债务对GDP的比率将提高5.67个百分点；美国总债务对GDP的比率将提高6.84个百分点（见图5－6）。应该说，美国政府债务在未来几年内的增长速率还是十分温和的。

与此同时，与美国政府扩张性的财政政策相呼应，美联储自2008年以来一直都保持着非常宽松的货币政策，并且实施了四轮“量化宽松”货币政策，从而有效地压低了美国国债的收益率（见图5－3），而第三轮、第四轮“量化宽松政策”更有着非常明显的“债务货币化”的动机，从而极大地降低了美国政府的债务负担和成本支出。

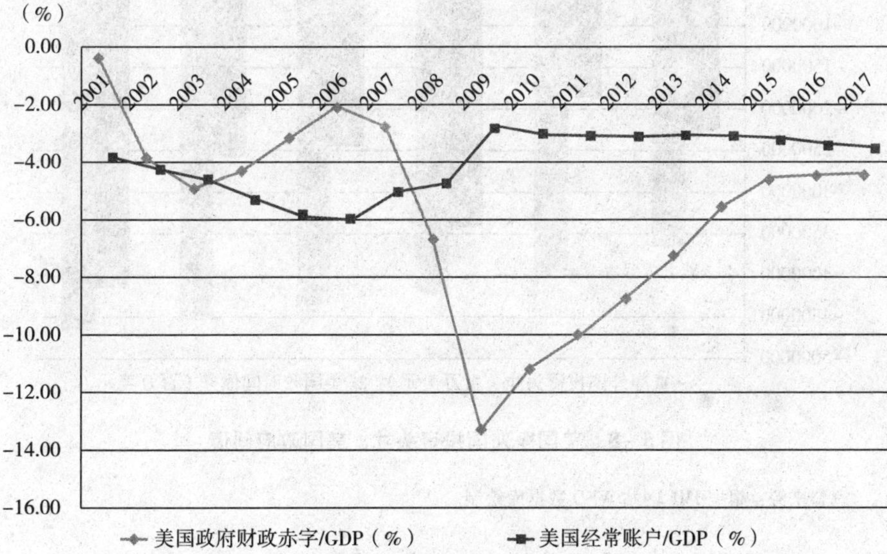

图5－7　美国的财政赤字、经常账户

资料来源：根据IMF网站WEO数据库绘制。

更重要的是，从国际金融市场的角度来看，由于美国国债市场在规模和流动性方面所具有的无可匹敌的优势，其他国家的国债市场很难发挥潜在的替代效应，加之美元资产的“安全港湾”效应，使得美国国债市场依然是最受全球投资者吹捧的信用最高的市场，从这个意义上讲，在未来一段时间内，美国国债的可持续性不会成为问题。

更进一步从美国财政赤字与经常账户之间的关系、美国净外国投资头寸与美国政府间债务之间的关系来看，金融危机爆发以来，随着美国私人部门的去杠杆化进程不断发展，从金融流量和存量来看，美国政府债务在美国经常账户逆差中扮演着越来越重要的角色（见图 5－7、图 5－8）。通过高度发达的金融市场和强大的资产配置能力，美国在对外金融资产交易中，成功实现了债务的国际化。

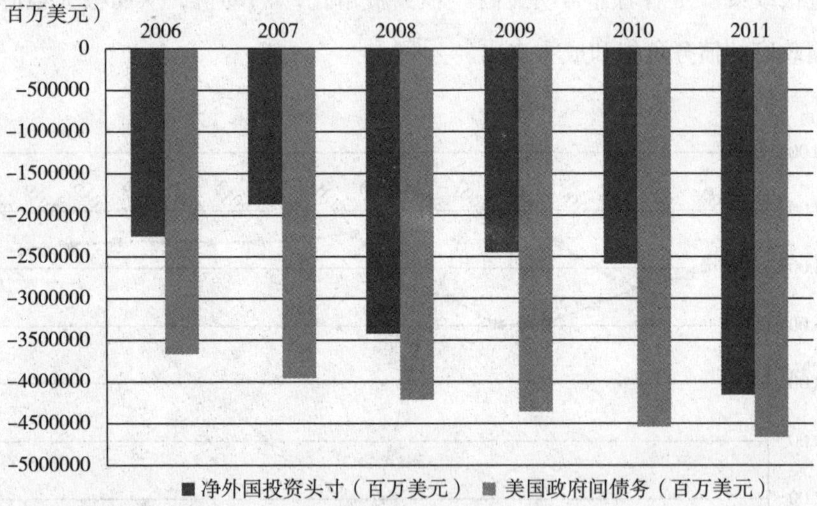

图 5－8 美国净外国投资头寸、美国政府间债

资料来源：根据 IMF 网站 WEO 数据库绘制。

自 1982 年美国经常账户出现逆差以来，在此后的 30 年中，只有 1991 年实现了经常账户顺差，其他 29 年都为逆差，据统计，在 1982 年至 2011 年 30 年间，美国累计经常账户逆差高达 8.66 万亿美元，其中 1982 年至 1991 年 10 年间累计逆差 0.86 万亿美元，1992 年至 2001 年 10 年间累计逆差 1.97 万亿美元，2002 年至 2011 年 10 年累计逆差则高达 5.83 万亿美元。据美国商务部统计，美国 1981 年的净国际投资头寸为 3404 亿美元，如果加上 1982 年至 2011 年 30 年间累计的经常账户逆差 8.66 万亿美元，那么，从理论上说，美国2011年底的净国际投资头寸应为 - 8.31万亿美元，而实际上美国2011年的净国际投资头寸为-4.157万亿美元，也就是美国净国际投资投寸的下降速度远远低于美国经常账户逆差的积累速度，从而保证了美国对外债务的可持续性（见图5-9）。

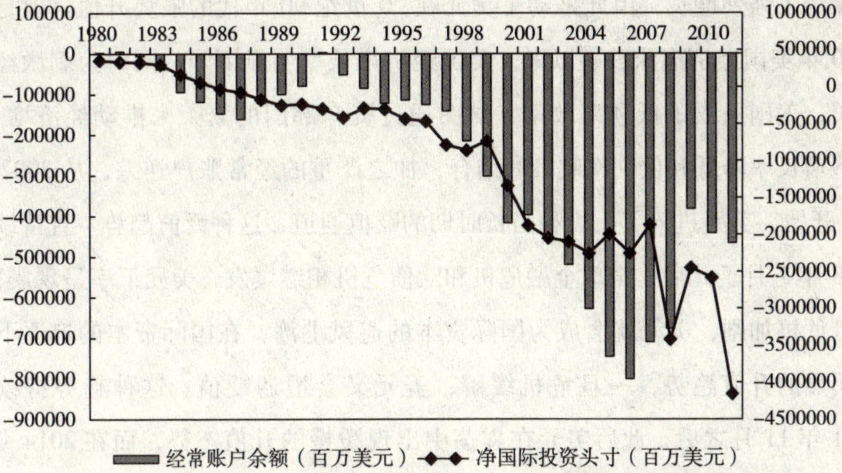

图5-9　美国的经常账户余额、净国际投资头寸

资料来源：根据美国商务部网站数据绘制。

总之，从目前来看，美国政府债务、美国对外债务应该是可以持续的，但是，利用美元在国际货币体系中的霸权地位，美国在维持美元债务名义上的可持续性的同时，实际上已经将大量的债务负担转嫁给了持有这些债务资产的国家债权人。

3. 未来美元的走向

美元的走势可以分为短期走势和长期走势。从根本上说，货币汇率的长期走势主要是由经济基本面和宏观经济政策的走势来决定。在长期中，决定一国货币汇率的因素主要包括：一是相对收入水平的变动。本国收入水平增长将导致本国实际货币需求上升，在其他条件不变的条件下，本国长期价格水平下降，从而导致本币升值。二是相对货币供给水平的变动。在长期中，本国货币供给增加将导致本国价格水平同比上升，导致本币贬值。与此同时，货币汇率的短期走势是由于市场因素主导，如风险因素、短期经济数据公布和市场预期等因素。

在信息技术迅猛发展和经济全球化的推动下，美国经济在20世纪90年代保持了强劲增长，由此推动了美元在20世纪90年代的强势升值。但是自2000年美国经济泡沫破裂以来，美国经济增长率明显下降，同时为刺激经济增长，美国采取了低利率政策，试图通过资产部门的繁荣来推动经济增长，经济增长率降低和低利率政策的结合，加之严重的经常账户逆差，从2002年4月开始，美元进入了一段相当长时期的贬值通道，这种贬值趋势一直持续到2008年7月。此后，全球金融危机和欧债危机相继爆发，美元汇率呈现震荡。一旦危机加剧，美元就会成为国际资本的避风港湾，在国际资本的追逐下出现明显的升值趋势，一旦危机缓解，美元又会遭遇贬值。这种趋势持续到2011年11月之后，此后美元在震荡中出现缓慢的升值态势，而在2014年8月之后美元升值速度突然加快（见图5－10）①。

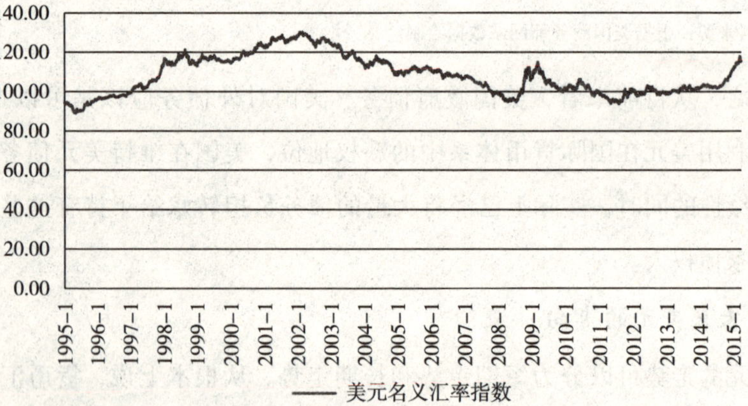

图5－10　美元名义汇率指数（1995年1月~2015年1月）

资料来源：根据美联储网站数据绘制。

① 高海红，刘东民："国际金融形势回顾与展望"，载王洛林、张宇燕主编：《2015年世界经济形势分析与预测》，社会科学文献出版社2015年版，第210~213页。

美元升值速度的突然提升是发达经济体央行货币政策加速分化的结果。随着美国在2014年退出“量化宽松”政策，2015年加息步伐临近预期增强，而与此同时欧洲央行反其道而实施“量化宽松”政策，使得以美元计价的资产再次受到大量国际投资者的青睐。从发达国家的经济状况来看，美国经济

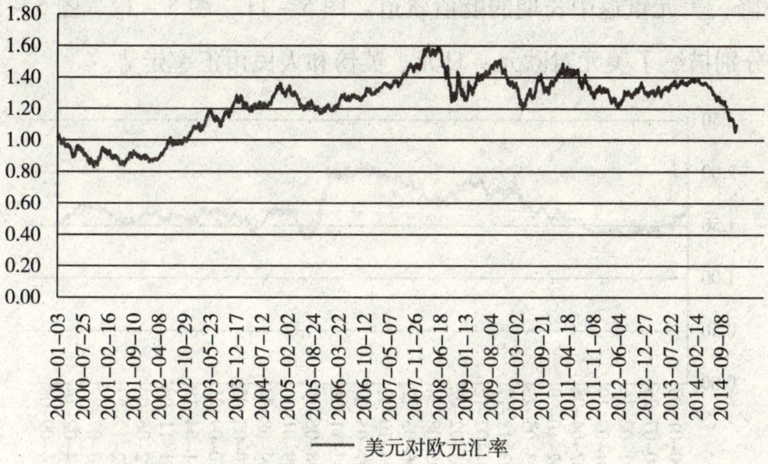

图5-11　美元对欧元汇率（2000年1月~2015年3月）

资料来源：根据美联储网站数据绘制。

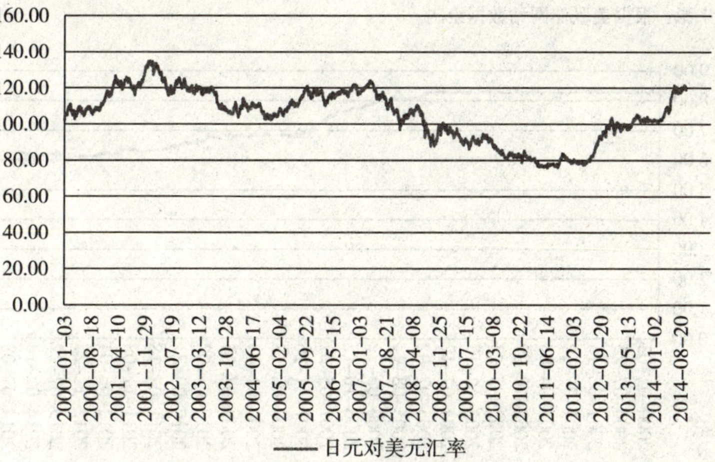

图5-12　日元对美元汇率（2000年1月~2015年3月）

资料来源：根据美联储网站数据绘制。

复苏态势较为稳健，而欧元区经济举步维艰，日本经济也持续低迷，因此美元在一段时间内还会上扬。但是，从中长期来看，由于美国的财政赤字和贸易赤字问题并未从根本上找到有效解决的途径，因此，美元能否维持升值态势还有许多不确定因素，不能排除欧元区经济趋于稳定后，美元的避险价值出现下降，美元重返中长期的贬值轨道。图 5－11、图 5－12、图 5－13、图 5－14 分别描绘了美元对欧元、日元、英镑和人民币汇率走势。

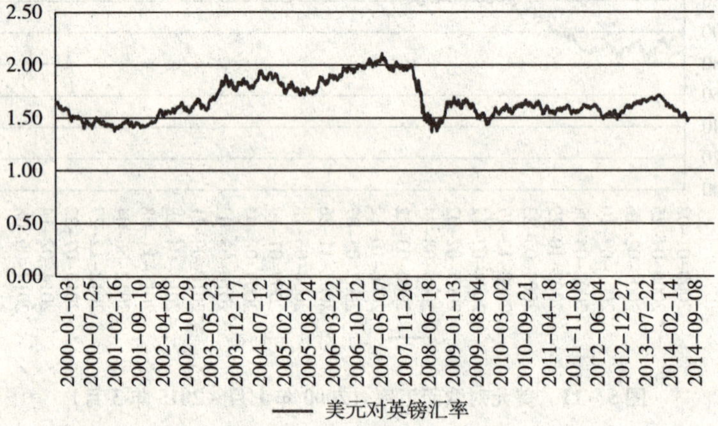

图 5－13　英镑对美元汇率（2000 年 1 月～2015 年 3 月）

资料来源：根据美联储网站数据绘制。

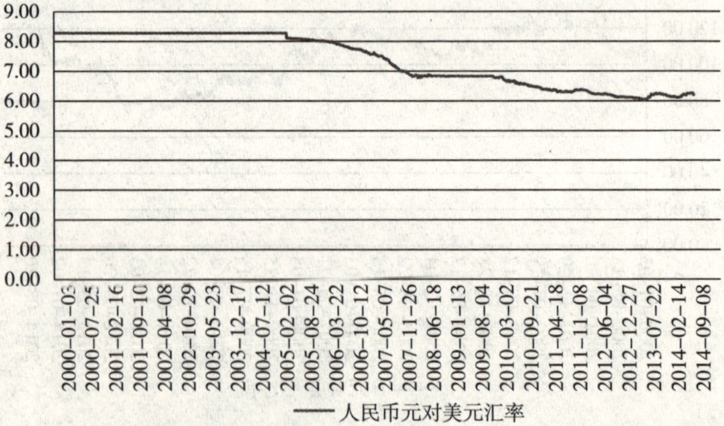

图 5－14　人民币对美元汇率（2000 年 1 月～2015 年 3 月）

资料来源：根据美联储网站数据绘制。

第二节　欧洲债务危机与欧元的未来

作为美元挑战者形象出现的欧元自诞生以来，在稀释美元特权方面扮演着重要的作用。然而，2009 年欧洲主权债务危机的爆发，却给欧元的前景蒙上了厚厚的阴影。一段时间以来，国际社会甚至欧盟、欧元区内部也出现了对欧元的质疑。那么，欧元的前景究竟会怎样呢？

一、欧元诞生对国际货币体系的影响

作为布雷顿森林体系崩溃后的国际金融一体化的突出表现和勇敢尝试，欧元的诞生无疑是 20 世纪 70 年代以来国际货币金融领域最为重要的事件之一。

自 1957 年比利时、德国、卢森堡、荷兰、法国、意大利 6 国在罗马签署《建立欧洲经济共同体条约》起，经过几代欧洲政治家的努力，最终将语言、宗教、文化传统、社会结构、经济状况等不同的欧洲国家聚合在一起，使欧洲有关国家最终迈向了经济一体化的最高层次——货币联盟。欧元是超越国家主权创立区域货币的一次重大实践，欧元区的一体化代表了当今世界区域一体化发展的最高阶段。欧元在登上历史舞台后短短的 20 多年时间里，就使此前美元独家垄断的国际货币体系发生了十分积极的变化。

欧元区的经济实力总体与美国大致相当，凭借着强大经济实力的支持，欧元诞生以来，在国际货币体系中的地位迅速上升，尽管与美元的地位还存在较大的差距，但欧元在国际货币体系中的地位已经远远超越了除美元以来的其他主权货币。欧元地位的迅速上升对国际货币体系中美元“一币独大”的地位构成了严重挑战，国际货币体系美元、欧元“双币本位”的特征日益明显，尽管这种“双币本位”还存在着明显的不对称性。这种状况对国际货

币体系中的“美元霸权”造成了严重冲击，对于约束美国滥用“美元霸权”具有十分重要的意义。

二、欧债危机与欧元区的非对称性

欧债危机的爆发是欧元区面临的第一次重大挑战，成因十分复杂。但从根本上说，危机爆发的内在原因在于欧元区各成员国之间存在着不对称性以及由此而导致的政策困境。

现实中，由于欧元区内各国的经济规模、经济结构和经济发展水平并不完全相同，欧元区内各成员国之间的发展并不同步，欧元区内各成员国经济事实上依然存在周期差异，因而不对称冲击依然存在，所以很难完全依靠货币一体化之后自发的市场力量来维持欧元区的协调运行。实证研究表明，那些债务问题严重国家的宏观经济指标与欧元区平均水平之间有着较大的偏离。这些明显的差距给欧元区的正常运行带来了严峻的挑战①。

欧元区已经运行了十多年，为什么各成员国之间仍然存在着不对称性呢？这种状况是欧元区成员国之间的要素禀赋结构和政策选择差异共同作用的结果。从理论上说，在共同货币区中，货币政策主要取决于欧元区总体经济状况，由此会对区内的不同国家形成非对称的效应。在这种情况下，经济指标存在较大偏离的成员国或者需要通过要素自由流动、政府间转移支付等来对冲非对称货币政策的不利冲击；或者需要利用成员国政府政策之间差异而导致的要素流动效应，通过“政策套利”来吸收非对称货币政策的不利冲击；如果上述两种机制都不存在，那么经济指标存在较大偏离的成员国就要付出产出、就业等实际变量调整的代价。但是在前两种机制下，最优货币区宏观经济指标趋同会出现迟滞；而在第三种情况下，不利冲击会使成员国在短期内付出一定代价，但会使其迅速向区内平均经济水平收敛。

---

① 孙杰：“主权债务危机与欧元区的不对称性”，《欧洲研究》2011 年第 1 期。

在现实中，一些欧元区成员国在欧元区成立以后一直在使用财政政策工具或银行信贷工具对本国经济进行必要的调节。其中，希腊、意大利突出的表现是财政赤字连年居高不下且不断积累；爱尔兰、西班牙突出的表现是银行贷款占 GDP 的比例持续攀高；葡萄牙则是两种情况皆有，最终导致欧元区内债务危机、银行危机交替发作、交叉传染。

三、欧元区结构改革和深化一体化的最新举措

为了摆脱危机，重回正常发展轨道，同时也为了避免未来再度发生类似的危机，欧盟、欧元区国家在采取一系列的危机救助措施和流动性支持政策的同时，也推出了一系列推进欧元区结构改革和深化一体化的新措施。

1. 财政联盟迈出关键步伐

实际上早在欧元诞生以前，《马斯特里赫特条约》和《稳定与增长公约》中就规定了成员国的财政赤字和公共债务的“达标标准”。但在实践中，欧元区的财政纪律并未得到很好的执行。汲取危机的教训，欧盟国家提出建立“财政联盟”，以强化财政纪律。

2012 年 3 月，除了英国和捷克以外的 25 个欧盟成员国领导人正式签署《欧洲经济与货币联盟稳定、协调和治理条约》（简称《财政契约》）。《财政契约》的主要内容包括：一是签约国要努力实现预算平衡或盈余，年度财政赤字不得超过 GDP 的 3%，结构性赤字不得超过 GDP 的 0.5%，且须将这一义务纳入本国宪法或相应的国内法。二是引入“自动惩罚”机制。如果财政赤字超过 GDP 的 3%，公共债务超过 GDP 的 60%，欧盟可直接对违规成员国采取处罚措施。

《财政契约》是欧盟在新形势下对《里斯本条约》所作的重要补充，其本质是对成员国的财政预算行为进行有效约束，从而消除财政赤字、政府债务对欧元稳定的内在威胁。

2. 银行业联盟正式建立

长期以来，由于欧洲各国银行监管的标准、尺度不一，一方面银行往往可以利用成员国之间监管标准的尺度差异进行“监管套利”，另一方面，某些欧元区国家也可以利用松懈的银行监管来大量向银行透支。因此，为了解决监管“碎片化”的问题，欧盟开始致力于建设“银行业联盟”。

2012 年 9 月，欧盟委员会向欧洲议会和欧洲理事会提交了“银行业联盟路线图”，提出银行业联盟的三大支柱：建立授权欧洲央行统一监管欧元区银行的“单一监管机制”（SSM）；建立一套完善机制来保护欧元区银行储户存款的“共同存款保险机制”（DGS）；建立一只基金对受困银行进行有序破产清算或重组的“单一清算机制”（SRM）。

2012 年 12 月 13 日，欧盟财长会议就欧盟银行业单一监管机制达成协议。根据协议，欧洲央行将成为监管机制的核心，负责监管机制的整体运行。纳入欧洲央行监管的条件是受监管资产超过 300 亿欧元，或者对本国经济具有相当影响的银行。欧洲央行在对欧元区其他银行的监管方面与成员国监管机制密切合作，非欧元区成员国也可以通过合作协议的方式参加进来。协议还规定欧洲央行应将银行业监管职能与货币政策职能严格区分。

2013 年 10 月 15 日，欧洲议会和欧洲理事会正式出台“单一监管机制”的相关法案。根据“单一监管机制”方案，从 2014 年底起，欧洲央行将对欧元区成员国和选择参加的非欧元区成员国具有系统重要性的大型银行（总资产达 300 亿欧元以上或相当于本国 GDP 总额 20% 以上）进行直接监管。此外，欧洲央行将与成员国监管机构在其他银行监管方面进行密切合作。

2013 年 12 月 17 日，欧盟部长理事会就“共同存款保险机制”达成协议。根据协议，欧盟成员国银行需向本国存款保险基金缴纳资金。一旦欧元区内的银行破产倒闭，“共同存款保险机制”必须按规定在破产 7 天内，偿付存款金额不超过 10 万欧元账户储户的存款。

2014 年 4 月 15 日，欧洲议会和欧洲理事会就“单一清算机制”达成决议。2014 年 5 月 16 日，欧洲议会通过单一清算机制（SRM）法案。根据法案，欧盟将成立一个单一清算委员会以出面稳定或关闭危机银行，以免银行对经济造成更大影响。为保证法案实施，该委员会将于 2016 年启动清算基金计划，通过向银行征税，在其后的 8 年内募集 550 亿欧元资金，未来问题银行的清算成本将由区域内银行业筹集的清算基金承担。与此同时，为保护 10 万欧元（含以下）的存款账户，法案还要求欧盟成员国通过向银行征税建立存款担保基金。

至此，欧洲银行业联盟的三大支柱全部落地。银行业联盟是欧元问世以来欧元区在金融治理上的最重大进展，将有助于重建市场对欧元区银行业的信心。

3. *永久性救助机制——欧洲稳定机制正式运行*

欧债危机爆发以后，欧元区建立了临时性的危机救助机制——欧洲金融稳定基金（European Financial Stability Facility，ESFS）。这是欧元区在危机爆发后建立的最重要的危机救助机制。为了从根本上解决欧洲金融稳定基金的缺陷，作为对欧洲金融稳定基金的替代，欧元区于 2012 年 10 月启动了永久性的危机救助机制——欧洲稳定机制（European Stability Mechanism，ESM）。

欧洲稳定机制是一个基于欧元区国家签订条约并受国际公法管制的政府间组织，总部设在卢森堡。欧洲稳定机制的认缴资本将达到 7000 亿欧元，其中 800 亿欧元为实收资本，其余 6200 亿欧元为欧元区国家承诺通知即付资本；它的实际放款能力初始为 2000 亿欧元，最高贷款额度将增加到 5000 亿欧元。

欧洲稳定机制从根本上克服了临时性危机救助机制的缺陷，构成了欧元区永久的金融“安全网”和“防火墙”。欧洲稳定机制理事会主席、欧元区集团主席容克将其称之为规划欧洲未来货币一体化前景的一个里程碑式事件。

实际上，财政契约、银行业联盟、欧洲稳定机制共同构成了防止危机再度发生的一个相互配合、相互协调的统一政策体系。从欧洲稳定机制的救助条件性来看，要获得欧洲稳定机制的救助，就必须以批准财政契约为前提；如果银行要获得欧洲稳定机制的救助，就必须加入银行统一监管体系；反过来，欧洲稳定机制实际上成为保证财政契约、欧洲银行统一监管体系付诸实施的保障机制。因此，这样的政策设计实际上构成了极其严密的金融“防火墙”体系，既可以有效地保障救助资金的安全，维护债权人的利益，从而能够保障筹集到足够的救助资源；同时救助行为还以成员国的财政自律、银行自律为前提，因而可以防止因救助而导致的道德风险。

四、欧元的未来

2009 年欧债危机爆发以来，欧盟和国际社会采取了一系列的措施来应对危机。在一系列的货币政策措施以及其他金融救助、经济刺激措施的推动下，欧元区国债市场、银行体系和金融市场逐步稳定下来。欧元区内绝大多数国家的财政状况在经历 2009～2013 年持续数年的恶化后，终于逐渐平稳下来。据欧洲央行 2014 年 6 月份最新预测，2014 年、2015 年、2016 年欧元区财政赤字分别为 -2.5%、-2.3%、-1.9%，政府债务占 GDP 的比例在 2014 年达到 93.4% 的峰值后将逐年下降，2015 年、2016 年分别降为 92.6%、91.1%。重债国在国债市场上流动性频频告急的局势得到有效缓解，国债收益率逐步下降走稳，重债国家的国债收益率与德国国债收益率之间的利差逐渐收窄。与此同时，欧元区银行体系的功能逐渐得到修复，银行体系的融资难度下降、融资渠道扩大。随着市场对欧元区银行信心的恢复，EURIBOR 与美元隔夜拆借利率之间的利差逐步收窄，市场流动性和银行流动性紧张得到缓解。总之，随着欧洲针对债务危机的措施不断出台，欧洲主要债务国的金融形势逐渐趋于平稳，市场信心不断得到恢复。欧债危机的高潮已经过去，欧债危机正在逐渐缓解消退，向着危机结束逐步迈进。

尽管欧债危机最困难的时刻已经度过，但作为危机的长期后遗症之一，欧元区实体经济仍然面临严峻挑战。据欧洲央行 2014 年 6 月份的预测，2014

年、2015 年、2016 年欧元区实际 GDP 增长率分别只有 1.0%、1.7% 和 1.8%。经济状况低迷也造成了欧元区失业率居高不下。2012 年欧元区失业率 11.3%，2013 年失业率高达 12%，2014 年第 1 季度仍然高达 11.8%。欧元区的通货膨胀状况更加令人担忧。据欧洲央行 2014 年 6 月预测，欧元区调和消费者价格指数（HICP）通货膨胀率 2014 年、2015 年、2016 年分别为 0.7%、1.1%、1.4%，远远低于 2% 的通胀目标。因此，短期内欧元区面临着经济下行的风险和通货紧缩的压力，欧洲经济低迷的状况短期内将难以改变。

从长期来看，欧元区结构性改革和深化一体化进程的最新措施，有利于消除“政策套利”而导致的对欧元区趋同的迟滞效应，更好地促使成员国结构转型，推动欧元区成员国之间的收敛，从而真正为欧元、欧元区的稳定发展打下扎实的基础。但是，结构性改革和深化一体化措施毕竟是以成员国国内经济的痛苦调整为代价，因此欧元区的结构调整之路注定是一个艰难曲折的过程。从长远来看，欧元汇率走势、欧元未来在国际货币体系中的地位将取决于欧元区的结构调整进程。

第六章
金融危机后国际货币体系改革的进展

近年来，南北格局的变化、全球失衡等都显示了国际货币体系改革的必然性和必要性。2008 年全球金融危机的爆发，更将国际货币体系改革的重要性和紧迫性凸显出来。危机爆发之后，国际货币体系改革取得了一些积极进展。

第一节　全球金融危机后国际货币体系改革的新进展

2008 年全球金融危机的爆发充分暴露出现行国际货币体系的局限性，同时也为国际社会提供了一个审视和重塑国际货币体系的重要契机。在国际社会的共同努力下，国际货币体系改革逐步向前推进。

一、国际储备货币多元化的努力

国际货币体系改革的重点主要体现在国际储备货币多元化的努力之中。从现实来看，在当前的国际货币体系中，美元作为国际储备货币的独大地位强化了美元滥发的道德风险，导致了现行国际货币体系中的美元陷阱，并造成许多国家身陷危机而欲罢不能。因此，为了减少世界经济对美元储备过度依赖的风险，国际货币体系改革的核心问题之一就是国际储备货币体系的改革。全球金融危机发生以后，国际社会提出了众多的国际储备货币体系改革方案。归纳起来，主要包括三种基本的改革模式。

1. 由信用货币向实物货币回归，重回金本位制或某种商品货币本位制

世界银行行长罗伯特·佐利克（Robert B. Zoellick）呼吁让黄金在新国际货币体系中发挥一定作用，尽管他澄清并非倡议回归到19世纪的金本位制度，但其将“黄金作为国际参照物，以引导人们对通货膨胀、通货紧缩和货币未来价值的市场预期”的言论，还是被视为倡导重返改善了的金本位制的信号。罗恩·保罗（Ron Paul）则明确提出要重返金本位制度，并倡议废除中央银行制度以实现哈耶克提倡的“货币非国家化”和货币治理的自由化①。

2. 创建全球中央银行和世界货币

全球金融危机爆发之后，中国人民银行行长周小川提出，改革国际货币体系，创立可取代美元霸权地位的超主权国际储备货币，并建议在短期内扩大特别提款权（SDR）的发行与使用范围，降低全球经济对美元的依赖程度②。约瑟夫·斯蒂格利茨（Joseph Stiglitz）等经济学家提出创立全球货币，并且从对SDR的改造入手改革当前的国际货币体系③。

3. 储备货币多元化或创建多元化的国际货币体系

金融危机后，蒙代尔的货币“稳定三岛”以及由美元、欧元、日元组成货币篮的构想④，即“DEY”方案被中国学者进一步引伸。部分学者认为，在未来的国际货币体系下，可能出现美元、欧元与某种亚洲货币（它既可能是人民币，也可能是亚洲主要货币组成的一个货币篮）三足鼎立的局面，即到

---

① ［美］罗恩·保罗：《终结美联储》，朱悦心等译，中国人民大学出版社2010年版，第73～83页。

② 周小川：“关于改革国际货币体系的思考”，《中国金融》2009年第7期。

③ 余永定：“国际货币体系改革和中国外汇储备资产保值”，《国际经济评论》2009年第3期。

④ Mundell R. A.. “A Reconsideration of the Twentieth Century”, *American Economic Review*, Vol. 90 (3), 2000; Mundell, Robert. “Currency Areas, Exchange Rate Systems and International Monetary Reform”, *Journal of Applied Economics*, Vol. 3 (2), 2000.

2030年，人类将很有可能看到一个“三元”的国际货币体系，也就是由美元、欧元和亚元或某个亚洲经济体之货币为三大支柱构建的国际货币体系①。这样，国际储备货币间的竞争有助于增强对主要国际储备货币发行国的货币发行纪律约束，形成竞争性的关键国际储备货币体系。

从理论上说，理想的国际储备货币应该首先要能够保证提供足够的国际流动性和国际清偿力，满足国际贸易、国际资本流动等国际支付对国际流动性和国际清偿力的需求；其次应保持储备货币的币值稳定，为国际交易提供稳定的价值标准，方便国际交易主体的决策，从而有利于发挥价格信号的资源配置职能，减少价格体系紊乱造成的市场扭曲，促进国际贸易和国际投资的发展。

在改革国际储备货币体系的第一种模式下，实物货币的本位制度显然无法满足当今世界高度发达的经济、贸易对货币的需求，可行性很小。在回归实物货币本位制无望的情况下，从理论上说，创造一种与主权国家脱钩并能保持币值长期稳定的国际储备货币，从而避免主权信用货币作为储备货币的内在缺陷，是国际货币体系改革的理想目标②。但是超主权国际储备货币与主权货币作为国际储备货币之间存在着根本的利益冲突，因此，改革国际储备货币体系的第二种模式短期内难以实现。相比之下，在一个多极化的世界中，多元化的国际储备货币体系应该是比较现实可行的路径选择，既能够跟现行的政治多极化和经济全球化的形势相适应，同时也要兼顾到发达国家与发展中国家的利益。因此，改革国际储备货币体系的第三种模式具有现实可行性③。

二、国际货币基金组织的治理结构改革

国际货币基金组织（IMF）治理结构改革的核心在于IMF的份额改革。

① 张宇燕：“人民币国际化：赞同还是反对?”，《国际经济评论》2010年第1期。
② 周小川：“关于改革国际货币体系的思考”，《中国金融》2009年第7期。
③ 李向阳：“国际金融危机与国际贸易、国际金融秩序的发展方向”，《经济研究》2009年第11期。

长期以来，不合理的 IMF 治理结构一直受到国际社会特别是广大发展中国家的诟病。在 2008 年全球金融危机爆发以前，IMF 曾在“中期战略”框架下提出了“分两步走”的份额改革方案：第一步，在 2006 年 9 月新加坡年会上就特别增资方案达成共识，对中国、韩国、墨西哥和土耳其四个份额严重低估的国家进行特别增资。通过特别增资，中国在 IMF 份额中的比例从 2.98% 提高至 3.72%，在 IMF 投票权中的比例则从 2.94% 提高至 3.65%；韩国的份额比例从 0.77% 提高至 1.35%，投票权比例从 0.76% 提高至 1.33%；墨西哥的份额比例从 1.21% 提高至 1.45%，投票权比例从 1.20% 提高至 1.43%；土耳其的份额和投票权比例则都从 0.45% 提高至 0.55%。第二步，进行修改份额公式、增加基本投票权等更深层次的改革，计划两年内完成。全球金融危机爆发后，改革 IMF 治理结构的呼声迅速升温，份额改革成为 IMF 改革的最重要议题之一。

1. 2008 年份额和发言权改革生效

2008 年 4 月 28 日，IMF 理事会通过了 IMF 份额和发言权改革决议。这是 2006 年 IMF 和世界银行新加坡年会批准的两年期改革计划的第二步。其主要内容包括：

第一，提高份额公式的透明度。采用更加简单、透明的份额公式。新份额公式包含 4 个变量，即 GDP、开放度、波动度和储备，权重分别是 50%、30%、15% 和 5%。GDP 变量的成分是：按市场汇率计算的 GDP 占 60%，按购买力平价汇率计算的 GDP 占 40%。然后根据一个“压缩系数”将公式取 0.95 次幂。

第二，第二轮份额特别增加。此轮增加份额连同 2006 年的份额特别调整，使 IMF 的份额累计上升 11.5%。根据新公式确定为代表性不足的成员国均有资格增加份额。为了促进实现改革目标，几个代表性不足的发达国家（德国、爱尔兰、意大利、日本、卢森堡和美国）同意放弃本国有资格增加的一部分份额；代表性不足的新兴市场国家和发展中国家如果实际份额远低于本国根据购买力平价计算占全球 GDP 的比例，其名义份额至少增加 40%；

2006 年第一轮增加份额的 4 个成员国的代表性仍然严重不足，其名义份额第二轮将至少再增加 15%。

第三，每 5 年进行份额总检查。为确保份额和投票权继续反映 IMF 成员国影响力的变化，并且进一步消除实际份额与按新份额公式计算的份额之间的差距，要求执行董事会结合今后的份额总检查提出进一步调整份额的建议。

第四，增加低收入国家的发言权。修订《国际货币基金协定》，把所有成员国的基本票增至原来的 3 倍；建立保持基本票在总票数中比例的机制。

2011 年 3 月，IMF 2008 年份额和发言权改革在获得了代表 85% IMF 总投票权的 117 个成员国批准后，正式生效。通过此轮份额和发言权改革，新兴市场国家和发展中国家代表性和发言权有所增加。发达国家在 IMF 的份额比例从此前的 60.5% 下降至 60.4%，投票权比例从此前的 59.5% 下降至 57.9%；新兴市场和发展中国家在 IMF 的份额比例从此前的 39.5% 上升至 39.6%，投票权比例从此前的 40.5% 上升至 42.1%。加之 2006 年 IMF 通过的第一阶段改革成果，中国在 IMF 的份额比例增加到 3.994%，投票权比例增加至 3.803%，印度则分别为 2.441% 和 2.336%。中国和印度在 IMF 中的代表性分列第 6 位和第 12 位。此外，巴西、韩国等国家的份额和投票权也有所增加。同时，低收入国家的份额也得到一定程度的提高。

2. 2010 年份额和治理改革

在 IMF 2008 年份额和发言权改革计划付之各国批准的过程之中，2010 年 11 月，在完成了第 14 次份额总检查的基础上，IMF 执董会批准在 2008 年通过的改革方案基础上进一步进行份额和治理改革。其主要目标是：

第一，将份额增加一倍至约 4768 亿特别提款权（约合 7729 亿美元），超过 6% 的份额将转移到有活力的新兴市场和发展中国家，从代表性过高的国家转向代表性不足的国家，同时保护最贫困成员国的份额比例和投票权。

第二，IMF 执行董事会完全由选举产生，欧洲发达国家总体上减少两个代表席位，进一步放宽任命第二副执董的条件以增强多国选区的代表性。

表 6－1　　2008 年及 2010 年改革前后 IMF 配额及投票权的分布

	配额（百分比）				投票权（百分比）			
	新加坡改革前	2011 年 3 月 2 日	2008 年改革后	2010 年改革后	新加坡改革前	2011 年 3 月 2 日	2008 年改革后	2010 年改革后
发达国家	61.6	60.5	60.5	57.7	60.6	59.5	57.9	55.3
主要发达国家（G7）	46.0	45.2	45.3	43.4	45.1	44.3	43.0	41.2
美国	17.4	17.1	17.7	17.4	17.0	16.7	16.7	16.5
其他 G7 国家	28.6	28.1	27.7	26.0	28.1	27.6	26.3	24.7
其他发达国家	15.6	15.3	15.1	14.3	15.4	15.2	14.9	14.1
发展中国家	30.9	32.1	32.4	35.1	31.7	32.9	34.5	37.0
非洲国家	5.5	5.4	4.9	4.4	6.0	5.9	6.2	5.6
亚洲国家	10.3	11.5	12.6	16.1	10.4	11.6	12.8	16.1
中国	3.0	3.7	4.0	6.4	2.9	3.7	3.8	6.1
其他亚洲国家	7.3	7.8	8.6	9.7	7.5	7.9	9.0	10.0
中东、马耳他 & 土耳其	7.6	7.6	7.2	6.7	7.6	7.6	7.3	6.8
西半球国家	7.5	7.6	7.7	7.9	7.7	7.8	8.2	8.4
转型经济体	7.6	7.4	7.1	7.2	7.7	7.6	7.6	7.7
合计	100.0	100.0	100.0	100.0	100.0	100.0	100.0	100.0
备忘事项								
欧盟	32.9	32.4	31.9	30.2	32.5	32.0	30.9	29.4
低收入国家	3.5	3.4	3.2	3.2	4.0	3.9	4.5	4.5

注：第一列指新加坡改革之前的实际配额，第二列指截至 2011 年 3 月 2 日的实际配额，第三与第四列分别指 2008 年与 2010 年改革方案中所确定的目标配额。第五至第八列含义与前四列类似。2008 年改革后及 2010 年改革后的投票权按基本票所占比例不变（5.502%）的原则计算。

资料来源：IMF 网站。

按照上述改革目标，通过此轮份额和发言权改革，发达国家在IMF的份额比例将从2008年改革生效后的60.4%下降至57.6%，投票权比例将从57.9%下降至55.2%；新兴市场和发展中国家在IMF的份额比例将从2008年改革生效后的39.6%上升至42.4%，投票权比例从42.1%上升至44.8%。此轮份额改革完成以后，中国、印度、俄罗斯和巴西将成为进入IMF份额排名前十位的经济体。

按照预定计划，成员国应在2012年IMF年会之前完成对2010年份额和治理改革的批准过程，但是由于美国在此问题上的消极态度，直到2015年3月，2010年份额和治理改革的批准程序仍未完成。

第二节　国际货币体系改革的前景

如何重建危机后的国际货币体系是世界各国面临的共同使命。从本质上说，国际货币体系是世界经济力量格局的反映。但是，国际货币体系改革由于涉及世界各国政治、经济利益的重大调整，必然会遇到各种阻力、障碍或困难，因此将会在曲折反复中艰难、缓慢地向前推进。

一、国际货币体系改革的前景

现实的国际货币体系的改革方向是国际储备货币的多元化，通过多元储备货币之间的竞争，来保证国际货币体系的平稳运行。从长期来看，随着国际储备货币多元化进程的发展，美元在国际货币体系中地位相对下降的趋势将不可避免，美元作为国际储备货币“一元独大”的支配地位必然会受到挑战。多元国际储备货币并存的国际货币体系将从美元“一元独大”的“一主多元”状态走向多种储备货币“多元竞争制衡”的状态①。

但是，尽管蔓延全球的金融危机爆发后，以美元为中心的国际货币体系受到极大的质疑，但是美元的中心地位短期内不会出现根本性动摇。即使此次金融危机的爆发可能加快国际货币体系的演变和国际货币治理的变革，但就短期而言，美元的国际地位很难发生重大变化。短期内没有任何主权货币能够挑战美元在国际货币体系中的地位；与此同时，超主权的国际储备货币——特别提款权（SDR）由于存在着一系列制度、技术性难题的制约，其在未来国际储备格局中的地位和前景还很难判断。此外，国际储备货币的地位一旦形成，往往具有历史的惯性。因为如果一种货币在交易中被广泛使用，就会产生巨大的规模经济收益和网络外部性，这种网络外部性将会导致国际储备货币较强的历史惯性和形成对这种国际储备货币的路径依赖②。因此，尽管此次全球金融危机对美元的国际地位造成了显著冲击，但是很难期望国际储备货币格局在危机结束后短时期内发生重大变化，美元作为国际中心货币的地位被削弱、美元特权被稀释的过程将会非常缓慢。推进国际储备货币多元化，改变国际货币体系和国际货币体系中美元“一元独大”、实现国际储备货币“多元竞争制衡”的局面将是一个非常漫长的过程③。

二、国际货币基金组织治理结构改革的前景

从根本上说，国际货币基金组织（IMF）的未来取决于目前正进行的改革，即能否通过份额和治理改革提高其合法性和有效性，通过公平、公正的监督以促进世界经济的可持续增长和维护国际货币体系的稳定。IMF是以份额为基础的机构，份额应是其主要资源。从中长期看，IMF应建立份额自动

---

① 陈雨露，马勇：《大金融论纲》，中国人民大学出版社2013年版，第44~45页。

② ［美］巴里·艾肯格林：《资本全球化：国际货币体系史（第二版）》，彭兴韵译，上海人民出版社2009年版，第3~4页。

③ 关建新：“国际货币体系与全球金融危机”，《国际关系学院学报》2010年第3期。

调整机制，及时反映各国在世界经济中相对地位的变化，避免出现成员国份额严重偏离经济现实的情况。

但是，IMF 份额调整的背后是 IMF 成员国之间权力的再分配和既得利益的重新调整。目前主导 IMF 的发达国家不会轻易放弃它们在 IMF 中的特权和既得利益，因此，最终实现发达国家与发展中国家平等分享 IMF 的投票权将是一个非常漫长的过程。在短期内，即使是基金份额的小幅调整，也将会是一个反复博弈、讨价还价的过程，不可能一蹴而就。从现实来看，2008 年的份额和投票权改革，一直到 2011 年才正式生效。而 2010 年改革按照预定计划应在 2012 年结束，可是直到 2015 年 3 月仍然迟迟未能生效。因此，IMF 份额及投票权的调整实际上仍然困难重重。而要建立起能够及时反映各国经济地位变化的 IMF 份额自动调整机制，并实行 IMF 更广泛的治理结构改革，则更是一个遥远的长期目标①。

① 关建新："国际货币体系与全球金融危机"，《国际关系学院学报》2010 年第 3 期。

第七章

金融危机后国际金融体系改革的进展

由于国际货币体系的演进与国际金融体系的演进密不可分（Farhi，Courinchas and Rey，2012），因此全球金融危机后，国际货币体系的改革实际上与国际金融体系的改革交织在一起。国际金融体系自形成以来，一直处于不断的发展、变化之中。但是，2008 年全球金融危机对国际金融体系造成了严重冲击，也暴露出了国际金融体系的脆弱性、缺陷和不足，并催发了国际金融体系改革的浪潮。

第一节　全球金融危机后国际金融体系改革的新进展

全球金融危机爆发后，针对国际金融体系存在的缺陷和问题，国际社会通过多种渠道，采取多种措施，推出了一系列改革措施。

一、国际金融监管改革

国际金融监管的改革主要体现在两个方面：一是巴塞尔银行监管委员会推出新版银行资本监管协议——巴塞尔Ⅲ，二是 IMF 对金融部门具有系统重要性的成员国强制实施“金融部门评估规划”。

1. 巴塞尔Ⅲ出台

银行稳定是金融稳定的核心。全球金融危机的爆发，充分暴露了现行的国际银行业监管框架——巴塞尔Ⅱ的重大制度性漏洞，并促使国际社会对巴塞尔Ⅱ进行反思。改革现行的国际银行业监管制度、增强国际金融体系稳健性成为国际社会的共识。针对巴塞尔Ⅱ暴露出来的缺陷和不足，巴塞尔银行监管委员会对巴塞尔Ⅱ的相关内容进行了若干修订，出台了一系列征求意见稿。2010 年 12 月 16 日，巴塞尔银行监管委员会正式发布《增强银行业抗风险能力的全球监管框架》和《流动性风险计量、标准与监测的国际框架》——“巴塞尔Ⅲ”（Basel Ⅲ）。

巴塞尔Ⅲ是巴塞尔银行监管委员会为改善银行业风险管理、加强银行的透明度和信息披露而出台的全面性改革措施，它立足于巴塞尔Ⅱ的三大支柱，以资本和流动性监管改革为核心，旨在构建更加完善的银行业资本监管体系，主要从 6 个方面对银行监管做出改革[①]。

第一，统一银行资本定义，严格资本要求。巴塞尔Ⅰ和巴塞尔Ⅱ尽管对银行资本进行了定义和区分，但并未对资本给出严格、统一、完善的定义标准，由此造成了不同经济体关于银行资本定义的不一致，市场不能充分评估和比较不同银行的资本质量，从而给市场带来了很大的困扰。针对这种状况，巴塞尔Ⅲ统一了银行资本的定义，并提出了更加明确、严格的资本标准。在巴塞尔Ⅲ中，一级资本和二级资本分别被定义为在持续经营条件下吸收损失的资本和在破产清算时吸收损失的资本，取消了原用于抵偿市场风险的三级资本。要求银行一级资本的主要构成必须是普通股和留存收益，其他一级资本工具也必须能够在持续经营条件下充分吸收损失。二级资本的内容进行了大幅缩减。通过统一银行资本的定义，严格资本要求，不仅有利于提高银行资本基础的质量，而且有利于提高银行资本的一致性和透明度。

---

① 中国人民银行课题组：“巴塞尔资本协议Ⅲ对我国货币政策的潜在影响分析”，《北京金融评论》2011 年第 3 辑。

表 7-1　　巴塞尔协议中关于资本定义的演变

<table>
<tr><th>Basel Ⅰ</th><th>Basel Ⅱ</th><th>Basel Ⅲ</th></tr>
<tr><td>核心资本</td><td>一级资本</td><td>一级资本</td></tr>
<tr><td>普通股、永久性非累积优先股</td><td>实收资本/普通股</td><td rowspan="3">普通股：占比由 50% 提高到 75%</td></tr>
<tr><td>股本溢价</td><td>股本溢价</td></tr>
<tr><td>留存收益</td><td>留存收益</td></tr>
<tr><td rowspan="3">普通准备金和法定准备金增值而创造和增加的收益</td><td>盈余公积</td><td>其他持续经营下的资本</td></tr>
<tr><td>少数股东权益</td><td>不计入一级资本</td></tr>
<tr><td>创新资本工具（上限 15%）</td><td>不计入一级资本</td></tr>
<tr><td>附属资本（不超过核心资本的 100%）</td><td>二级资本（不超过一级资本的 100%）</td><td>二级资本</td></tr>
<tr><td>非公开准备</td><td rowspan="2">一般准备</td><td rowspan="5">简化二级资本，只有一套二级资本的合格标准，其他子类别被取消</td></tr>
<tr><td>重估准备</td></tr>
<tr><td rowspan="2">普通准备金/呆账准备金</td><td>混合债务资本工具</td></tr>
<tr><td>次级债</td></tr>
<tr><td>混合资本工具</td><td></td></tr>
<tr><td></td><td>三级资本（市场风险暴露，极端情况适用）</td><td>三级资本被取消</td></tr>
</table>

资料来源：刘仁伍：《宏观审慎管理：框架、机制与政策》，社会科学文献出版社 2012 年版，第 53 页。

第二，进一步提升资本充足率标准。在提出更加明确、严格的资本标准，统一银行资本定义的基础上，巴塞尔Ⅲ提出了更加严格的监管资本要求：一是提高最低资本充足率要求。增加“核心一级资本充足率”监管指标，强调一级资本中普通股、股本溢价和股本留存收益的作用。二是进一步提高资本充足率要求。核心一级资本充足率（普通股一级资本/风险加权资产）的下限由 2% 提高至 4.5%，一级资本充足率的下限由 4% 上调至 6%，总资本充足率维持 8% 不变。三是提出资本留存缓冲（Capital Conservation Buffer）要求。资本留存缓冲不低于银行加权风险资产的 2.5%。这样，核心一级资本充足率最终将达到 7%，一级资本充足率将达到 8.5%，总资本充足率将达到 10.5%。

表 7－2　　　　资本充足率标准实施阶段（%）

	2013	2014	2015	2016	2017	2018	2019
核心一级资本充足率	3.5	4.0	4.5	4.5	4.5	4.5	4.5
一级资本充足率	4.5	5.5	6.0	6.0	6.0	6.0	6.0
总资本充足率	8.0	8.0	8.0	8.0	8.0	8.0	8.0
资本留存缓冲资金比率				0.625	1.25	1.875	2.5
核心一级资本充足率＋资本留存缓冲资金比率	3.5	4.0	4.5	5.125	5.75	6.375	7.0
总资本充足率＋资本留存缓冲资金比率	8.0	8.0	8.0	8.625	9.25	9.875	10.5

资料来源：中国人民银行课题组："巴塞尔资本协议Ⅲ对我国货币政策的潜在影响分析"，《北京金融评论》，2011 年第 3 辑。

第三，引入杠杆率监管标准。针对近年来影子银行发展对银行体系稳定性的影响，为控制银行体系表内外杠杆风险的过度积累，巴塞尔Ⅲ引入杠杆率监管作为风险资本框架的补充监管指标。杠杆率（Liquidity Coverage Ratio）定义为资本与表内外总资产的比率，是一个基于总敞口的简单无风险加权指标。计算杠杆率时的资本定义为一级资本，并规定一级资本杠杆率不低于3%。

第四，制订全球统一的流动性监管标准。为强化银行流动性风险管理、控制流动性风险暴露，巴塞尔Ⅲ建立了全球统一的流动性风险监测工具和两个定量监管指标——流动性覆盖比率（Liquidity Coverage Ratio，LCR）和净稳定融资比率（Net Stable Funding Ratio，NSFR），以更好地识别流动性风险。流动性覆盖比率（高质量流动资产/未来 30 日的现金净流出量）反映压力状态下银行短期流动性水平。该指标值要求不小于100%，以确保银行持有充足的高质量流动性应对短期流动性风险。净稳定融资比率（可用稳定资金来源/业务所需的稳定资金需要）反映银行长期流动性水平。该指标要求大于100%，以确保银行持有更稳定的资金来源，满足资产的流动性需要和表外承诺的或有流动性需要，增强资产负债期限结构配比的稳定性，提高银行长期抗风险能力。除这两个监管指标外，巴塞尔Ⅲ还建立了多个流动性监测工具，作为监管当局评估流动性最低标准的补充。

第五，建立逆周期超额资本。为了保护银行在经济下滑时免受大规模违约的损失，巴塞尔Ⅲ引入了逆周期的资本充足制度，提出计提 0～2.5% 的“逆周期超额资本”（Counter－cyclical Buffer）要求，推动银行在经济上行期建立超额资本用于经济下行期吸收损失，以维护整个经济周期的信贷供给稳定。

第六，对系统重要性银行提出额外资本要求。为防范系统重要性银行因“大而不倒”而产生的道德风险，巴塞尔Ⅲ提出对系统重要性金融机构另外提取 1%～2.5% 的额外资本要求。

为降低巴塞尔Ⅲ对银行贷款供给能力及宏观经济的冲击，巴塞尔银行监管委员会规定了为期 5 年的实施过渡期，即从 2013 年开始实施，到 2019 年 1 月全面实施。

总体来看，巴塞尔Ⅲ是 2008 年全球金融爆发以来，国际金融监管改革所取得的重大成果。巴塞尔Ⅲ是在全球金融危机教训的基础上，对银行风险监管理念的进一步深化。它丰富和发展了银行资本监管的内涵，坚持了资本数量和质量并重、资本充足和杠杆约束并行、微观审慎和宏观审慎兼顾的原则。巴塞尔Ⅲ既延续了巴塞尔Ⅰ、巴塞尔Ⅱ以风险为本的监管理念，又超越了传统的资本监管框架，实现了国际银行业监管在三个层面的扩展和延伸：将资本监管框架从银行资产负债表的表内风险延伸到资产负债表的表内、表外全部风险；将银行资本监管框架从单家银行稳健性扩展到整个金融体系的稳定性；将资本监管框架从金融体系的稳健性过渡到金融体系与实体经济之间的内在联系①。因此，巴塞尔Ⅲ的实施必将对国际银行业稳健经营和全球金融稳定产生积极而深远的影响。

---

① 刘明康：《提升审慎监管标准 促进银行业稳健发展（代序）》。引自巴塞尔银行监管委员会发布、中国银行业监督管理委员会翻译：《第三版巴塞尔协议》，中国金融出版社 2011 年版，第 1～3 页。

2. 对金融部门具有系统重要性的成员国强制实施“金融部门评估规划”

2010 年 9 月，IMF 执董会决定，对那些金融部门具有系统重要性的成员国，强制实施“金融部门评估规划”（FSAP）下的金融稳定评估（在此之前是完全自愿的），作为《国际货币基金协定》第四条款下的监督磋商的一部分。

FSAP 下的强制性金融稳定评估主要包括 3 项内容：以对金融体系的结构和健康状况及其与经济其他部门的关联性分析为依据，评估近期宏观金融稳定的主要风险来源、概率和潜在影响；评估每个国家的金融稳定政策框架，包括根据国际标准评估金融部门监督工作的效力；评估当风险发生时监管当局管理和解决金融危机的能力，主要考察一国的流动性管理框架、金融安全网、应对危机的准备程度和解决危机的框架。

强制性评估每 5 年进行 1 次，成员国也可以自愿选择接受更频繁的评估。共有 25 个管辖区被认为拥有具有系统重要性的金融部门，采用的方法综合考虑一国金融部门的规模及其互联性。该组国家覆盖国际金融体系的近 90%，约占全球经济产出的 80%，包括二十国集团中的 15 个国家和金融稳定委员会的大多数成员国。

二、金融危机国际救助机制完善

全球金融危机爆发后，确保充足的资金来源以满足潜在需求成为国际货币基金组织（IMF）的工作重点。IMF 采取积极行动，对其现有的资金来源、贷款机制进行评估和完善，以确保满足成员国的资金需求。

1. 拓展资金来源

全球金融危机爆发后，IMF 采取了许多措施来增加其可用资源、满足成员国的潜在融资需求。

第一，增加份额。IMF 用于提供贷款的资金主要来自各国在加入 IMF 时认缴的份额。全球金融危机爆发后，通过实施份额和投票改革，IMF 的份额显著增加。2011 年 3 月，2008 年份额和发言权改革生效后，IMF 的份额总额增加了208亿特别提款权（约为337亿美元）。2010年12月，IMF理事会批准的份额进一步改革方案，将使成员国份额增加一倍至4768亿特别提款权（约为7729亿美元）。

第二，扩大新借款安排规模。作为份额资金之外的补充资源，IMF拥有两项常设信贷额度：借款总安排（GAB，1962年设立）和新借款安排（NAB，1998年设立）。根据这两项安排，若干成员国或其机构随时准备通过启用安排向IMF贷出额外资金。

由于全球金融危机使IMF贷款需求急剧增加，2009年11月，新借款安排（NAB）的26个现有参加方和13个潜在新参加方就扩大NAB和提高其灵活性达成一致。2010年4月，IMF执董会通过正式决议，大幅扩大NAB，增加13个新参加方（其中包括一些新兴市场国家）。2011年3月，扩大NAB的措施生效。NAB的规模扩大至原来的10倍以上，从340亿特别提款权（约550亿美元）增加到3675亿特别提款权（约5760亿美元）。截至2011年4月30日，NAB的有效信贷总额达到3632亿特别提款权。

第三，双边借款安排。全球金融危机爆发后，为了使IMF能够获得补充融资，IMF还与一些成员国就可能的额外双边借款协议进行协商。此后，IMF在2009财年、2010财年和2011财年分别与若干国家签订了双边借款协议或票据购买协议。

第四，出售黄金。IMF通过有限出售其持有的黄金并用来为其信托基金融资，所产生的收益为IMF的预算提供支持。2009年7月，执董会决定，除了向这个信托基金提供资金外，黄金出售的部分所得收益还将用来增加优惠贷款可用的资源。通过市场内和市场外交易，黄金出售工作于2010年12月完成。

2. 改革融资工具，提高融资灵活性

全球金融危机爆发后，IMF在努力确保其资金充足的同时，为了能更好地为成员国提供流动性和紧急援助，实施了一系列旨在加强IMF融资工具灵活度、扩大融资覆盖范围的改革措施，以使IMF融资工具和贷款机制能够更好地满足成员国的融资需求。

第一，2009 年设立“灵活信贷额度”（Flexible Credit Line，FCL），用以满足那些具有强健政策框架和稳健经济表现的国家对于防范和化解危机的融资需求。“灵活信贷额度”确保有资格的国家能够从 IMF 获得大规模先期贷款，而不受硬性规定的上限或事后贷款条件的约束。

第二，2010 年设立“预防性信贷额度”（Precautionary Credit Line，PCL），用以帮助那些政策健全但可能不符合“灵活信贷额度”要求的成员国。

第三，2010 年设立“减贫与增长信托”（Poverty Reduction and Growth Trust），用以取代并扩大原有的向低收入国家提供贷款的机制（主要包括“减贫与增长贷款”（Poverty Reduction and Growth Facility，1999）和“外生冲击贷款”（Exogenous Shocks Facility，2006），具体包括 3 种新信贷机制：“中期信贷”（Extended Credit Facility，ECF），为解决根深蒂固的结构性国际收支问题提供较长期的援助，以实现持久减贫的经济增长；“备用信贷”（Standby Credit Facility，SCF），用于解决短期国际收支困难和满足预防性需要；“快速信贷”（Rapid Credit Facility，RCF），对外生冲击、自然灾害导致的紧急国际收支需要提供迅速援助。通过这一系列新的贷款工具，IMF 对低收入国家的资金援助增加了一倍多。

第四，2011 年设立“预防性和流动性额度”（Precautionary and Liquidity Line，PLL），用以取代 2010 年设立的“预防性信贷额度”，用于满足那些经济基本面和制度政策框架较为稳健的国家对于防范和化解危机的实际或潜在的融资需求。

第五，2011 年设立“快速融资工具”（Rapid Financing Instrument，RFI），用以取代“紧急援助”（Emergency Assistance）——“自然灾害紧急援助”（Natural Disasters，1962）和“战乱后紧急援助”（Post－Conflict，1995），用于满足各种紧迫的国际收支需要，包括由于外生冲击而产生的需求，而不仅限于自然灾害和战乱后情况。

表 7－3 国际货币基金组织的贷款机制

贷款机制（设立年份）①		目的	条件	分阶段和监测	贷款限额	收费②	还款期限（年）	分期
信贷档和中期贷款③	备用安排（SBA）（1952 年）	向面临短期国际收支困难的国家提供中期援助	成员国采取政策使人相信其国际收支困难将在合理的期间内得到解决	视遵守绩效标准和其他条件的情况，每季度购买（拨款）一次	年度：份额的 200%；累计：份额的 600%	基本费率加附加费（对超过份额 300% 的数额收取 200 个基点的附加费；对超过份额 300% 三年以上的数额，在上述附加费基础上再收取 100 个基点的附加费）④	$3^{1/4}$ ~5	每季度
	中期贷款（EFF）（1974 年）（中期安排）	提供较长期的援助，以支持成员国为克服长期性的国际收支困难而实施的结构改革	执行最长为四年、带有结构性议程的规划，并每年提交一份关于今后 12 个月政策的详细说明	视遵守绩效标准和其他条件的情况，每季度或每半年购买（拨款）一次	年度：份额的 200%；累计：份额的 600%	同上	$4^{1/2}$ ~10	每半年
	灵活信贷额度(FCL)（2009 年）	信贷档的灵活工具，针对所有国际收支需要，无论是潜在需要还是实际需要	事先具有十分强劲的宏观经济基本面、经济政策框架和政策记录	在贷款安排的整个期间内，可以先期提用批准的限额，但一年后需完成中期检查	没有预先规定的限额	同上	$3^{1/4}$ ~5	每季度

续表

贷款机制（设立年份）		目的	条件	分阶段和监测	贷款限额	收费	还款期限（年）	分期
信贷档和中期贷款③	预防性和流动性额度（PLL）（2011年）	可供具有稳健基本面和政策面的国家使用	强健的政策框架、对外状况和市场筹资能力，包括金融部门具有稳健性	大额前倾式提款，每半年检查一次（对于1~2年的预防性和流动性信贷额度）	6个月的限额为份额的250%；对于1~2年的安排，获批时立即可用的限额是份额的500%；在取得12个月的满意进展后，总限额可达到份额的1000%	同上	$3^{1/4}$~5	每季度
特别贷款	快速融资工具（RFI）（2011年）	为所有面临国际收支紧急需求的成员国提供的快速融资援助	需努力解决其国际收支困难（也许需采取先期行动）	直接购买，不需要执行全面的规划或检查	年度：份额的50%；累计：份额的100%	同上	$3^{1/4}$~5	每季度
低收入国家提供的贷款 在减贫与增长信托下向	中期信贷（ECF）（2010年）⑤	为解决根深蒂固的结构性国际收支问题而提供的中期援助	实行为期三年至四年的中期信贷安排。中期信贷支持的规划以受援国在参与性过程中制定的减贫战略文件为基础，该文件将宏观经济政策、结构性政策和减贫政策结合起来	视遵守绩效标准情况和审查结果，每半年（或偶尔每季度）拨款一次	年度：份额的100%；累计：份额的300%	2014年底之前为0%	$5^{1/2}$~10	每半年
	备用信贷（SCF）（2010年）	解决短期国际收支困难和满足预防性需要	实行12~24个月的备用信贷安排	视遵守绩效标准的情况和审查结果，每半年（或偶尔每季度）拨款一次（如果提用）	年度：份额的100%；累计：份额的300%。预防性：年度为份额的75%，平均每年为份额的50%	同上	4~8	每半年

续表

贷款机制（设立年份）		目的	条件	分阶段和监测	贷款限额	收费	还款期限（年）	分期
在减贫与增长信托下向低收入国家提供的贷款	快速信贷（RCF）（2010 年）	对外生冲击、自然灾害导致的紧急国际收支需要提供迅速援助，在这些情况下，高信贷档规划要么不必要，要么不可行	不需要基于检查的规划或事后贷款条件	通常一次性拨付	年度：份额的 25%（冲击窗口，份额的 50%）；累计：份额的 100%（冲击窗口，份额的 125%）	同上	$5^{1/2}$ ~ 10	每半年

注：①除减贫与增长信托供资的贷款外，IMF 用于提供贷款的资金主要来自成员国的认缴资本。IMF 为每个国家确定一个代表该国资金承诺额度的份额。成员国用 IMF 接受的外币或特别提款权缴纳其部分份额，其余部分用其本币缴纳。拨付或提取 IMF 贷款的方式是由借款国用本币从 IMF 购买外币或特别提款权资产。借款国通过用外币从 IMF 购回本币而偿还贷款。中期信贷、快速信贷和备用信贷下的优惠贷款是由单独的减贫与增长贷款信托提供的。对于减贫与增长信托下的贷款，IMF 执董会于 2013 年 4 月同意，一旦第十四份额总检查下的增资生效，贷款标准和限额（相当于份额的百分比）将减半。

②从普通资金账户拨付的资金的收费率设定在比每周的特别提款权利率高一定幅度。该费率适用于在 IMF 每个财政季度内从普通资金账户提取的所有资金的每日未偿余额。此外，除了储备档提款之外，对从普通资金账户提取的每笔 IMF 资金收取 0.5% 的一次性服务费用。对于根据备用安排、灵活信贷额度、预防性和流动性信贷额度、中期安排在每个（年度）期间可能提取的金额，收取预支承诺费（对不超过份额 200% 的承诺额收取 15 个基点，对超过份额 200% 但不超过 1000% 的部分收取 30 个基点，对超过份额 1000% 的部分收取 60 个基点）；在以后根据有关安排提款时，按比例退还这项收费。对于减贫与增长信托下的针对低收入成员国的贷款机制，设立了一个利率机制，将优惠利率与特别提款权及定期检查结合起来。在这些检查中，适用利率设定如下：如果最近 12 个月的特别提款权的平均利率低于 2%，中期信贷和快速信贷的年利率将设为 0%，备用信贷的年利率为 0.25%；如果特别提款权平均利率不低于 2% 且不高于 5%，中期信贷和快速信贷的年利率将设为 0.25%，备用信贷的年利率为 0.5%；如果特别提款权的平均利率高于 5%，中期信贷和快速信贷的年利率将设为 0.5%，备用信贷的年利率为 0.75%。对于备用信贷下的预防性安排，针对每六个月期间未提用的可提资金，收取每年 15 个基点的资金可提费。

③信贷档是指以相对于成员国在 IMF 份额的比例表示的购买（拨付）规模。例如，成员国份额的 25% 以内的贷款拨付是第一信贷档拨付，它需要成员国证明自己正在采取合理的努力来克服国际收支困难。超过份额 25% 的贷款拨付请求称为高信贷档提款；这些分档的资金以借款国达到一定的实绩目标为条件分期拨付。此类贷款拨付通常结合备用安排或中期安排进行。不根据任何安排获得 IMF 资金的情况很罕见，并且今后预计仍将如此。

④2000 年 11 月引入了附加费。新的附加费体系于 2009 年 8 月 1 日生效，替代了过去的费率：对超过份额 200% 的信贷余额，在基本费率基础上加收 100 个基点，对超过份额 300% 的信贷余额，以基本费率基础上加收 200 个基点。2009 年 8 月 1 日在信贷档或中期贷款下具有未偿信贷或具有该日期之前批准的有效安排的成员国，可以选择使用新的或老的附加费体系。

⑤中期信贷（ECF）过去称为减贫与增长贷款。

资料来源：IMF 网站。

第六，2012 年改革“中期贷款”（EFF），将中期贷款的期限延长到从一开始就可以长达 4 年（之前仅允许批准最长 3 年的安排，但允许随后将期限延展至 4 年），使用范围也从具有长期国际收支需要的中低收入国家拓展至面临较大融资需求的较发达国家。

三、全球金融治理机构的进一步健全与完善

针对在全球金融危机中暴露出来的缺陷和不足，国际社会对现有的全球金融治理机构进行了改革、充实、健全与完善：一是深化国际货币基金组织（IMF）治理结构改革①；二是建立新的全球金融治理机构——金融稳定理事会。

金融稳定理事会（Financial Stability Board，FSB）是协调跨国金融监管、制定并执行全球金融标准的国际组织。其前身是成立于 1999 年的金融稳定论坛。根据 2009 年 4 月二十国集团（G20）领导人伦敦峰会宣言，金融稳定论坛正式更名为金融稳定理事会（FSB），并将成员扩展至 G20 成员及相关经济体和国际组织。

FSB 的成立标志着全球金融治理机构建设和国际金融监管改革迈出了决定性的一步，在为改革全球金融监管框架奠定组织基础的同时，也为统一全球金融监管标准搭建了实践平台。FSB 成为化解金融风险、促进金融监管及相关政策制定与执行的国际机构，其宗旨是促进、维护各国和国际金融体系稳定。当前，FSB 已成为 G20 倚重和国际公认的促进全球金融标准制定与执行的核心全球金融治理机构。

2009 年 6 月 26 ~ 27 日，FSB 在瑞士巴塞尔召开首次全体会议，来自成员经济体中央银行、监管当局和财政部的高层代表和国际组织、国际监管机构的代表出席了会议。会议讨论了理事会章程和内部架构，国际金融体系最新

---

① 详见第六章。

情况和国际金融监管改革等问题。

2013 年 1 月 28 日，FSB 在瑞士苏黎世召开全体会议。此次会议是 FSB 组建成协会类法人机构的成立大会，来自成员经济体及国际机构的近 70 位高层代表与会。会议通过了 FSB 新章程和工作程序指引文件，宣告 FSB 正式组建成协会类法人机构，这标志着历时 1 年的 FSB 机构化改革取得重大进展，从而使 FSB 协调落实金融监管政策的能力得到进一步增强。

1. 金融稳定理事会的主要职能

金融稳定理事会（FSB）的主要职责包括：评估影响国际金融体系的脆弱性，识别和监督解决脆弱性的监管行动及其结果；促进负责金融稳定的各国当局之间的协作和信息交流；监测市场发展及实施监管政策的情况，并提出建议；提出最佳监管标准建议并监督实施；与国际标准制定机构就政策制定进行战略性联合审查，确保工作及时、协同一致；制定联合监管机制指引并提供支持；为跨境危机管理特别是涉及系统重要性的机构提出应急管理规划；与 IMF 就早期预警开展合作。

2. 金融稳定理事会的组织机构

全体理事大会是金融稳定理事会（FSB）的最高决策机构，负责采纳 FSB 的报告、准则、指引等。全体理事大会下设指导委员会、理事会主席和秘书处。指导委员会在全体理事大会闭会期间负责监督和指导 FSB 工作，并负责筹备全体理事大会。理事会主席负责召开和主持全体理事大会与指导委员会的会议。秘书处设在国际清算银行（BIS），负责 FSB 日常工作。此外，FSB 还设立了 3 个专门委员会：脆弱性评估委员会、监管合作委员会和标准执行委员会。

3. 金融稳定理事会的运行机制

金融稳定理事会（FSB）的总体目标是通过协调各国金融监管机构和国际标准制定机构的工作，发展和改善有效金融监管以及其他金融领域政策的执行。为实现这一使命，FSB 主要通过会议机制和报告机制开展工作。FSB

每年举行两次全体理事大会，通常在3月和9月举行。指导委员会每年至少召开4次会议，并向G20财政部长、中央银行行长会议与G20领导人峰会汇报工作。此外，FSB还举行区域性会议，其成员和涉及地区的非成员国家出席这些会议，就当地和国际金融体系的问题相互交流意见①。

总体而言，FSB的建立，是全球金融危机之后全球金融治理改革取得的重大成就。FSB的治理结构也体现了提高新兴市场和发展中国家在全球金融治理中的话语权和代表性的时代要求，在一定程度上纠正了新兴市场和发展中国家在世界经济中的相对地位与其在全球金融治理机构中权利不相匹配的状况，向着实现发展中国家和发达国家在全球金融治理机构中平等分享权利的方向迈出了新步伐。

第二节　国际金融体系改革的前景

全球金融危机的爆发，从正反两方面充分显示出国际金融体系改革的极端重要性。随着金融全球化趋势不断推进，加强全球金融治理的需求会越来越强烈，从而推动国际金融体系改革不断走向深化。但与此同时，国际金融体系改革不可能脱离具体的国际政治与经济环境。由于国际金融体系改革必然要触及世界各国的利益，因此在实际推进中也必然会遇到各种各样的困难。

一、国际金融监管改革面临法律效力不足的困境

在国际金融监管改革领域，巴塞尔协议并不具有法律约束效力，其实施仍然依赖于各国的自主选择。由于各国金融发展水平、发展目标、发展理念各不相同，在具体的法律安排上也存在差异，因此，不同国家实施巴塞尔协

① 谢世清、曲秋颖："金融稳定理事会面临的挑战"，《宏观经济管理》2012年第10期。

议银行资本监管框架的意愿并不相同，而且难以完全避免“选择性”实施的状况，也就难以从根本上杜绝国际银行业因监管差异而引致的监管竞争和监管套利。但是，为克服巴塞尔协议银行资本监管框架法律效力不足的问题，在国际金融监管改革中引入刚性约束，又会涉及国家监管权力的让渡，这对于任何国家都是一个十分艰难的问题，因此，建立强制性的国际金融监管标准更为艰难。

二、公平性和效率是金融危机国际救助机制改革面临的棘手问题

在金融危机国际救助机制改革领域，金融危机国际救助机制涉及债权人、债务人的权利和义务关系，而债权人、债务人地位的不同，自然会导致他们在金融危机救助机制的资金筹集、资金使用、贷款条件等方面的诉求各不相同。因此，如何更好地协调债权人和债务人之间的关系，从而提升金融危机国际救助机制的公平性和效率仍将是金融危机国际救助机制改革面临的棘手问题。

第八章 中国参与和推动国际货币金融体系改革的选择

全球金融危机之后，在国际社会的共同努力之下，国际货币金融体系改革迈出了重要的步伐，初步打破了西方发达国家对国际货币金融事务的长期垄断，增加了发展中国家在国际货币金融体系中的发言权和规则制定权，为加强国际货币金融领域对话合作，推动形成更加合理公正的国际货币金融新秩序创造了更加有利的条件，同时也为我国以更加积极的姿态参与国际货币金融体系改革带来了重要的机遇。

第一节 中国参与国际货币金融体系的历史回顾

改革开放的进程，是中国经济不断融入全球经济体系的进程，同时也是不断融入国际货币金融体系的进程。随着改革开放不断深入，中国经济实力与综合国力不断增强，中国经济与世界经济联系程度不断加深，中国参与国际货币金融体系的深度、广度也在不断向前推进。

一、中国在世界经济中的地位和作用的历史变迁

1978 年中国启动了改革开放的历史进程。中国紧紧抓住全球化深入发展的历史机遇，充分利用劳动力成本等比较优势，实施外向型发展战略，迅速成为世界重要的制造中心，经济快速增长，综合国力大幅提升，取得了举世瞩目的发展成就。

经过 30 多年的改革开放和持续增长，我国经济总量和人均收入显著增加，经济结构明显改善，宏观调控能力显著增强。据统计，从 1979 年到 2012 年，我国国内生产总值年均增长 9.8%，同期世界经济年均增速只有 2.8%。中国的经济总量居世界位次稳步提升，对世界经济增长的贡献不断提高。按照现价汇率计算，1978 年，我国经济总量仅位居世界第十位；2008 年超过德国，居世界第三位；2010 年超过日本，居世界第二位，成为仅次于美国的世界第二大经济体。1980 年我国国内生产总值（GDP）为 3034 亿美元，2012 年中国国内生产总值达到 82210 亿美元，经济总量占世界的份额由 1978 年的 1.8% 提高到 2012 年的 11.5%。与此同时，人均国民总收入（人均 GNI）也实现同步快速增长。根据世界银行数据，按现价汇率计算，1978 年我国人均 GNI 为 190 美元，相当于世界平均水平的 10.2%；2000 年为 930 美元，相当于世界平均水平的比例提高到 17.6%；2012 年我国人均 GNI 达到 5680 美元，按照世界银行的划分标准，我国已迈进上中等收入国家的行列。

改革开放和融入经济全球化进程使我们自身受益的同时，我国的经济发展也为全球经济的稳定与繁荣做出了贡献。中国加入世界产业分工体系，将低成本要素融入全球产业链条中，支撑了全球经济过去 10 多年的高增长、低通胀格局，推动了全球经济的发展。我们的贸易和投资伙伴因中国增长而获益，互利共赢的效果使得我国日益为世界各国所认可①。全球金融危机爆发以

① 江小涓：“中国开放三十年的回顾与展望”，《中国社会科学》2008 年第 6 期。

来，中国成为带动全球经济复苏的重要引擎，2008～2012年，中国经济对世界经济增长的贡献率年均超过20%，成为对世界经济增长份额贡献最大的国家之一。

总之，经过30多年改革开放，我国同世界的关系发生了历史性的变化，开放型经济发展有力促进了我国国际地位和影响力提升。目前，我国经济总量居世界第二位，成为第一大出口国、第二大进口国、第二大吸收外资国、第三大对外投资国、第一大外汇储备国。中国国际地位和影响力的显著提高，为我国参与国际货币金融体系改革提供了坚实的物质基础。同时，我国广阔的国内市场、充足的资金、日趋完备的基础设施、强大的产业配套能力，以及不断增强的企业创新能力和国际化经营能力，也为我国参与国际货币金融体系改革提供了有利条件。由此，中国在国际货币金融体系中的地位和作用也发生了历史性的变化。

二、中国在国际货币金融体系中角色的变迁

改革开放之初，中国对参与国际货币金融体系采取了“无为而治”、“顺其自然”的“超然”态度。随着改革开放不断深入，经济持续高速发展和综合国力不断提升，我国对国际货币金融体系的参与力度不断加深，在国际货币金融体系中的话语权和影响力也在不断提升。特别是全球金融危机爆发以来，中国在国际货币金融体系改革问题上采取了“积极进取”、“主动出击”的态势，从国际货币金融体系的舞台边缘走向舞台中心，其身份也由配角转变为重要的主角。

1. 中国对国际货币体系改革的参与

中国对国际货币体系改革的参与主要体现在2008年全球金融危机爆发以后。全球金融危机爆发以来，中国提出的国际货币体系改革的主张包括：①完善国际货币体系，健全储备货币发行调控机制，保持主要储备货币汇率相对稳定，促进国际货币体系多元化、合理化；②稳妥推进国际货币体系改

革，扩大 IMF 特别提款权使用，改革特别提款权货币篮子组成，建立币值稳定、供应有序、总量可调的国际储备货币体系。

2. 中国对国际金融体系改革的参与

全球金融危机爆发以来，中国提出的国际金融体系改革的主张包括：①坚定不移深化国际金融体系改革，建立公平、公正、包容、有序的国际金融新秩序；②本着简单易行、便于问责的原则推进国际金融监管改革，使金融体系更好地服务和促进实体经济发展；③加强金融监管合作，扩大金融监管覆盖面，尽快制订普遍接受的金融监管标准；④强调国际监管核心原则和标准的一致性，同时充分考虑不同国家金融市场的差异性，提高金融监管的针对性和有效性；⑤加强对信用评级机构、影子银行体系和跨境资本流动的监管；⑥建立覆盖全球特别是主要国际金融中心的早期预警机制，提高早期应对能力。

3. 中国在国际货币金融治理全球机构中角色的变迁

从参与方式上来看，中国对国际货币金融体系改革的参与主要是以对国际货币金融治理机构的参与作为载体，以此来带动对国际货币金融体系改革的全面参与。因此，中国在国际货币金融体系改革中角色的变迁清晰地反映在了中国在国际货币金融治理全球机构中角色的变迁中。

（1）中国对 IMF 的参与

中国自 1980 年恢复在 IMF 的合法席位以来，一直与之保持了良好的合作关系。30 多年来，IMF 通过年度磋商、技术援助、人员培训等方式，为中国实行改革开放提出了一系列十分宝贵的政策建议。

作为成员国，中国积极参与和支持 IMF 的各项工作，承担各项义务。20 世纪 80 年代初，由于国际收支的暂时困难，中国也曾向 IMF 先后借过 3 笔贷款，约合 16 亿美元。这些贷款于 1991 年底前全部还清。由于良好的国际收支状况和充足的外汇储备，我国已连续多年成为 IMF 的净出资国。1997 年亚洲金融危机后，中国政府在 IMF 框架下向泰国政府贷款 10 亿美元；1999 年，中国又向 IMF 捐助 1313 万特别提款权，继续支持穷国减债计划；2005 年印度洋海啸后，中国政府也积极为 IMF 的“冲突后和自然灾害紧急援助账户”注资为受灾国提供援助。

作为 IMF 的重要成员国，我国积极参与 IMF 内部治理改革，引导 IMF 的政策和业务向着更加客观公正的方向发展。1980 年 4 月，中国正式恢复在 IMF 的代表权，并获得了 IMF 2.34% 的份额、2.28% 的投票权。通过 2001 年特别增资，中国在 IMF 份额中的比例上升至 2.980%，投票权比例上升至 2.928%，中国在 IMF 中的代表性与加拿大并列第 8 位。通过 2006 年份额改革和特别增资，中国在 IMF 份额中的比例上升至 3.718%，投票权比例上升至 3.651%，中国在 IMF 中的代表性上升至第 6 位。

全球金融危机爆发后，中国提出了一系列改革 IMF 治理结构的主张：①加快 IMF 份额和投票权改革，提高发展中国家的代表性和发言权；②制定反映各国经济总量在世界经济中权重的新份额公式；③提高 IMF 负责人遴选程序的透明度和合理性，推动以公平择优为原则选择 IMF 管理层，提高发展中国家中高层管理人员比例，完善 IMF 现行决策程序和机制；④加强 IMF 能力建设和监督改革，加强和改善对各方特别是主要储备货币发行经济体宏观经济政策的监督，尤其是加强对货币发行政策的监督；⑤支持按照权利和义务平衡、分摊和自愿相结合的原则增加 IMF 资源；⑥建立快速反应、行之有效的国际金融救援机制，提高应对危机和紧急救助能力，以更好履行维护全球经济金融稳定职责。

与此同时，我们抓住机遇，推动国际社会对 IMF 治理框架进行了一系列改革。我国在 IMF 增资中以实际行动为 IMF 改革承担相应的责任。2009 年，中国承诺为 IMF 增资认购 500 亿美元的 IMF 票据，2012 年 6 月，中国宣布支持并决定参与 IMF 增资 430 亿美元。在 IMF 的 2008 年份额和发言权改革中，中国在 IMF 份额中的比例进一步上升至 3.994%，投票权比例上升至 3.803%。此后，中国又与国际社会一道推动 IMF 推出了 2010 年份额和治理改革方案。一旦该方案获得代表85% IMF总投票权的成员国批准而生效，那么中国在IMF份额中的比例将大幅上升至6.390%，投票权比例上升至6.068%，中国在IMF中的代表性上升至第3位，仅次于美国和日本。此外，2011年7月26日，中国央行前副行长朱民正式出任IMF副总裁职位，成为首位进入该组织高级管理层的中国人。2012年3月7日，IMF执行总裁克里斯蒂娜·拉加德任命中国籍的雇员林建海担任该组织秘书长。这些都标志着中国在IMF中扮演着越来重要的角色。

（2）中国对国际清算银行的参与

中国人民银行于1984年与国际清算银行建立了业务联系，在该行存有黄金和外汇。此后，每年都接受邀请以观察员身份参加该行股东大会。1988年，我国正式提出加入国际清算银行的申请。1996年9月，国际清算银行董事会通过决议接纳中国人民银行为其成员。

2001年3月12日，国际清算银行成立了亚洲顾问委员会（ACC），由该行亚太地区成员央行行长出任成员。该委员会的主要作用是在国际清算银行亚太地区成员与董事会及管理层之间建立一种渠道，就亚洲中央银行感兴趣及关心的事务进行沟通。2005年中国人民银行周小川行长出任亚洲顾问委员会主席，任期两年。

2006年7月，中国人民银行行长周小川与墨西哥中央银行行长奥迪斯和欧洲中央银行行长特里谢一起被国际清算银行增选为该行董事会董事。这是BIS第一次从发展中国家的中央银行吸收新董事，也是BIS自1994年以来首次扩充董事会，标志着中国在BIS中的地位显著上升①。

目前，中国人民银行参与国际清算银行活动的主要形式为：出席每两个月召开一次的成员中央银行行长和高级官员会议，讨论当前经济金融形势、世界经济及金融市场前景，并就与中央银行相关的专题和热点问题交换意见

① 葛华勇：《国际金融组织治理现状与改革》，中国金融出版社2013年版，第162～163页。

和经验；参加国际清算银行为中央银行高级官员定期或不定期组织的各种其他类型的会议；以及参与国际清算银行主办的有关研究项目。

全球金融危机爆发后，中国通过加入设在国际清算银行的主要标准制定机构和相关全球金融治理机构，积极参与危机后国际金融标准与准则的制定。2009 年，中国人民银行受邀陆续加入了巴塞尔银行监管委员会、支付与结算系统委员会、全球金融系统委员会以及市场委员会，全面、深入地参与全球金融监管战略、金融监管标准的制定和修改。

（3）中国对金融稳定理事会的参与

全球金融危机爆发后，我国即提出：支持金融稳定论坛（金融稳定理事会前身）发挥更大作用，及时就稳定金融市场、加强金融监管提出更多可行性建议，并同其他国际金融机构加强协调，共同推动国际金融体系改革取得积极进展。

2009 年 5 月，我国正式加入金融稳定理事会。中国人民银行、财政部、银监会、证监会、保监会等部门通过多种形式参与理事会工作，在加强宏观审慎监管，解决大而不倒金融机构问题，加强银行、证券和保险业监管等方面取得积极进展。

总之，改革开放以来，随着中国经济的迅速崛起，中国成为全球经济复苏的重要引擎，综合国力和国际地位显著提升。我国在 IMF 的份额和投票权显著上升，成为国际清算银行和金融稳定理事会的重要成员，跻身国际货币金融体系的核心圈，在国际货币金融体系中的角色经历了从被动到主动、从外围到核心、从配合讨论到参与决策的重大变化，在国际货币金融体系改革重大问题上的发言权明显增强，对构建公正、合理、均衡的国际货币金融新秩序正发挥着越来越重要的作用。

第二节　中国进一步参与和推动国际货币金融体系改革的选择

全球金融危机对世界经济、政治形势产生了深远影响，国际力量对比出现重大变化，世界进入国际体系加速演变和深度调整的历史转折时期。全球金融危机发生后，世界经济政治格局都呈现出许多新的特点。全球金融危机所带来的世界政治经济格局大调整、大变革，使中国参与和推动国际货币金融体系改革的外部环境发生了明显变化，国际货币金融领域的竞争博弈更加复杂，国际社会围绕参与和推动国际货币金融体系改革的斗争日益激烈。

与此同时，我国在国际货币金融体系中的地位和作用也发生了历史性的变化。随着综合国力和国际地位的显著提高，我国经略、运筹国际货币金融关系的资源和手段更加丰富，各方在国际货币金融事务中对我国的借重与合作不断增多。这为我国积极参与和推动国际货币金融体系改革，塑造对我国更加有利的国际货币金融环境创造了良好的机遇。

这就要求我们要充分认识世界经济政治格局演变的最新进展和自身情况的变化，以更加积极的姿态参与和推动国际货币金融体系改革，进一步提升我国在国际货币金融体系中的话语权，从而为我国在激烈的国际货币金融竞争中赢得主动，并且为推动构建公正、合理的国际货币金融新秩序做出应有的贡献。

一、中国参与和推动国际货币金融体系改革的基本原则

作为新兴大国，中国如何参与和推动国际货币金融体系改革，既关系到中国自身的利益，也关系到国际货币金融体系本身的发展。为更好地参与和推动国际货币金融体系改革，需要遵循以下一些基本原则。

1. 坚持能力、责任、权利相一致原则

参与和推动国际货币金融体系改革，首先要坚持和遵循能力、责任、权利相一致的基本原则。我国已经成长为世界第二大经济体，并且迈进了上中等收入国家的行列。因此，外部世界对中国的关注已经远远超出中国发展对中国自身产生影响的范畴，扩展到中国作为一个世界性大国对全球经济的影响。从趋势上看，国际社会对我国在国际货币金融事务以及国际货币金融体系中承担责任的要求日益扩展和提高。但是，我国是世界最大发展中国家的国际地位没有变，实现现代化还有很长的路要走。因此，中国参与和推动国际货币金融体系改革，既要积极，又要务实，既要负起责任，在国际货币金融体系中发挥负责任大国的建设性作用，同时也要保持清醒的头脑，立足于我国的基本国情和发展水平，坚持从我国的根本利益出发参与国际货币金融事务和国际货币金融体系改革，在自身能力所能承受的范围内为国际货币金融体系改革承担相应的责任、贡献相应的资源。此外，在参与和推动国际货币金融体系改革中，我国还应坚持权利和义务相平衡，在承担责任、做出贡献时，也应充分享受到相应的权利。

2. 坚持公平、公正、包容、有序原则

在经济、金融全球化大潮下，世界各国相互依存、相互影响达到前所未有的程度。推动国际货币金融体系改革，建立公平、公正、包容、有序的国际货币金融新秩序，符合人类社会的共同利益。因此，为了建立更加均衡的国际货币金融体系，需要世界各国秉承同舟共济、同担责任、共享权利的基本理念，在追求本国利益时兼顾他国的合理关切，在谋求本国利益中促进世界各国的共同利益。为此，在参与和推动国际货币金融体系改革进程中，需要统筹兼顾，平衡体现各方利益、反映各方诉求，不断集聚和扩大各方利益的汇合点，从而推动形成各方更广泛有效参与的决策和管理机制，尤其要体现新兴市场国家和发展中国家利益，以推动国际货币金融秩序和国际货币金融体系朝着公正、合理、均衡的方向发展。

3. 坚持渐进性原则

与任何体系安排一样，国际货币金融体系也具有惰性和持久性。而且，从本质上说，国际货币金融体系改革改革是一场涉及世界各国政治、经济利益重大调整的深刻变革，因此必将是一个充满荆棘的异常曲折、复杂的漫长历程，不可能一蹴而就。而且，从理论上说，相对于快速、激进的一次性改革，当国际货币金融体系改革分阶段、逐步地实施时，这种改革对国际货币金融体系和世界经济的影响相对缓和。因此，为尽量分散改革对国际货币金融体系和世界经济的冲击，避免造成剧烈震荡，国际货币金融体系改革应分阶段、逐步地向前推进。因此，在推动国际货币金融体系改革时，应坚持渐进性的原则，就是要循序渐进，在保持国际货币金融体系稳定的前提下，先易后难，分阶段实施，通过持续不断努力最终达到改革目标。

二、进一步强化中国参与和推动国际货币金融体系改革的能力建设

纵观国际货币金融体系演变的历史进程，不难发现，国际货币金融体系的变迁从根本上取决于大国经济实力对比的变化。因此，中国在国际货币金融体系中的地位和作用，中国在国际货币金融体系改革中的影响力和话语权，从根本上来说，取决于我国自身的经济、金融实力。当前，国际货币金融体系改革进入了一个新的阶段，我国参与国际货币金融体系改革也已经站在了一个新的历史起点上。为了更好地参与和推动国际货币金融体系改革、进一步提升我国在国际货币金融体系改革中的影响力和话语权，首先需要从深化经济、金融等方面改革来加强我国参与和引导国际货币金融体系改革的能力建设。

1. 进一步深化国内经济改革，推动经济转型升级和综合国力提升

经过35年改革开放和经济持续增长，我国已经发展成为世界第二经济大国，迈入了中等收入国家行列；但是，我国总体上仍然处于国际分工和产业

链的中低端，人均 GDP 仅达到世界平均水平的 60% 左右，我国是世界最大发展中国家的国际地位并没有改变。与此同时，我国经济发展面临的许多深层次结构性矛盾和问题正在日益凸显，劳动力、土地等各类要素成本集中上升，能源资源和生态环境约束强化，发展中不平衡、不协调、不可持续的问题突出，我国发展正处于面临诸多风险的矛盾凸显期。产生这些矛盾和问题的原因很多，但关键在于我国的市场经济体制不完善，制约经济发展方式转变的体制机制障碍较多。特别是全球金融危机后，国际经济环境正在发生重大而深刻的变化，国际金融危机对全球经济发展形成严重冲击，全球供给结构和需求结构都发生了深刻变化，无论是发达国家还是发展中国家都面临调整经济结构的巨大压力，面对传统优势减弱和日益激烈的国际竞争，我国原有的经济发展方式更加难以为继。在这种情况下，必须破除阻碍经济转型升级和可持续发展的体制机制障碍，把推动发展的立足点转到提高质量和效益上来，努力提升我国经济发展的质量和水平。为此，需要以更大的勇气深化市场经济体制改革，着力清除市场壁垒，建立统一开放、竞争有序的市场体系和公平开放透明的市场规则，使市场在资源配置中起决定性作用，提高资源配置效率和公平性，从而更好地释放市场活力和经济发展内生动力；与此同时，牢牢把握扩大内需这一战略基点，积极实施创新驱动发展，加快传统产业转型升级，在“中国制造”的基础上培育和发展“中国创造”，进而实现国民经济持续健康发展，从而为我国更好地参与和推动国际货币金融体系改革提供更加坚实的物质基础和力量支撑。

2. 进一步深化国内金融改革，提高金融竞争力

如果说一国的经济实力、综合国力是其参与和推动国际货币金融体系改革的基础决定力量，那么，一国的金融实力就是其参与和推动国际货币金融体系改革可以直接运用的力量。改革开放以来，我们坚定不移地推进金融改革，金融业的资源配置能力、风险抵御能力、整体实力和国际竞争力明显提高。但是，尽管中国的金融改革取得了很大进展，金融体系在形式上已与市

场经济国家相当接近，但在实际运行中仍然带有许多明显的金融压抑特征。主要表现在：国内金融体系对银行业过分依赖，融资结构严重失衡；金融资源配置存在严重的“所有制歧视”；利率管制仍然存在；政府对金融机构提供各种或明或暗的担保，等等。这些扭曲不仅直接影响到国内金融体系的稳定，而且也对我国参与和推动国际货币金融体系构成了重要的制约①。因此，为更好地参与和推动国际货币金融体系改革，我们需要进一步深化国内金融体制改革，积极推进国内金融深化和金融发展，消除国内金融体系存在的各种扭曲，从而进一步提升我国金融业资源配置能力、风险抵御能力、整体实力和国际竞争力，为我国更好地参与和推动国际货币金融体系改革提供重要的金融实力保障，这是参与和推动国际货币金融体系改革的必要条件之一。

三、寻求合适的参与和推动国际货币、金融体系改革的路径

尽管国际社会对于国际货币金融体系改革的重要性存在着共识，即需要通过合理的国际规制解决全球性的货币金融问题，以维持正常的国际货币金融秩序。但由于在责任分担和利益共享等问题上存在着严重分歧，因此国际货币金融体系不同领域改革的实际进展还很有限和不平衡。与此同时，在国际货币金融体系改革的整体框架中，尽管国际货币体系改革、国际金融体系改革、国际货币金融全球治理机构自身治理结构改革这三个方面有着各自不同的具体特点和要求，但是从结构上看，这三个方面的改革并非完全相互独立，而是在很大程度上具有很强的内在关联性，这就决定了推进国际货币金融体系改革是一个复杂的系统性工程。因此，为有效地参与和推动国际货币金融体系改革，提升我国在国际货币金融体系改革中的影响力和话语权，需要在通盘考虑的同时，抓住重点，寻求合适的参与和推动国际货币金融体系改革的策略或路径。

---

① 关建新：“贸易依存度、贸易差额与中国的金融稳定性”，《国际经济评论》2007 年第 2 期。

1. 以推进国际货币金融全球治理机构改革为抓手，带动国际货币金融体系全面改革

从本质上说，在国际货币金融体系改革中，国际货币体系改革、国际金融体系改革、国际货币金融全球治理机构自身治理结构改革这三方面并非彼此独立，它们在很大程度上具有内在的关联性。其中，国际货币金融全球治理机构的良好治理是有效的国际货币金融体系的基础，国际货币金融体系主要依托于国际货币金融全球治理机构展开，并且受到国际货币金融全球治理机构自身治理结构的制约，特别是国际货币金融体系改革的许多举措都要经过国际货币金融全球治理机构的投票表决。如果国际货币金融全球治理机构的治理结构得不到优化、完善，国际货币金融体系改革的许多举措就难以实施。因此，推动国际货币金融体系改革的首要和核心是推动国际货币金融全球治理机构的治理结构改革，为此应牢牢抓住IMF份额和投票权改革这个核心不放，敦促国际社会尽管落实已经承诺的份额和治理改革方案，制定出反映各国经济总量在世界经济中权重的新份额公式，进而推动国际货币金融全球治理机构治理结构改革迈出更加实质性的步伐。通过国际货币金融全球治理机构治理结构的完善，来带动国际货币金融体系其他领域的改革。

2. 统筹考虑、协调推进国内经济金融改革和参与国际货币金融体系改革

参与国际货币金融体系改革，意味着承担相应的国际责任；但是，国际货币金融体系改革具有明显的“非中性”特征，对不同国家产生程度乃至方向不同的影响，而这种影响又取决于不同国家各自的国内经济状况和特征。因此，参与国际货币金融体系改革，不仅要考虑世界经济的发展变化，也要考虑国内经济的发展变化，根据国际形势变化、国内经济发展需要和国内经济金融改革整体进展等情况，统筹考虑、协调推进国内经济金融改革和参与国际货币金融体系改革，特别是要重点处理好完善国内金融监管、利率市场化、人民币汇率市场化、人民币资本项目可兑换、人民国际化等与推进国际

货币金融体系改革之间的关系，既不脱离国内实际，也不因循保守，善于从国内国际因素的相互转化中寻求、把握、创造有利时机和条件，有针对性地提出国际货币金融体系改革的政策和主张，实现国内经济金融改革和参与国际货币金融体系改革的良性互动。

3. 妥善处理与不同类型国家在国际货币金融体系改革中的关系

在国际货币金融体系改革中，不仅发达国家与发展中国家之间、传统大国与新兴大国之间围绕国际货币金融问题展开了激烈的博弈和竞争。而且发达国家之间、发展中国家之间、新兴大国与发展中国家之间、新兴大国之间的经济、金融利益走势也在分化，从而使得国际货币金融领域竞争博弈更加复杂。从我国来看，不仅发达国家抑制我国在国际货币金融体系中发挥更重要的作用的战略意图更加明显，一些发展中国家对我国在国际货币金融体系中发挥更重要的作用亦有复杂心态，我国与发达国家的在国际货币金融体系中的异质竞争以及同新兴大国在国际货币金融体系中的同质竞争趋于上升，因此需要妥善处理好与不同类型的国家在国际货币金融体系改革上的关系，在不同的具体改革问题上与不同类型的国家寻找相应的共同点，以在不同的具体改革问题上形成对我国有利的态势，通过具体问题的突破来形成国际货币金融体系改革对我国有利的态势。

4. 充分发挥外汇储备在推动国际货币金融体系改革中的杠杆作用

经过 30 多年改革开放，中国的对外经济取得长足的进步，经常项目交易盈余不断积累，外汇储备大幅增长，实现了从外汇短缺国到世界第一外汇储备大国的巨大转变。1978 年，我国外汇储备仅 1.67 亿美元，位居世界第 38 位。1990 年外汇储备超过百亿美元，达到 111 亿美元；1996 年超过千亿美元，达到 1050 亿美元；2006 年超过 1 万亿美元，达到 10663 亿美元，超过日本位居世界第一位。2012 年达到 33116 亿美元，连续 7 年稳居世界第一位。充足的外汇储备既是我国经济金融实力显著增强的象征，更是我国参与和推动国际货币金融体系改革直接可资使用的资源。全球金融危机爆发后，发达国家经济普遍低迷，对于解决国际货币金融问题的出资能力下降，IMF 等国际货币金融全球治理机构在资金方面对新兴大国特别是中国的期望增加，希望借助我国增强其资金动员规模。为此，在参与和推动国际货币金融体系改革中，应有意识地发挥我国外汇储备资源充裕的优势，使外汇储备经营、管理和运用更好地服务于我国国际货币金融体系改革的目标，善于巧妙地运用和发挥外汇储备的杠杆作用，以此扩大我国对国际货币金融体系改革方向和重大决策的影响，引导货国际货币金融体系改革朝着更有利于我国的方向运动。

5. 积极发挥民间机构在推动国际货币金融体系改革中的作用

当今世界，除了各国政府以外，其他的各种非政府机构也在全球体系中扮演着越来越重要的角色。在推动国际货币金融体系改革中，我国也应更加重视公共外交、民间交往、学术交流等的作用，积极推动不同层面关于国际货币金融体系改革的对话，利用各种途径宣传、推介我国关于国际货币金融体系改革的主张，传播国际货币金融体系改革的“中国声音”，与此同时更好地了解其他国家关于国际货币金融体系改革的诉求，从而更好地引导国际社会对国际货币金融体系改革“中国主张”的理解和认同，为中国在国际货币金融体系改革中赢得主动创造更加有利的国际舆论环境和民意基础。

第九章

金融发展与人民币国际化

2009年7月，在国际社会改革国际货币体系呼声高涨的背景下，以开展跨境贸易人民币结算试点为标志，中国正式启动了人民币国际化的进程。人民币国际化既是我国实体经济高度对外开放、建立更高水平的开放经济的客观需要，同时也是顺应了改革不合理的现行的国际货币体系的时代要求。

五年多来，在中国政府、企业和社会各界的共同努力下，同时也是在相关国家的理解和支持下，人民币国际化进程蓬勃发展，人民币在国际经济交易中显示出了旺盛的活力和巨大的潜力。经过几年的快速推进，人民币国际化的路径日益清晰。但伴随这一进程，一些深层次的问题正在逐渐暴露出来。从现阶段人民币国际化具备的条件和实际进程来看，尽管人民币国际化的进程取得了很大的进展，并在周边国家或地区承担起了部分国际货币的职能，但无论是从人民币国际化的宏观经济环境来看还是从人民国际化的微观市场基础来看，目前都还存在着许多制约人民币国际化进程的因素，人民币在国际化进程中遇到了各种各样的问题和挑战，如何克服这些问题和挑战，更好地推动人民币在国际经济交易中发挥更大的作用，成为中国全面深化改革开放以及积极参与和推动国际货币金融体系改革中遇到的一个重大问题，而且这一问题也成为中外学者的热议话题。特别是在当前中国经济转型和进一步扩大对外开放的背景下，如何通过深化金融改革、促进金融市场完善，从而更好地保障和持续拓展人民币金融市场的流动性，不断增强人民币对境外主体的吸引力，是进一步推动人民币国际化、提升人民币国际地位所面临的主要挑战之一。

第一节　货币国际化的内涵与主要模式

货币国际化是一个非常重要而又十分复杂的问题。要清楚地研究、分析这一问题，首先需要对有关概念进行厘清。

一、国际货币、货币国际化的内涵

关于“国际货币”概念的阐述，比较有代表性的是 Cohen（1971）的定义。他认为：从货币职能的角度来看，国际货币是在世界市场普遍接受并使用的货币，是广泛承担国际结算的计价标准、流通手段、支付手段和贮藏手段等全部或部分货币职能的货币；从货币使用范围来看，国际货币不仅是能够在一国范围内投资的货币，而且是能够在国际区域乃至全球范围内进行各种投资活动的货币①。Hartmann（1998）在此基础上，从官方部门和私人部门两个方面对国际货币所承担的不同职能进行了详细归纳（见表 9－1）②。

在金本位时代，黄金作为国际货币，本身是具有一定价值的商品，能够在全球范围内进行流通和自由兑换，可以自发调节流通中的货币量。相比之下，在信用货币时代，受制于各国经济实力和综合国力的此消彼长，除历史上的英镑与美元等少数货币外，一国货币很难在国际范围内发挥国际货币的

① Cohen, Benjamin J.. “The Seigniorage Gain of an International Currency: An Emprical Test”, *Quarterly Journal of Economics*, Vol. 85 (3), 1971.

② Hartmann, Phillip. *Currency Competition and Foreign Exchange Markets: the Dollar, the Yen and the Euro*. Cambridge University Press, 1988, pp. 35－39.

全部六大职能。一般而言，如果一种货币能够跨越国界行使国际货币六大职能中的部分，即可被视为国际货币。

表 9－1　国际货币的职能分类

	官方部门	私人部门
价值尺度	确定汇率平价，作为汇率钉住的"驻锚"	充当商品贸易和金融交易的计价货币
交易媒介	对外汇市场实施干预以实现国际收支平衡	在商品贸易和资本交易中被用于直接的货币交换以及两个其他货币之间间接交换的媒介
贮藏手段	以国际货币本身及其计价的金融资产作为储备资产	作为私人选择金融资产的投资货币

从理论上说，货币国际化是指某种主权货币超越国境，在国际贸易、国际资本流动、外汇储备中被其他国家广泛使用，行使货币职能的过程。静态看，货币国际化描述的是作为国际货币使用的一种状态和结果；动态看，货币国际化涉及的是一国货币发展成为国际货币的整个过程[①]。相应地，人民币国际化是指人民币在国际范围内行使货币功能，成为主要的贸易计价结算货币、金融交易货币以及政府国际储备货币的过程。

二、货币国际化的主要模式

国际货币体系的发展演变历史同时也是各主要货币国际化交叠更替的历史[②]。历史上，各国推行本国货币国际化的背景不同，初始条件、外部约束各异，因而形成了不同的货币国际化的模式或路径，最终的结果也大相径庭。具体而言，在国际货币体系的发展历史中，货币国际化主要包括三种基本模式：美元、英镑模式，欧元模式，日元模式[③]。

① 中国人民大学国际货币研究所：《人民币国际化报告 2012》，中国人民大学出版社 2012 年版，第 1 页。

② 李若谷：《国际货币体系改革与人民币国际化》，中国金融出版社 2009 年版，第 207 页。

③ 张杰：《银行制度改革与人民币国际化：历史、理论与政策》，中国人民大学出版社 2010 年版，第 238～240 页。

1. 金本位制时期的英镑模式和布雷顿森林时期及以后的美元模式

这种模式是由国际货币体系的中心货币演变为国际货币。该模式的基本路径为：经济基础决定了货币的中心地位，然后凭借其大国的政治经济优势，通过国际协议、协定加以确定和强化，最终成为关键的国际货币。

英镑是人类历史上第一个真正的国际货币。在金本位时代，英国凭借其无与伦比的强大经济实力把世界带入英镑时代。从16世纪中后期开始，英国逐渐成为海上霸主。18世纪60年代，英国发生了人类历史上第一次工业革命，从而把英国推到了世界舞台的中心。工业革命奠定了英国领先于世界的巨大优势，凭借其强大的经济和军事实力，英国在全球推行自由贸易，成功地建立起人类有史以来最庞大和第一个真正意义上的全球贸易网络。19世纪下半叶，英国最终确立了其世界工业、贸易与金融中心的地位[①]。英镑在世界范围广泛流通[②]，崛起成为全球最主要的国际贸易支付手段、国际金融交易货币和储备货币，英镑因此成为与黄金具有相同地位的全球性支配货币，金本位在事实上成为“黄金—英镑”本位，伦敦也成为全球最主要的金融中心。直到第一次世界大战前期，英镑一直是国际货币体系中最重要的国际支付手段和储备货币。然而，第一次世界大战的爆发从根本上破坏了金本位赖以存在的基础。英镑的国际地位也日渐衰落，最终被美元所取代。

同样，美国的经济实力也是美元国际化，美元国际货币地位的坚实基础。19世纪中期，美国经济工业发展水平还弱于英国、法国、德国等欧洲国家。南北战争以后，美国经济发展趋势明显加快。第一次世界大战前，美国已经完成工业革命，1929年美国工业总产值已经占到世界工业总产值的接近50%，超过了英、法、德、日四国工业产值的总和，美国的经济实力在全球范围内已经遥遥领先。第一次世界大战的爆发为美元走向国际提供了机会。20世纪

---

① 潘英丽等：《国际货币体系未来变革与人民币国际化（上卷）》，格致出版社、上海人民出版社2014年版，第60页。

② 中国人民大学国际货币研究所：《人民币国际化报告2013》，中国人民大学出版社2013年版，第263～267页。

20 年代，美元开始取代英镑成为全球支配货币。第二次世界大战为美国经济的发展提供了有利条件，美元的国际影响力也急剧上升。两次世界大战使老牌的欧洲强国遭受巨创，而美国在战争中积累了巨额的财富，经济实力不断增强。同期美元的地位进一步一路飙升，而与此同时，英镑作为国际储备货币的地位也继续一路下滑，1944 年，以美元为中心的布雷顿森林体系正式形成，标志着美元在国际货币体系中的主导权在制度上的正式确立。美元正式取代英镑成为全球最重要的储备货币，纽约也取代伦敦成为全球最重要的金融中心。直到今天，尽管美元在国际货币体系中的相对位置有所下滑，但一直维持了其在国际货币体系中头号国际贸易结算货币、头号国际金融计价货币和头号储备货币的中心地位。

2. 欧元模式

这种模式是在核心国主导下，联合相关国家通过积极的政策协调和推动，从贸易一体化到货币一体化，创造单一货币。同时凭借创建的强大经济体，使之逐步成为事实上的关键国际货币。这是一种通过区域内的关键货币和区域合作的方式来推进货币的国际化进程。

在欧元诞生之前，欧洲地区最重要的货币德国马克就已经是国际货币。第二次世界大战后，联邦德国得益于“马歇尔计划”，经济得到迅速恢复并持续强劲增长。与此同时，联邦德国的对外贸易和金融合作主要集中在欧洲，这有利于提高德国马克在该地区中的地位，从而成为该地区的中心货币。随着欧洲一体化的发展，德国马克越来越多地在欧洲各国的贸易和投资领域中使用；在欧洲汇率机制（EMS）中，联邦德国马克还是欧洲货币单位（EMU）的重要基础。在此基础上，欧洲国家通过建立统一的经济货币联盟，积极推动成员国之间的政策协调和合作，成功地推出统一的货币，从而实现货币一体化和经济一体化的目标，增强欧洲国家在世界上的影响力，由此诞生了欧元。欧元诞生以后，凭借欧元区国家的强大经济实力，很快成长为国际货币体系之中仅次于美元的关键性的国际货币。

3. 日元模式

日元国际化主要是通过外汇自由化、经常账户自由化、资本流动自由化、金融市场自由化使日元成为国际经济活动中普遍使用的货币；而境外日元的增加，尤其是欧洲日元市场的发展又加速了国内金融制度的自由化改革，金融自由化进一步促使日元国际化。

日元国际化起步于20世纪70年代初期，是日本金融全面开放的一个组成部分。第二次世界大战使日本沦为一片废墟，但在美国的扶持下，日本经济迅速从战争的创伤中恢复过来，经济持续高速增长，并在20世纪六七十年代成为西方工业强国的一员。随着经济实力的增强以及日本实行的“贸易立国”战略，日本的国际收支在1965年首次出现顺差。此后多年中，日本的贸易顺差持续大幅上升，到1978年顺差额已经接近4万亿日元的水平。在输出商品的同时，日本致力于成为资本输出国，尤其是在亚洲地区的投资增长很快。与此同时，政府对日元的管制也逐渐放松。1964年日本宣布成为国际货币基金协定第八条款国。进入20世纪70年代以后，日元面临着巨大的升值压力，日元汇率持续走高，但日本的国际贸易顺差在经历短暂的下滑后重新恢复并保持了持续走高的势头，日本对外投资也保持了快速增长。在这种情况下，日本政府逐步放宽对资本项目的各种限制，进行外汇制度改革，这些因素都使得日元部分地被动拥有了国际货币的职能。20世纪80年代，日本政府开始主动地推进日元国际化。1985年美国通过“广场协议”，迫使日元再度开始了长期的升值。在日元升值的过程中，日本政府也在积极推进日元的国际化，扩大日元在国际贸易结算、国内外金融市场的交易和投资以及充当外汇储备货币的角色。

但是在日元长期升值的背景下推进的上述措施，虽然使得日元得以发挥一些金融交易国际货币职能，却阻碍了日元其他职能的发挥。由于日元升值，日本债券市场几乎可以与欧美债券市场相媲美，日本股票市场空前繁荣。日元在各国外汇储备中也一度扮演了仅次于美元和马克的重要储备货币的角色。

但是，以日元计价的中长期对外贷款和国际贸易中的结算货币角色等却因为日元的升值而难以推进。出于上述原因，尽管日本政府采取强有力的措施推进日元国际化，但收效不尽如人意。进入 20 世纪 90 年代，日本泡沫经济破灭，经济陷入长期低迷，这种状况使得日元国际化基本处于停滞状态。针对这种状况，日本政府采取了一系列积极主动的措施来推动日元国际化，但成效不大。

总体来说，日本经济地位的上升是日元国际化的大背景，但日本出口主导的经济发展模式又成为日元国际化的障碍。日本贸易立国的方式导致了贸易顺差大幅上升，从而成为日元升值的主要原因。而日元升值又阻止了日元的进一步国际化。对外贸易的快速发展既是日元国际化的诱因，同时又成为日元国际化的障碍。

从世界主要货币的国际化发展历史中可以发现，尽管它们的国际化道路各不相同，但依托的基础都是强大的经济实力，这是货币国际化的最基础的前提条件。此外，贸易规模、金融体系发达和完善程度、币值的稳定也是决定货币国际化前景的重要因素。

第二节　人民币国际化现状与存在的主要问题

从理论上说，人民币国际化取决于国际市场对人民币的需求程度和我国供给一种合格的国际货币的能力。经过 30 多年改革开放带来的经济持续高速增长，我国经济实力和综合国力显著增强，人民币国际化的基本条件已经形成。在这种情况下，以跨境贸易人民币结算为标志，中国于 2009 年 7 月启动了人民币国际化进程。

一、人民币国际化现状

人民币国际化可以从私人部门和官方部门两个角度来考察。

1. 私人对人民币的使用①

近年来，在私人部门中，人民币国际化的势头猛烈，主要表现在以下几个方面。

首先，跨境贸易人民币结算规模迅速扩大。跨境贸易使用人民币结算是人民币国际化稳步推进的坚实基础。自2009年开展跨境贸易人民币结算以来，跨境贸易人民币结算规模持续扩大，结算额和结算比例快速增长。2013年底，跨境贸易人民币结算比例达到24.5%，较2013年初提高了10个百分点。2013年全年银行办理跨境贸易人民币结算业务4.63万亿元，同比增长1.69万亿元，增幅57.5%。人民币已成为我国第二大跨境支付货币。

其次，人民币投资业务迅猛增长。据中国商务部统计，2013年中国境内投资者累计实现非金融类对外直接投资901.7亿美元，同比增长129.5亿美元，增幅16.8%。其中，按人民币结算的对外直接投资金额856.1亿元，同比增长551.7亿元，增幅181.2%，占中国对外直接投资总额的19.4%。2013年，中国实际使用外商直接投资金额1175.86亿美元，同比增长58.7亿美元，增幅5.25%。外商直接投资使用人民币结算规模4481.3亿元，同比增长1945.5亿元，增幅76.7%。人民币结算在外商直接投资总额中占比61.5%，较2012年提高了25.6个百分点。

第三，人民币国际债券和票据存量仍处于快速上升阶段。2013年，人民币债券和票据发行量的增长势头有所下降，全年人民币债券和票据发行量达到232.42亿美元，同比下降20.63亿美元，降幅为8.15%。尽管人民币国际债券和票据的发行规模波动较大，但其存量仍处于快速上升阶段。截至2013年底，人民币国际债券和票据的存量达到719.45亿美元，同比增长143.42亿美元，增幅为24.9%，人民币国际债券和票据余额全球占比为0.33%。

第四，境内金融机构人民币境外贷款余额保持平稳。截至2013年底，境

① 中国人民大学国际货币研究所：《人民币国际化报告2014》，中国人民大学出版社2014年版，第26~42页。

内金融机构人民币境外贷款余额 1873.76 亿元，同比增长 3.57%。新增贷款 64.65 亿元，较 2012 年有所下降，境内金融机构人民币境外贷款总额比为 0.26%，较 2012 年小幅上升。2013 年，中国境外贷款增幅出现下滑，境外贷款占人民币贷款总规模不超过 0.3%。

2. 人民币的官方使用

截至 2014 年 10 月，已经有超过 30 个国家的央行或货币当局将人民币纳入其官方外汇储备。随着人民币逐渐被国外认可及中国经济实力不断提高，人民币将进入更多国家的官方外汇储备。

截至 2014 年 10 月，已有 28 个中央银行与我国签订了双边本币互换协议，总金额超过 3 万亿元人民币，其中，2014 年与瑞士、斯里兰卡、俄罗斯、卡塔尔、加拿大等 5 国的中央银行签署了双边本币互换协议。截至 2014 年 10 月份，先后与 12 个国家或地区的中央银行签订了人民币清算安排，其中 2014 年与英国、德国、法国、韩国、加拿大、澳大利亚、卢森堡、卡塔尔等 8 国央行签订了清算安排。

总体而言，近年来，在中国政府及社会各界的努力下，人民币国际化取得重要进展，人民币的国际地位显著提高；尽管如此，但从人民币国际化的绝对水平来看，人民币国际化仍然处于较低的水平。

二、人民币国际化存在的问题

总体来看，目前人民币国际化在各个领域的进展参差不齐，尽管这些年来人民币对外投资收付也取得了很大进步，但最主要的进展还是体现在跨境贸易人民币结算领域。从目前情况来看，跨境贸易人民币结算是人民币国际化的主要实现和推进路径。这种跨境贸易结算主导的人民币国际化路径还存在着一些重要挑战。

首先，人民币进出口结算严重不平衡导致外汇储备不断积累。长期以来，中国一直保持持续的贸易顺差，从而导致外汇储备不断积累。人民币国际化的一个初衷是为了解决“原罪”问题，避免外汇储备的过度积累，这也是很多新兴经济体不得不面对的问题（高海红、余永定，2010；羌建新，2014）。然而在现实中，跨境贸易人民币结算面临收付不平衡，2013 年跨境贸易人民币结算实收 1.88 万元，实付 2.75 万亿元，收付比率为 1∶1.46，失衡问题严重，在这种情况下美元外汇储备继续攀升①。

其次，人民币的国际贸易结算主要通过香港离岸市场，由于内地资本账户尚未开放，从而造成通过贸易结算流入香港的大量人民币无法通过资本渠道回流，造成大量人民币滞留香港市场，从而导致两地市场的套利、套汇投机活跃（余永定，2012）。

之所以出现这样的问题，一个很重要的原因是国内金融体系存在着许多扭曲和不足（羌建新，2007、2014）。由于国内金融体系存在扭曲和不足，导致大量国内储蓄投资严重失衡、巨额贸易顺差和外汇储备大量积累，跨境贸易人民币结算依然不能解决这一问题；此外，金融体系存在扭曲和不足也迟滞了资本账户开放，从而导致人民币通过资本账户回流的渠道受阻，由此导致的套利、套汇交易又可能会对金融稳定造成冲击。这种状况表明，给定其他约束条件，人民币国际化面对的一个重要挑战是来自货币国际化所需要的金融制度基础，即金融市场化和金融体系的完善程度，它直接关系到人民币国际化的态势和前景。

第三节　金融市场发展与人民币国际化的关系

一种主权货币成为国际化货币的实质是货币职能在国际层面的扩展。从根本上说，货币在行使国际职能时与该货币在行使国内职能时存在着本质的

① 余永定：“再论人民币国际化”，《国际经济评论》2011 年第 5 期。

差别，即一国可以强迫本国居民使用本国货币，但一国不能强迫其他国家使用本国货币①。也就是说，一国当局可以通过法律的形式在国内交易中强制使用某种货币，但是在国际交易中并没有这样的机制。因此，除非一种货币得到国境外使用者的认可，它就很难成为国际货币。

一、货币国际化与金融体系之间的关系

对于大多数货币来说，国内货币市场是由单一的最后供给者或者是“最终贷款人”主导的。中央银行可以通过对商业银行的控制影响整个货币体系，从而使国内货币市场成为一种供给主导型的市场。而在多国情况下，如果一种货币的市场交易网络影响扩展至境外，对其他国家的经济系统产生重要影响，那么这种货币的国内职能就实现了国际扩展。此时，这种货币成为国际货币（international currency）。由于国际货币市场并没有基于价值的交易商，因此，相对于国内货币而言，国际货币是需求主导的（demand dominated），从这个意义上来说，国际货币更具有竞争性②。

按照标准的资产组合理论，在给定投资者财富的情况下，投资者对于某种资产的需求主要取决于三个因素：这种资产相对其他替代性资产的预期回报率；这种资产相对于其他替代性资产的风险程度；这种资产相对其他替代性资产的流动性。对于国际市场主体而言，一种货币能否获得其认可和持有，进而能否走向国际化，取决于这种货币能否满足国际市场主体的相关需求。

从前文的分析中可以看出，在现代银行条件下，一国的货币创造和供给离不开银行部门的支撑，而银行部门是现代金融体系的重要组成部分，从这个意义上说，一国的货币创造和供给实际上离不开该国金融体系的支撑。在

① 潘英丽等：《国际货币体系未来变革与人民国际化（上）》，格致出版社、上海人民出版社2014年版，第25页。

② 张杰：《银行制度改革与人民币国际化：历史、理论与政策》，中国人民大学出版社2010年版，第24页。

现代银行条件下，货币的创造和供给不仅取决于货币当局，而且也取决于商业银行甚至整个金融体系的内生反应。从这个意义上说，一国的货币创造和货币供给就直接与该国的金融体系的状况息息相关，与此同时，一国金融体系的状况也直接影响到货币供需双方的匹配程度。同样，一种主权货币要承担起国际货币的职能，走向国际化，也要取决于该国的金融体系对这种货币承担国际货币职能的支撑能力。实际上，从国际货币体系的发展历史来看，一国货币制度的发展史就是一国金融制度、金融体系发展的历史，一部国际货币体系的发展史实际上也是一部国际金融体系的发展史。

在给定其他条件的情况下，一国金融体系的发展程度实际上也在某种程度上决定了该国货币制度的发育程度，从而最终决定了该国货币国际化的能力和程度。从某种意义上说，在给定其他条件的情况下，从理论上说，对于一种国际货币或者希望成为国际货币的货币来说，重要的不是该国金融体系简单地创造流动性的能力，而是该体系创造国际市场主体所普遍接受的流动性的能力。而一国金融市场的发达程度直接影响该国货币资产的供给能力，从而影响到该货币资产满足国际投资者需求的能力，进而也会影响到该种货币国际化的实际效果。

二、金融发展对人民币国际化的意义

除了经济实力等实体经济基础因素之外，大量的研究指出，一国货币国际化的一个重要决定因素是该国的金融发展（Tavals，1997；Dwyer 和 Lothian，2002）。Chitu、Eichengreen 和 Mehl（2012）的实证研究发现，金融发展是美元超越英镑成为国际领先货币的关键因素。Hausmann 等（2001）则从反面的角度论证了金融发展滞后与难以使用本币进行国际借贷的“原罪”问题，许多新兴市场国家由于金融市场不完全，导致严重的期限错配和货币错配问题。高海红和余永定（2010）指出，人民币要实现国际化，需要促进国内金融自由化、金融体制改革与金融市场开放。

具体而言，发达的金融市场至少能在四个方面增强人民币在国际上的吸引力，从而扩大人民币的使用和分布范围，提高人民币国际化的程度：第一，发达的金融市场能为国际市场投资者提供一个开放的、具有良好流动性的证券市场。一般而言，投资者不会单一地持有国际货币余额，而是将其大部分国际货币投资在具有良好流动性的生息资产上，以避免资本损失。而发达的金融市场能够有效地供给流动性良好的生息资产。第二，发达的金融市场还能为投资者提供一系列优质的服务，如融资或投资货币，或为国际货币提供保值增值服务。第三，发达的金融市场能够吸引大量的海外业务，吸引国外优质的公司来本国上市以及投资①。第四，发达的金融市场能够提供更有效的风险分担机制，从而有利于提高投资者的风险分担弹性，降低投资者投资人民币资产的风险。

总之，深入推进国内金融改革，提高金融市场的广度和深度，创新人民币金融产品，更好地满足国际市场主体对人民币资产的保值增值需求，是提高人民币的市场接受度、推动人民币国际化的必由之路。

第四节　以深化国内金融改革促进人民国际化

改革开放以来，我们坚持不懈地推进金融体制改革，金融部门配置资源和服务实体经济的能力大幅提升，整体实力和风险抵御能力明显提高。但是与人民币国际化的要求相比，我国的金融市场建设还存在很大的差距，为此，需要进一步深化国内金融改革，以金融市场建设为突破口，为跨境人民币业务发展进而带动全面的人民币国际化进程提供更大的空间。

---

①　中国人民大学国际货币研究所：《人民币国际化报告 2014》，中国人民大学出版社 2014 年版，第 130 页。

一、健全多层次资本市场体系，鼓励金融创新，丰富金融市场层次和产品

随着人民币跨境贸易结算规模不断扩大，人民币在海外沉淀越来越多。国际社会对人民币的金融服务需求也水涨船高，希望得到高质量的货币兑换、支付结算、贸易融资、风险管理、财富管理等服务。如果没有产品丰富、功能齐全的国内金融市场来满足需求，就难以树立起国际社会接受和使用人民币的信心，人民币国际化进程必然遭遇阻碍。在这种情况下，就需要进一步健全、完善协调发展的多层次资本市场体系，稳步拓展资本市场的深度和广度，积极推动发展期货和各类金融衍生产品，逐步形成层次合理、功能互补的金融体系和产品体系，以更好地满足境内外市场参与者对人民币业务的多样化需求，从而提高人民币金融产品对境内外投资者的吸引力，以更好地推动人民币国际化。

二、深化金融机构改革，强化内部治理和风险管理

人民币国际化意味着人民币业务市场参与者增多，也意味着人民币业务市场参与者多元化和异质性程度的提高，而要满足多样化、异质性的风险偏好需求，人民币国际化所带来的人民币业务需求增多，同时也意味着从事人民币业务的金融机构之间更加激烈的市场竞争。面对激烈的市场竞争，需要进一步深化各类金融机构改革，积极推动各类金融机构完善公司治理，强化内部风险控制，提高创新发展能力和国际竞争力，从而更好地满足国际社会对人民币业务和人民币资产日益增长的需要，推动人民币国际化更深入的发展。

三、进一步推进汇率、利率市场化改革，形成科学灵活的金融市场定价机制

从理论上说，人民币国际化离不开人民币币值的稳定，只有使人民币币

值在合理均衡的基础上保持稳定，才能保持人民币的国际信誉，从而为人民币国际化创造有利的价格环境。而人民币价值均衡、稳定的前提是人民币价格建立在市场机制的基础上，否则就可能造成市场扭曲。因此，市场价格发现机制必然要求人民币利率、汇率等宏观价格要由市场决定。为此，需要进一步完善人民币汇率市场化形成机制，扩大人民币双向浮动区间，不断增强人民币汇率弹性。同时要加快推进市场利率化，逐步加大利率浮动幅度，最终实现利率完全由市场决定。总之，推动人民币汇率和利率形成机制市场化改革稳步推进，既可以使市场主体能够根据市场价格信号更好地在国内外配置金融资源，也可以为人民币跨境使用创造最基础的市场条件。

四、以投资者乃至更广泛的金融消费者保护为核心，进一步强化金融法制建设

人民币国际化意味着人民币资产最终要走向国际化，即人民币资产大量进入外国投资者的资产组合。大量研究表明，在金融市场投资中，存在着普遍的“本土偏好”（home bias），投资者对本地金融产品的偏好强于对异地金融产品的偏好，对本国金融产品的偏好强于对异国金融产品的偏好（French 和 Poterba，1991；Coval 和 Moskowitz，1999、2001）。由于投资者更加青睐本国资产，从而会降低境内投资者使用国际货币的意愿（Gehrig，1993；Kang 和 Stulz，1997）。投资者这种“本土偏好”（home bias）背后的根本原因在于远距离交易带来的信息不对称和交易成本。Tesar 和 Werner（1995）认为，地理的阻隔在一定程度上妨碍了投资者的信息搜集。信息不对称的问题由语言、制度、法律以及获得国外信息的成本等因素造成。人民币国际化最终要走向人民币资产国际化，意味着克服外国投资者的“本土偏好”是人民币在国际化过程中必须迈过的一道门槛。从理论上说，金融是一种需要法律保护的财产有限期的转移过程，只有在获得法律给予资金提供方对金融资产权益有效保护的情况下，金融才能得到发展。大量的研究同样表明，金融市场、金融

体系的发展程度与一国投资者保护的程度高度正相关，金融市场的深度发育离不开强有力的投资者保护（La Porta，Lopez - de - Silanes，Shleifer 和 Vishny，1997、1998；La Porta，Lopez - de - Silanes 和 Shleifer，2007），一国法律对投资者的保护越完善，该国的金融市场就发展得越好。因此，推动国内金融深化必须高度重视金融法制建设，为投资者乃至更广泛意义的金融消费者提供强有力的支撑，只有这样，才能提高金融市场的信誉和吸引力，加强金融法制建设对于中国金融市场的发展深化从而对于人民币国际化具有十分重要的作用。加强金融法制建设主要包括两方面的内容：一方面是以投资者乃至更广泛的金融消费者保护为核心，进一步强化金融法制建设，为市场参与者提供良好、稳定、透明的金融政策环境预期，从而有利于吸引境内外投资者；另一方面是强化审慎监管，为此需要切实加强金融监管能力建设，完善监管规则，不断提升监管有效性，确保市场公平、诚实交易，推动形成良好的市场秩序，从而为人民币国际化提供最基础的金融市场秩序保障。

五、加强人民币离岸市场建设，推动形成全球人民币交易网络[①]

从货币国际化发展的路径来看，一国货币要想成为主要的国际货币，必须在国际主要金融中心建立货币离岸市场，因为这样能够提高国外进出口商、投资者对人民币的认可度和接受度（He 和 MaCauley，2010）[②]。因此，在加强国内金融市场建设、提高人民币资产有效供给能力的同时，人民币国际化也离不开境外离岸市场的建设。建立人民币离岸市场，首先可以提高人民币在离岸市场地区的接受程度和使用频率，从而促进人民币在全球各个地区的合理分布，形成全球性的人民币交易网络。这是因为离岸市场的建设可以为

① 中国人民大学国际货币研究所：《人民币国际化报告 2014》，中国人民大学出版社 2014 年版，第 132 ~133 页。

② He，D. and MaCauley，R. N.. "Offshore Markets for the Domestic Currency：Monetary and Financial Stability Issues"，*BIS Working Paper*，No. 320，2010.

外国投资者从事人民币交易提供更大的地域弹性，从而能够促进大量第三方使用人民币交易。如果人民币离岸市场能在地域上进一步拓展，那么将有利于该地区的进出口商和投资者相互进行人民币的清算结算，从而可以降低交易成本。其次，离岸市场建设能够提高人民币交易的安全性，增加该地区投资者使用人民币的信心。从理论上说，人民币离岸市场的建设实际上扩大了人民币交易网络的范围，随着人民币交易网络的不断扩大，可以提高人民币交易网络的弹性和稳定性，从而有利于改善人民币交易网络内的风险分担。从美元的发展路径来看，遍布全球的美元离岸市场保证了美元得以 24 小时交易，从而在一定程度上降低了美元清算结算的风险，提高了进出口商和投资者对于美元使用的信心。再次，离岸市场的建设能够促进本国居民和外国居民持有人民币资产。在人民币离岸市场发展成熟以后，原本流入中国的资金就可能会选择在离岸市场交易以人民币计量的金融产品，这就会增加人民币在海外的交易量，从而进一步扩大人民币在海外的影响力。最后，人民币离岸市场建设有利于推动人民币在岸市场即人民币国内金融市场的建设与完善。人民币离岸市场的建设必然会带来人民币离岸市场、在岸市场之间的套汇、套利活动，从而最终会导致人民币离岸市场和在岸市场之间的市场条件趋于收敛。由于人民币离岸市场建设主要选择的是发达的国际金融中心，因此人民币离岸市场建设会形成倒推国内金融改革、金融深化和国内金融市场发展的外在压力，进而为人民币国际化提供更加坚实的在岸市场或国内金融市场支撑。

第十章
资本项目开放与人民币国际化

资本项目开放，又称为资本项目自由化、资本项目可兑换，是指放开国际收支中资本与金融项目的资本交易限制，实现资本跨境自由流动①。它既包括取消对跨境资本交易本身的管制，也包括取消与资本交易相关的外汇（包括资金跨境转移及本外币兑换）的管制；既包括取消直接的资本管制措施，也包括取消间接的资本管制措施（如征税、补贴以及歧视性的货币安排等）。

一种货币的国际化，本质上可以理解为原有国内的货币职能在空间上的扩展，这就要求与货币对应的商品市场和金融市场实现与境外市场的对接，从而实现本国货币的对外扩展。这个对接的关键，在商品市场上体现为人民币经常项目可兑换，在金融市场上体现为人民币资本项目可兑换。目前，我国仅实现了经常项目可兑换，资本项目可兑换还未完全实现。因此，资本项目的可兑换，既是人民币实现国际化的重要步骤，也可能是人民币国际化进程中风险与挑战最为集中的环节。

作为世界上最大的发展中国家，我国从 20 世纪 90 年代开始一直在有条不紊地稳步推进资本项目开放。按照国际货币基金组织划分的 7 大类 43 项资

---

① 资本项目开放中的资本项目是国际收支统计的旧提法，按照国民账户体系外部积累账户和 IMF《国际收支手册》第五版的口径，已经改为资本与金融项目。但是，资本与金融项目开放习惯上仍然称为资本项目开放。另外，在国际收支中，项目也称之为账户，如资本项目也称之为资本账户。

本项目交易，目前我国已经有超过一半实现了可兑换或只有较少限制，严格管制的不足一成半①。进入21世纪以来，随着我国改革开放的不断深入，实现资本项目开放、建立跨境资本双向流动渠道的需要日益迫切。在此背景下，我国于2011年3月释放出进一步加快推进资本项目开放的政策信号，“未来五年人民币资本项目可兑换会有较大进展”②。“十二五”规划也再次明确：“推进外汇管理体制改革，扩大人民币跨境使用，逐步实现人民币资本项目可兑换。”党的十八届三中全会更明确提出：“加快实现人民币资本项目可兑换。”

表10－1　　中国资本项目可兑换状况　　单位：项

可兑换现状相交交易	不可兑换	部分可兑换	基本可兑换	完全可兑换	合计
资本和货币市场工具交易	2	10	4	—	16
衍生品及其他工具交易	2	2	—	—	4
信贷工具交易	—	1	5	—	6
直接投资	—	1	1	—	2
直接投资清盘	—	—	1	—	1
房地产交易	—	2	1	—	3
个人资本交易	—	6	2	—	8
小计	4	22	14	—	40

注：“可兑换状况”包括不可兑换、部分可兑换、基本可兑换、完全可兑换。其中，部分可兑换是指存在严格准入限制或额度控制；基本可兑换是指有所限制，但限制较为宽松，经登记或核准即可完成兑换。

资料来源：《Annual Report on Exchange Arrangements and Exchange Restrictions 2014》，IMF。

如何在妥善应对国际资本流动风险的同时从资本市场准入中获益并保持金融体系的稳定，是我国推进资本项目开放面临的首要问题。作为金融开放和融入金融全球化进程的决定性步骤，资本项目开放必然会对中国的金融稳定和人民币国际化进程产生重大的影响。

---

① 夏斌，陈道富：《中国金融战略2020》，人民出版社2011年版，第261页。

② 任沁沁，李寒芳，章利新：“央行：未来五年人民币资本项目可兑换会有较大进展”，http：//news.xinhuanet.com/2011－03/11/c_ 121176181.htm，2011－03－11。

第一节 发展中国家的资本项目开放进程及主要特点

第二次世界大战结束后，在布雷顿森林体系下，为了维持各国货币汇率和国际支付体系的稳定，世界上几乎所有国家都对资本项目实行严格的管制。20 世纪 60 年代以来，随着世界各国经济往来日益密切，发达国家逐步开始解除资本管制，一些发展中国家也随之跟进。20 世纪 70 ~ 80 年代，拉丁美洲和亚洲一些发展中国家不同程度地进行了资本项目开放的改革。但总体来看，在 20 世纪 70 ~ 80 年代，发展中国家对资本项目的管制仍然十分严格。

进入 20 世纪 90 年代以来，随着贸易自由化的深入发展和经常项目支付限制的逐步解除，特别是 1995 年发达国家完成资本项目开放之后，发展中国家纷纷加快资本项目开放步伐。据世界银行统计，开放资本项目的发展中国家从 1975 年的 20 个增加到 1995 年的 31 个①。20 世纪 90 年代中后期特别是 1997 年东亚金融危机爆发后，一些遭受不利外部冲击和金融危机严重打击的发展中国家恢复了某些资本管制措施，一些没有直接卷入危机的发展中国家也延缓或逆转了资本项目开放进程。2005 年前后，发展中国家的资本项目开放进程再度出现加快和深化趋势②。进入 21 世纪以来，新兴市场国家中已经有超过 40% 的国家取消了资本管制，实现了资本项目开放③。

发展中国家资本项目开放的实践有很大差异，开放的结果也大不相同。但总体而言，发展中国家的资本项目开放具有这样一些基本特征。

---

① 世界银行：《全球经济展望与发展中国家——1998/1999 年，写在经济危机之后》，中国财经出版社 1999 年版，第 112 页。

② Chinn. Menzie D. and Ito，Hiro. “What Matters for Financial Development? Capital Controls，Institutions，and Interactions”，*Journal of Development Economics*，Vol. 81（1）：2006.

③ 国际货币基金组织，于岩等译：《世界经济展望 2005 年 4 月》，中国金融出版社 2005 年版，第 102 页。

一、发展中国家的资本项目开放充满风险与挑战

发展中国家的资本项目开放是一个充满风险与危机的过程，也是一个不断对其金融稳定构成冲击与挑战的过程。从资本项目开放的实践来看，一些发展中国家顺利完成了开放进程并成功保持了金融稳定，而另外一些发展中国家的开放进程则历经波折甚至遭遇了严重危机。其中，发展中国家在资本项目开放过程中经历了20世纪80年代拉美债务危机、1994～1995年墨西哥金融危机、1997年东亚金融危机、1998年俄罗斯金融危机、1999年巴西金融危机、2000～2001年土耳其金融危机、2001～2002年阿根廷金融危机等一系列“资本项目危机”。另据一项对35个经济体金融自由化与经济危机关联的实证研究，在24个发生金融危机的经济体中，有13个在危机发生前的5年内完成了资本项目开放①。金融危机的频繁爆发以及资本项目开放在其中扮演的角色越来越受到世人的关注。

二、发展中国家总体上保持资本项目进一步开放的势头

尽管对金融稳定构成了冲击与挑战，发展中国家资本项目开放的进程几经反复，但总体上保持了朝向进一步开放的势头。从本质上说，资本项目开放是金融自由化的重要组成部分，是发展中国家在金融全球化条件下推动金融现代化、适应经济发展的内在要求。而且，拥有雄厚金融资本的西方国家及其主导的国际货币基金组织、世界银行等国际机构也在不断向发展中国家推销所谓的“华盛顿共识”② 并施加压力，要求发展中国家开放资本项目，实现资本自由流动。在国内、国际因素综合作用下，资本项目开放成为发展

---

① Williamson, John and Mahar, Molly. *A Survey of Financial Liberalization*. Essays in International Finance, No. 211, 1998.

② Williamson, John. *What Washington Means by Policy Reform*. in Williamson, John eds. *Latin American Adjustment: How Much has Happened?* . Washington D. C.: Institute for International Economics. 1990, pp. 5－20.

中国家的趋势和潮流①。

三、更加重视资本项目开放过程中和开放后金融风险、金融危机的防范

吸取早期资本项目开放的经验、教训，发展中国家愈加重视资本项目开放过程中和开放后金融风险、金融危机的防范以及金融稳定的维护与加强。国际社会逐渐认识到，为有效抵御和防范开放风险，保持金融体系稳定，只有满足一系列前提条件，才能推行资本项目开放。资本项目开放应融入发展中国家结构性改革和宏观经济政策的设计中，服务于宏观经济政策和金融稳定的总体目标②。

第二节 资本项目开放对金融稳定的影响

资本项目开放意味着一国国内金融与国际金融一体化程度不断加深，意味着一国融入国际金融体系。在资本项目开放条件下，国际资本流动成为最主要的国际经济传导机制之一。作为世界上最大的发展中国家，资本项目开放对我国金融稳定的影响具有双重性。

一、资本项目开放对金融稳定的有利影响

资本项目开放意味着资本的跨境自由流动。作为市场配置资源的方式，资本国际流动本质上是市场主体根据风险、收益在国家间配置资产组合，市

---

① 羌建新："国际货币体系与全球金融危机"，《国际关系学院学报》2010 年第 3 期。

② Johnston, R. Barry, Darbar, Salim M. and Echeverria, Claudia. "Sequencing Capital Account Liberalization – Lessons from the Experiences in Chile, Indonesia, Korea and Thailand", IMF Working Paper, No. 97/157, 1997.

场机制引导的资本跨境流动会对我国的金融机构、金融市场和金融制度提出更高的要求，从而对金融稳定产生积极的促进作用。

1. 消除金融抑制，促进金融发展

与大多数发展中国家一样，为了把有限的资源导向优先发展的部门，中国也建立了以抑制为特征的金融体系①。尽管中国的金融改革取得了很大进展，金融体系在形式上已与市场经济国家相当接近，但在实际运行中仍然带有许多明显的金融压抑特征②。金融抑制总是伴随着对跨境资本流动的控制，因为实行金融抑制的必要前提是国内、国际资本市场之间的分割。只有在开放的资本项目下货币替代才成为可能，由此金融抑制现象才可能消失，因而只有开放资本项目才能从根本上消除金融抑制的弊病③。而且，资本项目开放导致的资本跨境自由流动有助于引进竞争，推进金融服务的专业化生产和规模经济，促使国内金融部门不断改进服务质量、改善风险管理、降低成本，并刺激金融创新活动，引发更广泛的金融改革，从而促进国内金融部门的发展④；同时，国际资本流动也有助于提高我国金融市场的流动性和有效性⑤，从而提高金融体系的整体效率，为我国金融稳定构建良好的框架。

2. 优化资源配置，改善风险分配

资本项目开放带来的资本流动性会促使储蓄资源在全球范围内配置，提高资源配置效率。对于我国而言，开放资本项目可以使国外储蓄资源获得更大的市场准入，加速国内资本积累，先进技术往往也会随着外国直接投资向国内转移，特别是相对于国内金融体系而言，发达国家的金融体系更加有效，

---

① McKinnon, Ronald I.. *Money and Capital in Economic Development*. The Brookings Institution, 1973; Shaw, Edward S.. *Financial Deepening in Economic Development*. Oxford University Press, 1973.

② 羌建新："贸易依存度、贸易差额与中国的金融稳定性"，《国际经济评论》2007 年第 2 期。

③ 华民：《国资本项目开放：挑战与机遇》，学林出版社 2003 版，第 12 页。

④ Klein, Michael W. and Olivei Giovanni P.. "Capital Account Liberalization, Financial Depth, and Economic Growth", *Journal of International Money and Finance*, Vol. 27 (6), 2008.

⑤ Feldman, Robert A. Feldman and Kumar, Manmohan S.. "Emerging Equity Markets - Growth, Benefits, and Policy Concerns", *IMF Papers on analysis and Assessment*, No. 94/7, 1994.

资本项目开放导致的国内国际市场一体化有助于国内资本配置效率的提高；资本项目开放还可以使居民在国际范围内分散资产组合，有助于国内市场风险向国际市场分散，从而改善风险分配，降低我国的风险溢价和资本成本，有利于长期的经济增长和金融稳定。同时，跨境金融资产交易可以使国内消费波动与特定的国别因素脱钩，因此在资本项目开放条件下，国际金融市场提供的国际风险分担机制，有利于减少消费波动，增进经济福利①；此外，资本跨境流动还可以通过平滑市场的流动性波动，熨平经济周期和宏观经济波动，从而增强金融稳定性②。

3. 促进制度质量提升，提高宏观经济政策信誉

外国资本往往要求与其国内质量相当的制度水平，因此当一国开放资本项目时，跨境资本流动会产生“担保收益”，形成外在的压力，迫使政府采取一系列改革措施，促进该国治理和制度——包括产权保护、公司和公共治理、法律框架、政府透明度和腐败水平等——质量的提升和改善，从而改善国内经济系统的激励，提高全要素生产率，为发展中国家的可持续增长和金融稳定提供坚实的基础③。另外，发展中国家政府迫于财政压力，通常需要通过金融抑制和资本管制来征收通货膨胀税，因而往往倾向于实行高通货膨胀的宏观经济政策，政府政策往往缺乏信誉④。而在资本项目开放条件下，投资者根据政府政策调整资金流向更加容易，高通货膨胀政策会刺激居民实行货币替代和资本外逃，极大削弱政府征收通货膨胀税的能力。由于资本自由流动限

① Obstfeld，Maurice Obstfeld and Rogoff，Kenneth. *Foundation of International Macroeconomics*. The MIT Press，1996，pp. 269 – 347.

② A Staff Team Led by Ishii，Shogo and Habermeier Karl. “Capital Account Liberalization and Financial Sector Stability”，*IMF Occasional Paper*，No. 211，2002.

③ Prasad，Eswar S. and Rajan，Raghuram G.. “A Pragmatic Approach to Capital Account Liberalization”，*Journal of Economic Perspectives*，Vol. 22（3），2008，pp. 149 – 172；Mishkin，Frederic S.. “Is Financial Globalization Beneficial?”，Journal of Money，Credit and Banking，Vol. 39（2 – 3），2007，pp. 259 – 293.

④ Giovannini，Alberto and Melom Bartha de. “Government Revenue from Financial Repression”，*American Economic Review*，83（4），1993，pp. 953 – 963.

制了政府征收通货膨胀税的能力，因而有助于遏制政府实施高通货膨胀宏观经济政策的动机。从这个意义上说，资本项目开放具有“纪律约束效应”，能够为促进我国实施稳定而可持续的宏观经济政策提供一个良好的外在约束机制和承诺机制，并具有发出实行这类政策的信号作用，提高政策信誉，稳定公众预期，从而为金融稳定提供良好的宏观经济环境①。

二、资本项目开放对金融稳定的不利影响

在资本项目开放条件下，国际资本流动为经济、金融风险的跨国传递和经济、金融危机的跨国传染提供了便捷的渠道。资本项目开放使我国的经济、金融体系直接暴露于国际资本流动的各种风险之下，从而也会对我国的金融稳定产生不利的影响。

1. 加剧金融体系风险积累，引发金融动荡

在资本项目开放条件下，大规模的资本跨境流动有可能会引发金融过度②，导致国内资产价格大起大落，金融市场剧烈动荡，放大和加剧金融体系的不稳定。发展中国家在资本项目开放以后，国外资本会以直接或间接的方式大规模流入国内银行体系，如果银行风险控制能力低下、银行监管不力，严重的道德风险将导致“过度借贷综合征”③；同时，证券投资资本流动也会增加，由于发展中国家金融市场不发达，金融机制不健全，资本自由流动会带来大量投机性资本流入，造成资产价格飙升，资产泡沫泛滥，同时会加大本币升值压力，加剧汇率风险。当发展中国家面临不利的冲击，投资者对宏观经济基本面或微观经济结构的信心发生动摇时，资本短期内的大量外流，会导致本币贬值预期增

① Prasad, Eswar S. and Rajan, Raghuram G.. “A Pragmatic Approach to Capital Account Liberalization”, *Journal of Economic Perspectives*, Vol. 22 (3), 2008, pp. 149 - 172.

② Krugman, Paul. *What Happened to Asia*? . http://web.mit.edu/krugman/www/DISINTER.html, 1998 - 01.

③ McKinnon, Ronald I. and Pill, Huw. “International Overborrowing: A Decomposition of Credit and Currency Risks”, World Development, Vol. 26 (7), 1998, pp. 1267 - 1282.

强，资产价格急剧下降，资产泡沫崩溃，引发银行流动性枯竭和信用冻结，以及对外债务偿还困难和违约，甚至会造成金融恐慌，酿成严重的货币、银行、债务或系统性金融危机。而且，在资本项目开放条件下，由于发展中国家国内金融市场不完善，在国际资本市场中无法使用本国货币进行国际借贷，甚至在国内资本市场也无法使用本国货币进行长期借贷，这种“原罪”所导致的资产负债表的期限错配和货币错配，会进一步放大发展中金融体系的脆弱性①。同时，在资本项目开放条件下，当发展中国家面临不利冲击时，国际投资者往往倾向于从事顺势交易和从众行为，会进一步加剧金融体系的风险积累；此外，国际投资者还可能因为与国内毫不相关的因素而撤资，由此给发展中国家的金融体系带来危机传染风险②。作为一个发展中国家，我国同样面临着资本项目开放带来的大规模资本跨境流动及资本跨境流动带来的巨大风险。

表 10 -2 新兴与发展中国家跨境资本流动统计描述（2000 ~ 2009 年）

资本流入						
	直接投资	证券投资	其他投资	储备资产变动	资本流动总额	资本流动总额（不含储备资产变动）
均值（10 亿美元）	343.18	131.26	143.54		617.96	
标准差	191.68	141.85	202.62		474.43	
变异系数	0.559	1.081	1.412		0.768	
年均增长率（%）	4.76	10.31	4.33		5.83	
资本流出						
	直接投资	证券投资	其他投资	储备资产变动	资本流动总额	资本流动总额（不含储备资产变动）
均值（10 亿美元）	102.08	158.29	184.47	484.93	929.74	444.84
标准差	87.94	137.73	160.78	354.21	703.67	356.02
变异系数	0.861	0.870	0.872	0.730	0.757	0.800
年均增长率（%）	11.63	1.61	-1.34	9.84	5.82	2.84

① Eichengreen, Barry and Hausmann, Ricardo. “Exchange Rates and Financial Fragility”, *NBER Working Paper*, No. 7418, 1999.

② Prasad, Eswar S., Rogoff, Kenneth, Wei, Shang - Jin and Kose, M. Ayhan. “Effects of Globalization on Developing Countries: Some Empirical Evidence”, *IMF Occasional Paper*, No. 220, 2004.

续表

总资本流动（资本流入＋资本流出）						
	直接投资	证券投资	其他投资	储备资产变动	资本流动总额	资本流动总额（不含储备资产变动）
均值（10 亿美元）	445.26	289.55	328.01	484.93	1547.70	1062.80
标准差	278.18	270.26	354.78	354.21	1171.34	821.76
变异系数	0.625	0.933	1.082	0.730	0.757	0.773
年均增长率（%）	6.03	5.89	0.28	9.84	5.82	4.60
净资本流动（资本流入－资本流出）						
	直接投资	证券投资	其他投资	储备资产变动	资本流动总额	资本流动总额（不含储备资产变动）
均值（10 亿美元）	241.10	－27.03	－40.93	－484.93	－311.78	173.12
标准差	107.56	71.68	89.12	354.21	261.61	168.49
变异系数	0.446	－2.652	－2.177	－0.730	－0.839	0.973
年均增长率（%）	2.56	－206.02	－5.80	9.84	5.78	15.08

资料来源：根据 IMF 网站数据计算得出。

2. 对宏观经济稳定造成冲击，反馈影响金融稳定

金融部门与宏观经济之间的相互关联会在二者内部引发内生的不稳定①。资本项目开放以后，资本自由流动将会导致大规模的资本流入、流出。经验证据表明，资本流动具有顺周期性，因此资本的跨境流动会加剧宏观经济波动②。在资本项目开放条件下，资本的大量流入将使发展中国家过旺的国内需求变为现实，加剧消费、投资扩张，导致宏观经济过热和严重的通货膨胀，同时也会引起本币实际汇率升值，恶化经常项目收支；此外，资本流入还可能对国内资本的投资产生“挤出”效应，对实体经济造成扭曲甚至损害。而

① A Staff Team Led by Ishii, Shogo and Habermeier Karl. “Capital Account Liberalization and Financial Sector Stability”, *IMF Occasional Paper*, No. 211, 2002.

② Prasad, Eswar S., Rogoff, Kenneth, Wei, Shang－Jin and Kose, M. Ayhan. “Effects of Globalization on Developing Countries: Some Empirical Evidence”, *IMF Occasional Paper*, No. 220, 2004.

一旦资本流入国的宏观经济出现波动，短期内资本流入的突然停止甚至逆转，将会导致国内需求急剧下降，加剧消费、投资收缩，使经济陷入严重衰退，甚至会导致严重的通货紧缩①；另外，资本的大量流出，会导致国内储蓄资源流失，削弱国内税基，同时也会降低国内投资，损害发展中国家经济持续增长的潜力②。而宏观经济波动的反馈效应又会对发展中国家金融体系的稳定造成冲击，而且实体经济冲击的影响由于金融联系，传递的速度会更快，效果也会放大。因此，资本项目开放队对我国宏观经济稳定可能造成的冲击以及由此反馈对金融稳定的影响不容忽视。

3. 削弱调节宏观经济运行和维护金融稳定的政策效力

在开放经济条件下，存在着“不可能三位一体”或“三难选择”问题，即资本自由流动、固定汇率和独立货币政策三者不可同时得兼，只能同时实现其中两个目标③。这意味着，在资本项目开放以后，资本的自由流动会使一国货币政策的独立性与汇率稳定之间发生明显的冲突。在现实中，发展中国家由于“原罪”所导致的货币错配，往往害怕汇率浮动，而不得不实行某种形式的钉住汇率制度④，从而对货币当局自主运用货币政策来稳定宏观经济、金融形势的政策空间形成很大的制约，加大维护金融稳定的难度。另外，在开放经济条件下，由于各国经济相互依存，一国的经济金融政策会对其他国家产生溢出效应，这种政策溢出效应的主要传导机制之一就是资本流动渠道。因此，发展中国家在开放资本项目以后，其国内经济金融政策的自主性和有效性会进一步削弱。由于当前国际货币体系的不合理性和不对称性，在资本

---

① Calvo, Guillermo and Reinhart, Carmen M.. “Fear of Floating”, *Quarterly Journal of Economics*, Vol. 117 (2), 2002, pp. 379 - 408.

② Mathieson, Donald J. and Rojas - Suarez, Liliana. “Liberalization of the Capital Account: Experiences and Issues”, *IMF Occasional Paper* No. 103, 1993.

③ Krugman, Paul. *O Canada: A neglected nation gets its Nobel.* http: //www. slate. com/id/36764/, 1999 - 10 - 19; Obstfeld Maurice and Taylor, Alan M.. “Globalization and Capital Markets”, *NBER Working Paper* No. 8846, 2002.

④ Calvo, Guillermo and Reinhart, Carmen M.. “Fear of Floating”, *Quarterly Journal of Economics*, Vol. 117 (2), 2002, pp. 379 - 408.

项目开放条件下，处于弱势和不利地位的发展中国家往往成为发达国家损人利己的经济金融政策的受害者①。因此，资本项目开放可能造成的调节宏观经济运行和维护金融稳定政策效力的削弱，可能对我国的金融稳定构成严峻挑战。

总之，资本项目开放对我国的金融稳定性具有双重效应，既可能给金融稳定带来巨大的潜在收益，也可能给金融稳定带来巨大的潜在风险，资本项目开放对于金融稳定性是利弊互现的“双刃剑”。

三、资本项目开放对金融稳定影响的门槛效应

开放资本项目使发展中国家的金融稳定同时面临着收益与风险，资本项目开放与金融稳定性之间不是单一的线性关系，那么，中国应如何进行资本项目开放的抉择呢?

1. 资本项目开放对金融稳定的影响取决于开放有利影响与不利影响的净效应

发展中国家开放资本项目能否促进金融体系的总体稳定，取决于开放对金融稳定产生的有利影响与不利影响之间的净效应。如果开放对金融稳定的有利影响大于不利影响，那么开放资本项目在总体上就会促进发展中国家的金融稳定；反之，如果开放对金融稳定的不利影响大于有利影响，那么开放资本项目在总体上就会加剧发展中国家的金融不稳定。开放资本项目对发展中国家金融稳定性的净效应，又取决于一定的金融、经济和制度的门槛水平即发展中国家资本项目开放能否在金融稳定方面获得净收益、能否在总体上促进金融体系的稳定，取决于该国是否处于一定的金融、经济和制度的门槛水平之上。如果金融、经济和制度的发展达到必要的门槛水平，资本项目开

① Qiang Jianxin, “The International Monetary System and the Global Financial Crisis”, *Contemporary International Relations*, Vol. 20 (5), 2010, pp. 110 – 118.

放对金融稳定性的有利影响就会超过不利影响，从而促进发展中国家的金融稳定；反之，如果金融、经济和制度的发展未达到必要的门槛水平，资本项目开放对金融稳定性的不利影响就会超过有利影响，从而可能危及发展中国家的金融稳定[①]。简言之，资本项目开放对包括中国在内的发展中国家金融稳定性的影响存在着门槛效应。

2. 资本项目开放在短期内会对金融稳定带来暂时的不利影响，长期对金融稳定将产生积极的促进作用

发展中国家资本项目开放之后，其经济、金融体系会立即暴露于国际资本流动的各种风险和冲击之下，资本项目开放对金融稳定的各种不利影响会迅速暴露出来；而资本项目开放对金融稳定的各种有利影响，则需要随着时间的推移，随着本国金融、经济和制度体系的发展才能逐步发挥出来。因此，从短期来看，资本项目开放在总体上首先会对发展中国家的金融稳定带来暂时的不利影响，对发展中国家的金融稳定带来较大的压力；而从长期来看，发展中国家将会逐步收获资本项目开放对金融稳定的各种有利影响，资本项目开放将在总体上对发展中国家的金融稳定产生积极的促进作用。简言之，开放资本项目会给发展中国家的金融稳定性带来短期的阵痛和长期的收获[②]。对于那些已经迈过收获资本项目开放对金融稳定净收益所需的金融、经济和制度的门槛水平的发展中国家，开放资本项目尽管面临着短期的阵痛和不利影响，但尚不至于危及金融体系的稳定；而对于那些还未达到收获资本项目开放对金融稳定净收益所需的金融、经济和制度的门槛水平的发展中国家，开放资本项目短期的阵痛和不利影响却会非常强烈，甚至会危及金融体系的稳定，酿成严重的金融危机。

---

① Prasad Eswar, Rajan, Raghuram and Subramanian, Arvind. "Foreign Capital and Economics Growth", *Brookings Papers on Economic Activity*, (1), 2007, pp. 153 – 230.

② Graciela A. Kaminsky and Sergio L. Schmukler. Short – Run Pain, Long – Run Gain: The Effects of Financial Liberalization. NBER Working Paper, 9787, 2003.

因此，真正面临资本项目开放艰难抉择的，是那些低于获得资本项目开放对金融稳定净收益所需的金融、经济和制度的门槛水平的发展中国家：一方面，这些国家的金融、经济和制度体系可能会随着资本项目的开放而得到改进，从而促进金融稳定；但另一方面，资本项目的开放又会使这些国家暴露于巨大的国际资本流动风险之下，对金融稳定构成巨大的威胁。

然而这一两难问题的关键在于，尽管资本项目开放在短期内可能会给发展中国家的金融稳定带来暂时的不利影响，但在长期最终会促进发展中国家的金融稳定，而且资本项目开放还可能会催生发展中国家部分的金融、经济和制度发展——而这又是获得资本项目开放长期“担保收益”的必要前提①。因此，发展中国家要收获资本项目开放对金融稳定的“担保收益”，需要积极地推进资本项目开放；而为使资本项目开放对金融稳定的“担保收益”大于潜在风险，又必须创造出维护和促进金融稳定所必需的相关金融、经济和制度的门槛条件。因此，对于包括中国在内的发展中国家而言，为保证金融体系稳定运行，在资本项目开放的问题上，关键是要处理好相关的金融、经济和制度发展与资本项目开放之间的政策衔接，创造一系列基本的金融、经济和制度的门槛条件与资本项目开放相匹配。

第三节 积极稳妥地推动我国资本项目开放

作为金融自由化改革的重要措施，资本项目开放与一国的国内金融体系、实体经济以及对外经济部门、制度框架等方面的改革之间存在着复杂的互动关系，资本项目开放的具体内容和步骤需要与特定时期的结构改革相联系。因此，只有创造一系列相应的基本条件或采取一系列配套的改革措施，达到

① Eswar S. Prasad and Raghuram G. Rajan. A Pragmatic Approach to Capital Account Liberalization. Journal of Economic Perspectives, 2008, 22 (3), pp. 149 - 172.

必要的金融、经济和制度的门槛条件，我国才可能顺利地实现资本项目开放并成功地保持金融稳定①。

一、深化国内金融改革，完善金融监管

资本项目开放使国内外金融市场联结更加紧密，外部的各种冲击通过国际资本流动可以迅速地传导到国内。为增强金融体系在资本项目开放条件下抗御风险的能力，首先要进一步深化国内金融改革，积极推进金融发展和金融深化，消除金融体系存在的各种扭曲，建立完善、高效的金融基础设施，不断提高金融体系的竞争力和风险管理能力。同时，为保持资本项目开放的有序性和可持续性、降低易受外部冲击影响的脆弱性，我国应对金融部门实行有力的审慎政策②。为此，应不断加强和完善金融监管，完善金融业稳健标准，提高金融市场透明度，建立健全金融稳定评估体系、系统性金融风险防范预警和金融危机应对处置机制，从金融部门的角度来防范和减少金融脆弱性，以确保金融体系的稳健、高效运行。

二、保持宏观经济健康、稳定和宏观经济政策协调、一致

资本项目开放意味着资本大规模地跨境流动，居民进行货币替代、资产替代的机会增加，汇率、利率等经济指标调整的幅度加大，而一国的宏观经济运行状况和宏观经济政策决定了其经济、金融体系对各种名义和实际外部冲击的吸收、应对与调整能力。因此，保持财政及货币政策的纪律性，实行弹性的汇率制度，保持可维持的国际收支结构，特别是保持汇率政策与其他宏观经济政策之间的协调、一致，从而保持健康、稳定的宏观经济状况，对于维护我国在资本项目开放条件下的金融稳定至关重要。

---

① M. Ayhan Kose，Eswar Prasad and Ashley D. Taylor. Thresholds in the Process of International Financial Integration. NBER Working Paper 14916，2009.

② 国际货币基金组织：《2000 年年报》，中国金融出版社 2000 年版，第 41 页。

三、进一步改革国内企业部门，构建坚实的微观经济基础

在资本项目开放条件下，作为微观经济基础的企业部门的健康与否不仅直接关系到企业部门自身的盈利、偿债和风险承担能力，而且也会直接影响到与之密切关联的金融体系的风险和稳定程度。因此，进一步深化国内企业部门改革，建立和健全现代产权制度，按照现代企业制度要求，建立良好、有效的公司治理，对企业经营形成良好的激励和约束机制，可以从企业的角度防范和减少金融脆弱性，从而为我国在资本项目开放的条件下维护金融稳定构建坚实的微观经济基础。

四、进一步消除贸易壁垒，扩大贸易开放

一国的国际收支包括经常项目（主要是贸易项目）交易和资本项目交易两部分，二者之间的关系决定了国际收支基本状况，并直接关系到一国宏观经济的内外均衡和金融稳定。一国贸易开放的程度越高，越有利于资本项目开放。首先，出口收入可使一国在对外债务偿还中较少违约，较少面临资本流入突然停止和逆转的风险①。其次，如果一国为保护某些效率低下的国内行业而保持很高的贸易壁垒，流入的资本可能被引入那些受保护的行业，从而使资源配置不当的问题更加严重。因此，在没有实现贸易开放的情况下实行金融开放可能会导致效率降低②。再次，扩大贸易实质上也是资本项目开放的一种形式，因为贸易为逃避资本项目管制提供了便利渠道。因此，在资本项目开放之前应进一步推进贸易开放，为资本项目开放创造更加良好、可持续

---

① Jeffery Frankel, Eduardo A. Calvo. Does Openness to Trade Make Countries More Vulnerable to Sudden Stops or Less? Using Gravity to Establish Causality. NBER Working Paper, No. 10957, 2004.

② Eswar S. Prasad, Kenneth Rogoff, Shang - Jin Wei and M. Ayhan Kose. Effects of Globalization on Developing Countries: Some Empirical Evidence. IMF Occasional Paper, No. 220, 2004.

的经常项目收支环境，以促进资本项目开放条件下的金融稳定①。

五、推进国内体制改革，建立良好的公共治理

实践表明，公共治理水平的高低，对发展中国家从国际资本流动中受益和抵御国际资本流动冲击的能力具有重要影响。国际资本流动的一个重要特征是不同成分资本流动的波动幅度存在着显著差异，在流入发展中国家的私人资本中，外国直接投资的波幅显著低于证券投资和银行贷款的波幅②；而资本流动的构成对一国遭受金融危机的可能性有着显著影响，更多依赖外国银行贷款而较少依赖外国直接投资的国家更容易遭受国际资本流入突然停止的影响，发生资本项目危机③。研究表明，腐败与外国直接投资流入量之间有很强的负相关性，而且缺乏透明度更容易使国际投资者从事从众行为。因此，良好的体制和高水平的公共治理不仅本身具有重要意义，而且也对吸引波动较小的资本流入及降低遭受危机的可能性具有重要影响。健全的法律和监督框架、较少的腐败、较高的透明度和良好的公共治理有助于发展中国家从资本项目开放中受益并保持金融体系的稳定④。因此，我国应进一步推进国内体制改革，建立良好的公共治理体系，从而为资本项目开放创造良好的体制机制保障。

六、合理、审慎选择资本项目开放的时机、顺序和速度

资本项目是由众多的子项目组成，从理论上说，相对于一次性地快速开

---

① Hiro Ito. Financial Development in Asia: Thresholds, Institutions, and the Sequence of Liberalization. North American Journal of Economics and Finance, 2006, 17 (3), pp. 303 - 327.

② Mark P. Taylor and Lucio Sarno. The Persistence of Capital Inflows and the Behaviour of Stock Prices in East Asia Emerging Markets: Some Empirical Evidence. CEPR Discussiona Paper, 2150, 1999.

③ Jeffery A. Frankel and Andrew K. Rose. Currency Crashes in Emerging Markets: An Empirical Treatment. Journal of International Economics, 1996, 41 (3 - 4), pp. 351 - 366.

④ Chinn, Menzie D. and, Hiro. "Capital Account Liberalization, Institutions and Financial Development: Cross Country Evidence", *NBER Working Paper*, No. 8967, 2002.

放资本项目，当资本项目分阶段地逐步开放时，资本流动对宏观经济、金融体系和实际部门的影响相对缓和。为尽量分散资本项目开放的冲击，避免对金融体系造成剧烈震荡，发展中国家资本项目的不同部分应选择合适的时机、顺序和速度，分阶段地逐步开放。“发展中国家在其法律制度、公司治理实践、银行监管、资本市场发展和宏观经济条件等方面都存在着很大的差异。因此，并不存在一个适合于所有发展中国家的、有次序地开放资本项目的方案。”① 但为了有效地维护和保持我国的金融稳定，资本项目分阶段开放的一般原则为：先放开长期资本流动，再放开短期资本流动；在长期资本的范围内，先放开直接投资，再放开证券投资；在证券投资的范围内，先放开债券投资，再放开股票投资；在所有形式的资本流动中，先放开资本流入，再放开资本流出②。这一原则也同样适用于我国。

七、加强和改进国际收支统计，建立资本项目监测预警和应急管理机制

国际收支统计监测是增加市场透明度、减少信息不对称的重要手段，也是政府对资本项目交易实施审慎监管、宏观调控的重要依据。开放资本项目以后，必须进一步加强和改进国际收支统计，通过建立全面的国际收支统计监测，对资本项目交易的状况、趋势进行准确的把握和监测预警；同时，还要针对资本项目交易可能出现的异常情况，制定出针对不同情况的应对措施，防范和化解可能出现的大规模资本异常流动的风险，从而维护和保持我国的金融稳定。而且在金融全球化条件下，面对全球金融市场中每天数以万亿美元计的国际资本流动，为更好地维护和保持资本项目开放条件下的金融稳定，

---

① 世界银行：《1999/2000 年世界发展报告：迈向 21 世纪》，中国财政经济出版社 2000 年版，第 75 页。

② 张志超：“开放中国的资本账户——排序理论的发展及对中国的启示”，《国际经济评论》2003 年第 1 期。

应特别重视推动国际社会加强全球资本流动监管合作，完善国际监管体系，推动国际货币基金组织、国际清算银行等国际组织加强全球资本流动监测预警，并采取必要的预防性措施，防止风险投机过度。同时，积极推动全球和区域金融合作，建立及时高效的全球和地区危机应对救助机制，增强流动性互助能力，通过国际监管和危机应对救助合作机制来防止资金大进大出对我国金融稳定的破坏性冲击。

总之，资本项目开放以及其他的结构性改革是一个持续的、相互联系的过程，实施资本项目开放的时机、顺序和速度，与一国的整体经济发展水平和具体环境密切相关。在资本项目开放过程中，国际经济传导机制的影响、资本流动的冲击以及发展中国家金融、经济和制度结构的差异等诸多内外因素，都会不断考验发展中国家金融体系的风险承受能力。只有达到必要的金融、经济和制度的门槛条件，审慎选择开放的时机、顺序和速度，发展中国家才可能顺利实现资本项目开放，也才可能保持、维护和促进资本项目开放条件下的金融稳定。

经过30多年改革开放，我国已经成功实现了从计划经济体制到市场经济体制的历史转折。现代企业制度基本建立，形成了各种所有制经济平等竞争、相互促进的格局和统一开放、竞争有序的现代市场体系。金融体系改革取得重大进展，银行系统成功实现重组，金融市场体系建设和改革不断推进。对外贸易快速发展，开放型经济水平不断提高。1996年，我国正式接受国际货币基金协定第8条款，实现了人民币经常项目可兑换。此外，我国行政体制改革也迈出了坚实步伐，政务公开、法治政府和服务型政府建设不断推进。政府宏观调控和应对复杂局面能力明显提高，宏观经济和国际收支表现强劲，经济社会保持了良好的发展态势。除个别方面外，我国已经基本具备了实现资本项目开放的门槛条件，为我国金融市场的进一步开放和资本项目开放的推进奠定了坚实基础。

国际经验表明，资本项目开放不是货币国际化的充分条件，甚至在国际化初期也不是一个必要条件。对中国来说，人民币国际化和资本项目开放是由浅入深、从简单到复杂的渐进过程。在这个过程中，二者完全可以彼此促进、相辅相成。一方面，在资本项目开放的改革推动下，人民币国际化从单纯的贸易计价功能“一轮驱动”发展成为贸易计价与金融计价“两条腿走路”的更合理、更稳健的格局。另一方面，人民币国际化对资本项目开放提出更高要求，在跨境贸易人民币结算业务推广到全球范围后，贸易项下人民币输出和回流的渠道便已打通。一旦人民币升值节奏放缓，国际收支趋于平衡，金融机构的国际化步伐加快，则依靠贸易项下推动人民币国际化的潜力将释放殆尽，从长期来看，要成为重要的国际金融交易货币和国际储备货币，无论如何都避不开人民币的完全可自由兑换。因此，必须通过资本项目改革为人民币更广泛、更深入的国际使用创造条件①。

因此，我国应抓住有利时机，在进一步推动和深化利率市场化改革、完善以市场供求为基础的有管理的浮动汇率制度的基础上，稳步加快资本项目开放步伐，使推动资本项目开放的措施与经济发展阶段、市场发育程度、企业承受能力、金融监管水平与国际金融环境等相适应，以更好地保持、维护和促进我国的金融稳定，从而更好地促进人民币国际化的进程并进而为推动国际货币金融体系改革创造更有利的条件。

---

① 中国人民大学国际货币研究所：《人民币国际化报告 2014》，中国人民大学出版社 2014 年版，第 122～123 页。

参考文献
References

一、中文文献

1. 中文论文

[1] 曹勇. 国际关键货币易位的网络外部分析. 上海金融，2012（4）

[2] 曹远征，甄峰. 人民币国际化的特殊路径及其意义. 国际金融，2012（11）

[3] 陈建奇. 破解“特里芬难题”——主权信用货币充当储备货币的稳定性. 经济研究，2012（4）

[4] 陈江生，田苗，丁俊波. 国际本位货币的演进分析. 世界经济研究，2015（1）

[5] 陈雨露，王芳，杨明. 作为国家竞争战略的货币国际化：美元的经验证据——兼论人民币的国际化问题. 经济研究，2005（2）

[6] 戴金平等. 渐进性人民币国际化中的香港地位——兼论人民币国际化的动态路径选择. 开放导报，2011（3）

[7] 范小云，陈雷，王道平. 人民币国际化与国际货币体系的稳定. 世界经济，2014（9）

[8] 范小云，王道平. 巴塞尔Ⅲ在监管理论与框架上的改进：微观与宏观审慎有机结合. 国际金融研究，2012（1）

[9] 高海红. 当前全球美元本位：问题及东亚区域解决方案. 世界经济与政治，2008（1）

[10] 高海红. 金融全球化与国际金融体系：对东亚的挑战. 当代亚太，2008（2）

[11] 高海红，余永定. 人民币国际化的含义与条件. 国际经济评论，2010（1）

[12] 高海红. 人民币成为区域货币的潜力. 国际经济评论，2011（2）

[13] 高洪民. 人民币国际化与上海国际金融中心互促发展的机理和渠道研究. 世界经济研究，2010（10）

[14] 何东，罗伯特·麦考利. 本国货币的离岸市场：货币和金融稳定问题. 比较，2010（1）

[15] 何帆. 人民币国际化的现实选择. 国际经济评论，2009（4）

[16] 何帆，张斌，张明，徐奇渊，郑联盛. 香港离岸人民币金融市场的现状、前景、问题与风险. 国际经济评论，2011（3）

[17] 何慧刚．人民币国际化：模式选择与路径安排．财经科学，2007（2）

[18] 何平．中国的影子银行与货币乘数．新金融评论，2014（5）

[19] 黄权国．人民币国际化的新思路．国际金融研究，2012（12）

[20] 江小涓．中国开放三十年的回顾与展望．中国社会科学，2008（6）

[21] 姜波克，张青龙．货币国际化：条件与影响的研究综述．新金融，2005（8）

[22] 雷达，赵勇．金融发展、金融一体化与货币国际化模式．中国人民大学学报，2012（3）

[23] 李波，伍戈．影子银行的信用创造功能及其对货币政策的挑战．金融研究，2011（12）

[24] 李稻葵，刘霖林．人民币国际化：计量研究及政策分析．金融研究，2008（11）

[25] 李稻葵，尹兴中．国际货币体系新架构：后金融危机时代的研究．金融研究，2010（2）

[26] 李海峰，王林．货币国际化影响因素实证研究．金融与经济，2011（12）

[27] 李婧．从跨境贸易人民币结算看人民币国际化战略．世界经济研究，2011（2）

[28] 李俊青，韩其恒．不完全金融市场、海外资产结构与国际贸易．经济研究，2011（2）

[29] 李绍荣，李四光．中国和东盟人民币贸易结算的经济学分析．经济研究，2010（2）

[30] 李向阳．布雷顿森林体系的演变与美元霸权．世界经济与政治，2005（10）

[31] 李向阳．国际金融危机与国际贸易、国际金融秩序的发展方向．经济研究，2009（11）

[32] 刘艳靖．国际储备货币演变的计量分析研究——兼论人民币国际化的可行性．国际金融研究，2012（4）

[33] 潘英丽．论金融中心形成的微观基础——金融机构的空间聚集．上海财经大学学报，2003（1）

[34] 潘英丽，吴君．体现国家核心利益的人民币国际化推进路径．国际经济评论，2012（3）

[35] 潘英丽．国际货币体系内在缺陷与人民币国际化路径．国际关系研究，2013（1）

[36] 羌建新．贸易依存度、贸易差额与中国的金融稳定性．国际经济评论，2007（2）

[37] 羌建新．人民币对美元汇率的成因与趋势．国际关系学院学报，2009（4）

[38] 羌建新．国际货币体系与全球金融危机．国际关系学院学报，2010（3）

[39] 羌建新．再回首：影子银行危机下的政府金融救助．世界知识，2013（7）

[40] 任新建，李浩，张苑等．论打造全球人民币资产交易、定价和清算中心对上海国际金融中心建设的战略意义．上海金融，2012（1）

[41] 沈晗耀．论局部金本位——人民币国际化的路径选择．经济学动态，2009（10）

[42] 石巧荣．国际货币竞争格局演进中的人民币国际化前景．国际金融研究，2011（7）

[43] 孙国伟，孙立坚．古典金本位体系及其现代启示．世界经济研究，2014（2）

[44] 孙杰．发达国家和发展中国家的金融结构、资本结构和经济增长．金融研究，2002（10）

[45] 孙杰．主权债务危机与欧元区的不对称性．欧洲研究，2011（1）
[46] 孙杰．中国经济的崛起：万里长征的第一步．当代世界，2012（4）
[47] 孙杰．跨境结算人民币化还是人民币国际化．国际金融研究，2014（4）
[48] 孙立坚．双重身份的困扰：贸易“大国”和金融“小国”．世界经济研究，2007（1）
[49] 王道平，范小云．现行的国际货币体系是否是全球经济失衡和金融危机的原因．世界经济，2011（1）
[50] 王华庆．国际货币、国际货币体系和人民币国际化．复旦学报（社会科学版），2010（1）
[51] 吴君，潘英丽．人民币国际化文献综述．现代管理科学，2012（10）
[52] 吴晓求．大国经济的可持续性与大国金融模式——美、日经验与中国模式之选择．中国人民大学学报，2010（3）
[53] 吴晓求．中国资本市场未来10年发展的战略目标与政策重心．中国人民大学学报，2012（2）
[54] 吴宇．人民币国际化之货币互换路径分析．上海金融，2013（4）
[55] 谢世清，黄嘉俊．巴塞尔进程与全球金融治理．上海金融，2010（11）
[56] 谢世清．国际货币基金组织份额与投票权改革．国际经济评论，2011（2）
[57] 谢世清，曲秋颖．金融稳定理事会面临的挑战．宏观经济管理，2012（10）
[58] 修晶，周颖．人民币国际化的最新进展及存在的问题．中国青年政治学院学报，2013（2）
[59] 徐建炜，姚洋．国际分工新形态、金融市场发展与全球失衡．世界经济，2010（3）
[60] 徐奇渊，李婧．国际分工体系视角的货币国际化：美元和日元的典型事实．世界经济，2008（2）
[61] 殷剑峰．人民币国际化：“贸易结算＋离岸市场”，还是“资本输出＋跨国企业”？——以日元国际化的教训为例．国际经济评论，2011（4）
[62] 尹振涛．对全球金融监管改革核心内容的再认识．国际经济评论，2011（6）
[63] 余永定．国际货币体系改革和中国外汇储备资产保值．国际经济评论，2009（3）
[64] 余永定．见证失衡——双顺差、人民币汇率和美元陷阱．国际经济评论，2010（3）
[65] 余永定．再论人民币国际化．国际经济评论，2011（5）
[66] 余永定．从当前的人民币汇率波动看人民币国际化．国际经济评论，2012（1）
[67] 张斌，何帆．亚洲货币单位对东亚货币合作和人民币汇率改革的影响．管理世界，2006（4）
[68] 张斌．预期、资产价格与总需求——一个简明的理论框架．经济学（季刊），2012（3）
[69] 张斌，徐奇渊．汇率与资本项目管制下的人民币国际化．国际经济评论，2012（4）
[70] 张纯威．美元本位、美元环流与美元陷阱．国际金融研究，2008（6）

[71] 张明．国际货币体系改革：背景、原因、措施及中国的参与．国际经济评论，2010（1）

[72] 张明，何帆．人民币国际化进程中在岸离岸套利现象研究．国际金融研究，2012（10）

[73] 张宇燕．人民币国际化：赞同还是反对？．国际经济评论，2010（1）

[74] 张志超．开放中国的资本账户——排序理论的发展及对中国的启示．国际经济评论，2003（1）

[75] 中国经济增长与宏观稳定课题组．全球失衡、金融危机与中国的经济复苏．经济研究，2009（5）

[76] 中国人民银行上海总部金融市场管理部课题组．人民币国际化背景下上海国际金融中心的发展战略研究．上海金融，2009（12）

[77] 中国人民银行课题组．巴塞尔资本协议Ⅲ对我国货币政策的潜在影响分析．北京金融评论，2011（3）

[78] 周小川．关于改革国际货币体系的思考．中国金融，2009（7）

[79] 周小川．关于改变宏观和微观顺周期性的进一步探讨．中国金融，2009（8）

[80] 周宇．论人民币国际化的两难选择．世界经济研究，2012（11）

[81] 祝小兵．国际货币基金组织的改革动因及目标评述．世界经济研究，2009（6）

2. 中文书籍

[82] 巴塞尔银行监管委员会发布．中国银行业监督管理委员会．第三版巴塞尔协议．北京：中国金融出版社，2011

[83] 次贷危机研究课题组．次贷危机正在改变世界．北京：中国金融出版社，2009

[84] 陈雨露，汪昌云．金融学文献通论（宏观金融卷）．北京：中国人民大学出版社，2006

[85] 陈雨露，马勇．大金融论纲．北京：中国人民出版社，2013

[86] 成思危．人民币国际化之路．北京：中信出版社，2014

[87] [法] 让·梯诺尔．陈志俊，闻俊．金融危机、流动性与国际货币体制．北京：中国人民大学出版社，2015

[88] 樊纲，黄益平．亚洲区域合作与国际储备货币体系改革．北京：社会科学文献出版，2011

[89] 高海红，张明，刘东民，徐奇渊．国际金融体系：改革与重建．北京：中国社会科学出版社，2013

[90] 葛华勇．国际金融组织治理现状与改革．北京：中国金融出版社，2013

[91] 谷源洋，林水源．世界经济概论．北京：经济科学出版社，2002

[92] 国际货币基金组织．于岩等．世界经济展望．北京：中国金融出版社，2005

[93] 何德旭等．中国金融稳定：内在逻辑与基本框架．北京：社会科学文献出版社，2013

[94] 黄达．金融学．北京：中国人民大学出版社，2003

[95] 李翀．超主权国际货币的构建：国际货币制度的改革．北京：北京师范大学出版社，2014

[96] 李婧．人民币国际化研究．北京：首都经济贸易大学出版社，2014

[97] 李若谷．国际货币体系改革与人民币国际化．北京：中国金融出版社，2009

[98] 刘仁伍．宏观审慎管理：框架、机制与政策．北京：社会科学文献出版社，2012

[99] [美] 巴里·艾肯格林．彭兴韵．资本全球化：国际货币体系史（第二版）．上海：上海人民出版社，2009

[100] [美] 本·S. 伯南克．宋芳秀，寇文红．大萧条．大连：东北财经大学出版社，2013

[101] [美] 多米尼克·萨尔瓦多．杨冰．国际经济学（第 9 版）．北京：清华大学出版社，2008

[102] [美] 罗恩·保罗．朱悦心等．终结美联储．北京：中国人民大学出版社，2010

[103] [美] 莫瑞斯·奥博斯特弗尔德，肯尼斯·罗格夫．刘红忠，李心丹，陆前进，张卫东，郦彬．国际宏观经济学基础．北京：中国金融出版社，2010

[104] [美] 约瑟夫·斯蒂格利茨，布鲁斯·格林沃尔德．陆磊，张怀清．通往货币经济学的新范式．北京：中信出版社，2005

[105] 潘英丽．国际货币与金融体系改革研究．上海：格致出版社，2012

[106] 潘英丽等．国际货币体系未来变革与人民国际化（上·中·下卷）．上海：格致出版社，上海人民出版社，2014

[107] 羌建新．货币错配与汇率制度选择——新兴市场国家汇率制度选择的一个视角．北京：中国发展出版社，2014

[108] 世界银行．全球经济展望与发展中国家——1998/1999 年，写在经济危机之后．北京：中国财经出版社，1999

[109] 世界银行．1999/2000 年世界发展报告：迈向 21 世纪．北京：中国财政经济出版社，2000

[110] 宋海．金融全球化下的汇率制度选择．北京：中国金融出版社，2003

[111] 宋敏，屈宏斌，孙增元．走向全球第三大货币——人民币国际化问题研究．北京：北京大学出版社，2011

[112] 孙杰．汇率与国际收支——现代西方国际金融．北京：经济科学出版社，1999

[113] 孙杰．资本结构治理结构和代理成本：理论经验和启示．北京：社会科学文献出版社，2006

[114] 唐红娟．影子银行体系金融创新功能研究．北京：中国社会科学出版社，2014

[115] 王洛林，张宇燕．2012 年世界经济形势分析与预测．北京：社会科学文献出版社，2012

[116] 王洛林，张宇燕．2013 年世界经济形势分析与预测．北京：社会科学文献出版社，2013

[117] 王洛林，张宇燕 . 2014 年世界经济形势分析与预测 . 北京：社会科学文献出版社，2014

[118] 王洛林，张宇燕 . 2015 年世界经济形势分析与预测 . 北京：社会科学文献出版社，2015

[119] 王元龙 . 中国金融安全论 . 北京：中国金融出版社，2003

[120] 魏燕慎 . 国际金融体制与监管变革 . 北京：社会科学文献出版社，2011

[121] 夏斌，陈道富 . 中国金融战略 2020. 北京：人民出版社，2011

[122] 阎庆民，李建华 . 中国影子银行监管研究 . 北京：中国人民大学出版社，2014

[123] 杨军 . 风险管理与巴塞尔协议十八讲 . 北京：中国金融出版社，2013

[124] [意] 贾恩卡洛 · 甘道尔夫 . 靳玉英 . 国际金融与开放经济的宏观经济学 . 上海：上海财经大学出版社，2006

[125] 张杰 . 银行制度改革与人民币国际化：历史、理论与政策 . 北京：中国人民大学出版社，2010

[126] 中国人民大学国际货币研究所 . 人民币国际化报告 2012. 北京：中国人民大学出版社，2012

[127] 中国人民大学国际货币研究所 . 人民币国际化报告 2013. 北京：中国人民大学出版社，2013

[128] 中国人民大学国际货币研究所 . 人民币国际化报告 2014. 北京：中国人民大学出版社，2014

[129] 中国人民银行金融稳定分析小组 . 中国金融稳定报告 2011. 北京：中国金融出版社，2011

[130] 中国人民银行金融稳定分析小组 . 中国金融稳定报告 2013. 北京：中国金融出版社，2013

[131] 钟震 . 系统重要性金融机构的识别与监管研究 . 北京：经济管理出版社，2014

[132] 朱民 . 改变未来的金融危机 . 北京：中国金融出版社，2009

二、英文文献

1. 英文论文

[1] A Staff Team Led by Ishii，Shogo and Habermeier Karl. “Capital Account Liberalization and Financial Sector Stability”，*IMF Occasional Paper*，No. 211，2002.

[2] Bernanke，Ben S. “The Macroeconomics of the Great Depression：A Comparative Approach”，*Journal of Money*，*Credit and Banking*，Vol. 27 (1)，1995.

[3] Bordo，Michael D. and Meissner，Christopher M. . “Financial Crises，1880 – 1913：The Role of Foreign Currency Debt”，*NBER Working Paper*，No. 11173，2005.

[4] Bordo，Michael D. and Humpage，Owen F. . “Federal Reserve Policy and Bretton Woods”，*NBER Working Paper*，No. 20656，2014.

[5] Caballero，Ricardo J. and Arvind Krishnamurthy. “ExcessiveDollar Debt：Financial Underdevelopment and Underinsurance”，*Journal of Finance*，Vol. 58 (2)，2003.

[6] Caballero，Ricardo J. ，Farhi，Emmanuel and Gourinchas，Pierre – Olivier. “An Equilibrium Model of

'Global Imbalances' and Low Interest Rates", *American Economic Review*, Vol. 98 (1), 2008.

[7] Calvo, Guillermo and Reinhart, Carmen M.. "Fear of Floating", *Quarterly Journal of Economics*, Vol. 117 (2), 2002.

[8] Calvo, Guillermo A., Izquierdo, Alejandro and Mejía, Luis – Fernando. "Systemic Sudden Stops: The Relevance of Balance – Sheet Effects and Financial Integration", *Inter – American Development Bank Research Department Working Paper*, 637, 2008.

[9] Chinn, Menzie D. and, Hiro. "Capital Account Liberalization, Institutions and Financial Development: Cross Country Evidence", *NBER Working Paper*, No. 8967, 2002.

[10] Chinn. Menzie D. and Ito, Hiro. "What Matters for Financial Development? Capital Controls, Institutions, and Interactions", *Journal of Development Economics*, Vol. 81 (1): 2006.

[11] Chinn, M. and Frankel J.. "Why the Euro will Rival the Dollar", *International Finance*, *Vol.* 11 (1), 2008.

[12] Chinn, Menzie and Frankel, Jeffrey. "Will the Euro Eventually Surpass the Dollar as Leading International Reserve Currency?", *NBER Working Paper*, No. 11510, 2005.

[13] Chinn, Menzie and Frankel, Jeffrey. "The Euro May Over the Next 15 Years Surpass the Dollar as Leading International Currency", *NBER Working Paper*, No. 13909, 2008.

[14] Chitu, Livia, Eichengreen, Barry and Mehl, Arnaud J.. "When Did the Dollar Overtake Sterling as the Leading International Currency? Evidence from the BondMarkets", *NBER Working Paper*, *No.* 18097, 2012.

[15] Clark, Peter B. and Polak, Jacques J.. "International Liquidity and the Role of the SDR in the International Monetary System", IMF Staff Papers, Vol. 51, No. 1, 2004.

[16] Coval, J. and Moskowitz, T.. "Home Bias at Home: Local Equity Preference in Domestic Portfolio", *Journal of Finance*, Vol. 54 (6), 1999.

[17] Coval, J. and Moskowitz, T.. "The Geography of Investment: Informed Trading and Asset Prices", *Journal of Political Economy*, Vol. 109 (4), 2001.

[18] Cohen, Benjamin J.. "The Seigniorage Gain of an International Currency: An Emprical Test", *Quarterly Journal of Economics*, Vol. 85 (3), 1971.

[19] Cooper, R.. "The Future of the Dollar", *Peterson Institute for International Economics Policy Brief*, No. PB09 – 21, 2009.

[20] Corden, W. M.. "The Logic of the International Monetary Non – system", *Centre for Economic Policy*

Research Discussion Paper, No. 24, 1981.

[21] Dooley, Michael P., Folkerts – Landau, David and Garber, Peter. "The Revived Bretton Woods System", *International Journal of Finance & Economics*, Vol. 9 (4), 2004.

[22] Eichengreen, Barry. "Conducting the International Orchestra: Bank of England Leadership under the Classical Gold Standard", *Journal of International Money and Finance*, Vol. 6 (1), 1987.

[23] Eichengreen, Barry. "Conducting the International Orchestra: Bank of England Leadership under the Classical Gold Standard", *Journal of International Money and Finance*, Vol. 6 (1), 1987.

[24] Eichengreen, Barry. "History and Reform of the International Monetary System", *CIDER Working Papers*, 1994.

[25] Eichengreen, Barry and Hausmann, Ricardo. "Exchange Rates and Financial Fragility", *NBER Working Paper*, No. 7418, 1999.

[26] Eichengreen, Barry. "The Euro as an International Currency", *Journal of the Japanese and International Economies*, Vol. 12 (4), 1999.

[27] Eichengreen, Barry. "Global Imbalances and the Lessons of Bretton Woods", *NBER Working Paper*, No. 10497, 2004.

[28] Eichengreen, Barry. "Sterling' s Past, Dollar' Future: Historical Perspectives on Reserve Currency Status", *NBER Working Paper*, No. 11336, 2005.

[29] Eichengreen, Barry. and Flandreau, Marc. "The Rise and Fall of the Dollar (or When Did the Dollar Replace Sterling as the Leading Reserve Currency?)", *CEPR Discussion Paper*, No. DP6869, 2008.

[30] Farhi, E., P – O Gourinchas and Rey, H.. *Reforming the International Monetary System.* London: Centre for Economic Policy Research, 2011.

[31] Feldman, Robert A. Feldman and Kumar, Manmohan S.. "Emerging Equity Markets – Growth, Benefits, and Policy Concerns", *IMF Papers on analysis and Assessment*, No. 94/7, 1994.

[32] Flandreau, Marc and JobstSource, Clemens. "The Empirics of International Currencies: Network Externalities, History and Persistence", *Economic Journal*, Vol. 119 (5), 2009.

[33] Flood, R. and Garber, P. "Gold Monetization and Gold Discipline" *Journal of Political Economy*, Vol. 92 (1), 1984.

[34] Frankel, Jeffrey A. and Shang – Jin Wei, "Yen Bloc or Dollar Bloc? Exchange Rate Policies of the East Asian Economies", in *Macroeconomic Linkage: Savings, Exchange Rates, and Capital Flows*, NBER Vol. 3, 1994.

[35] French, K. and Poterba, J.. "Investor Diversification and International Equity Markets", *American Economic Review*, Vol. 81 (2), 1991.

[36] He, D. and MaCauley, R. N.. "Offshore Markets for the Domestic Currency: Monetary and Financial Stability Issues", *BIS Working Paper*, No. 320, 2010.

[37] Giovannini, Alberto and Melom Bartha de. "Government Revenue from Financial Repression"; *American Economic Review*, Vol. 83 (4), 1993.

[38] Greenwald, Bruce and Stiglitz, Joseph. *A Modest Proposal for International Monetary Reform.* International Economic Association Meeting, Istanbul, 2008.

[39] Islam, M. S., Bashar, O. K. M. R.. "International of Renminbi: What Does the Evidence Suggest?", *World Review of Business Research*, Vol. 2 (5), 2012.

[40] Johnson, Harry G. "The Monetary Approach to Balance - of - Payments Theory", *Journal of Financial and Quantitative Analysis*, Vol. 7 (2), 1972.

[41] Johnston, R. Barry, Darbar, Salim M. and Echeverria, Claudia. "Sequencing Capital Account Liberalization - Lessons from the Experiences in Chile, Indonesia, Korea and Thailand", *IMF Working Paper*, No. 97/157, 1997.

[42] Kenen, P. B.. "Stabilizing the International Monetary System", *Journal of Policy Modeling*, Vol. 27 (4), 2005.

[43] Klein, Michael W. and Olivei Giovanni P.. "Capital Account Liberalization, Financial Depth, and Economic Growth", *Journal of International Money and Finance*, Vol. 27 (6), 2008.

[44] La Porta, Rafael, Lopez - de - Silanes, Florencio, Shleifer, Andrei, and Vishny, Robert W.. "Law and Finance", *Journal of Political Economy*, Vol. 106 (6), 1998.

[45] La Porta, Rafael, Lopez - de - Silanes, Florencio, Shleifer, Andrei, and Vishny, Robert W.. "Investor Protection and Corporate Governance", *Journal of Financial Economics*, Vol. 58 (1), 2000.

[46] La Porta, Rafael, Lopez - de - Silanes, Florencio, Shleifer, Andrei. "Investor Protection and Corporate Valuation", *Journal of Finance*, Vol. 57 (3), 2002.

[47] Levy - Yeyati, Eduardo and Federico Sturzenegger. "Classifying Exchange Rate Regimes: Deeds vs. Words", *European Economic Review*, Vol. 49 (6), 2005.

[48] Lindert, Peter. "Key Currencies and Gold, 1900 - 1913", *Princeton Studies in International Fiance* 24, International Finance Section, Department of Economics, Princeton University, 1969.

[49] McCauley, Robert N and Schenk, Catherine R.. "Reforming the International Monetary System in the

1970s and 2000s: Would an SDR Substitution Account Have Worked?", *BIS Working Papers*, No. 444, 2014.

[50] Mathieson, Donald J. and Rojas – Suarez, Liliana. "Liberalization of the Capital Account: Experiences and Issues", *IMF Occasional Paper*, No. 103, 1993.

[51] Matsuyama K., Kiyotaki, N. and Matsui, A.. "Toward a Theory of International Currency", *Review of Economic Studies*, Vol. 60 (2), 1993.

[52] McCauley, Robert. "Renminbi Internationalization and China's Financial Development", *BIS Quarterly Review*, December, 2011.

[53] Maziad, Samar and Kang, Joong Shik. "RMB Internationalization: Onshore/Offshore Links", *IMF Working Paper*, WP/12/133, 2012.

[54] McKinnon, Ronald I. and Pill, Huw. "International Overborrowing: A Decomposition of Credit and Currency Risks", World Development, Vol. 26 (7), 1998.

[55] McKinnon, Ronald I. "The International Dollar Standard and the Sustainability of the U. S. Current Account Deficit", *Brookings Papers on Economic Activity*, No. 1, 2001.

[56] Mishkin, Frederic S.. "Is Financial Globalization Beneficial?", *Journal of Money, Credit and Banking*, Vol. 39 (2 – 3), 2007.

[57] Mundell, Robert. "Currency Areas, Exchange Rate Systems and International Monetary Reform", *Journal of Applied Economics*, Vol. 3 (2), 2000.

[58] Mundell R. A.. "A Reconsideration of the Twentieth Century", *American Economic Review*, Vol. 90 (3), 2000.

[59] Mundell, Robert. "Dollar Standards in the Dollar Era", *Journal of Policy Modeling*, Vol. 29 (5), 2007.

[60] Mundell, R. A.. "The International Monetary System: The Missing Factor", *Journal of Policy Modeling*, Vol. 17 (5), 1995.

[61] Obstfeld, Maurice and Taylor, Alan M.. "Globalization and Capital Markets", *NBER Working Paper*, No. 8846, 2002.

[62] Obstfeld, Maurice, Jay C. Shambaugh and Alan M. Taylor. "The Trilemma in History: Tradeoffs among Exchange Rates, Monetary Policies, and Capital Mobility", *Review of Economics and Statistics*, Vol. 87 (3), 2005.

[63] Prasad, Eswar S., Rogoff, Kenneth, Wei, Shang – Jin and Kose, M. Ayhan. "Effects of Globaliza-

tion on Developing Countries: Some Empirical Evidence", *IMF Occasional Paper*, No. 220, 2004.

[64] Qiang Jianxin, "The International Monetary System and the Global Financial Crisis", *Contemporary International Relations*, Vol. 20 (5), 2010.

[65] Prasad Eswar, Rajan, Raghuram and Subramanian, Arvind. "Foreign Capital and Economics Growth", *Brookings Papers on Economic Activity*, (1), 2007.

[66] Prasad, Eswar S. and Rajan, Raghuram G.. "A Pragmatic Approach to Capital Account Liberalization", *Journal of Economic Perspectives*, Vol. 22 (3), 2008.

[67] Reinhart, Carmen M. andKenneth S. Rogoff. "The Modern History of Exchange Rate Arrangements: A Reinterpretation", *Quarterly Journal of Economics*, Vol. 119 (1), 2004.

[68] Rogoff, Kenneth. "International Institutions for Reducing Global Financial Instability", *Journal of Economic Perspectives*, Vol. 13 (4), 1999.

[69] Swoboda, Alexander. "Credibility and Viability in International Monetary Arrangements", *Finance and Development*, Vol. 23, 1986.

[70] Tavlas, George S.. "Internationalization of Currencies: The Case of the US Dollar and its Challenger Euro", *International Executive*, Vol. 39 (5), 1997.

[71] Williamson, John. "The Benefits and Costs of an International Monetary Nonsystem". In In Edward M. Bernstein et al. eds., *Reflections on Jamaica*, Essays in International Finance 115, Princeton, NJ: Princeton University Press, 1976.

[72] Williamson, John eds. *Latin American Adjustment: How Much has Happened*?. Washington D. C.: Institute for International Economics, 1990.

[73] Williamson, John and Mahar, Molly. *A Survey of Financial Liberalization.* Essays in International Finance, No. 211, 1998.

2. 英文书籍

[74] Eichengreen, Barry. *Globalizing Capital, a History of the International Monetary System.* Princeton, NJ: Princeton University Press, 2008.

[75] Eichengreen, Barry. *Exorbitant Privilege: the Rise and Fall of the Dollar and the Future of the International Monetary System.* New York: Oxford University Press, 2011.

[76] Hartmann, Phillip. *Currency Competition and Foreign Exchange Markets: the Dollar, the Yen and the Euro.* Cambridge University Press, 1988.

[77] Kindleberger, C.. *The Politics of International Money and World Language.* Princeton, NJ: Priceton U-

niversity Press, 1967.

[78] McKinnon, Ronald I.. *Money and Capital in Economic Development*. The Brookings Institution, 1973.

[79] Obstfeld, Maurice Obstfeld and Rogoff, Kenneth. *Foundation of International Macroeconomics*. The MIT Press, 1996.

[80] Shaw, Edward S.. *Financial Deepening in Economic Development*. Oxford University Press, 1973.

[81] Triffin, Robert. *Gold and the Dollar Crisis*. New Haven and London: Yale University Press, 1960.

后记
postscript

当校完书稿清样的时候，又已经是一片春意盎然。时光荏苒，蓦然回首，这本书从2008年开始酝酿到现在完成，不知不觉间已经过去了七八年的时间。其间，因为各种原因，书稿研究、写作时断时续，现在最终呈现在读者面前。

本书的完成当然首先是自己努力的结果。然而，也与世界经济学界各位师长们的教诲密不可分。正是因为他们悉心的教授，才使得我能够掌握一点现代经济学方法，从而使本书的研究成为可能。正因为如此，如果本书在个别之处还有一点点价值的话，首先要感谢传授给我现代经济学知识和方法的各位师长。特别是要感谢我求学时的导师、中国社会科学院世界经济与政治研究所的孙杰研究员。孙老师谦冲平和、恬淡儒雅，长期怡然于以学术兴趣为导向的基础理论研究。他引领我走上了货币经济学、国际金融学的学习、研究之路。更重要的是，尽管他自己坚守的学术之路，没有给人以轰轰烈烈甚至有时给人以清冷、寂寞的感觉，然而他的学术志趣、气质和品位深深影响和感染了我，也使我更愿意按照自己的兴趣来从事研究工作。在此，谨对孙老师和世界经济学界的其他各位师长表示深深的敬意！

另外，本书中的部分研究得到了国家社科基金重大招标项目“网络空间的国家安全战略研究”、国际关系学院中央高校基本科研业务费专项资金项目“国际货币体系改革与人民币国际化问题研究”、北京市与国际关系学院共建教改项目“国际经济与国家经济安全教学融合研究”的资助。尽管真正的学术研究不是为了物质获利，而是为了探索本身，然而，这些资助还是为本书的研究创造了很好的条件。在此，致以衷心的谢忱！

书稿得以完成，似乎心情应该轻松下来，然而我的心情却并未释然。研究、写作过程之中的种种感悟、思索仍然萦绕于心，挥之不去。

从某种意义上来说，出版也就意味着本书开展的研究作为阶段性的具体工作已经画上了句号。然而从最终意义上来讲，自己对本书中所涉及问题的探索之路却才刚刚开始。

一方面，尽管不懈努力，但由于自己终未能免俗，内心潜藏的功利和虚荣之心仍然诱惑自己要尽快见到“有形”的成果，从而使得本书中许多应该而且在自己现有的能力范围之内可以得到更加深入探讨的问题的探讨未能深入，从而在书中留下许多缺憾，甚至文中可能难免失误。因此，只能“知我罪我，其惟春秋”，文责自负，所有的缺憾只好留待通过日后更加的努力去弥补。

另一方面，正所谓“书到用时方恨少，事非经过不知难”。在本书的研究、写作过程中，也使自己更加清醒地认识到现代经济学特别是货币经济学、国际金融学理论的博大精深，更加深刻地领略到国际货币金融研究的恢宏复杂。尽管自己努力尝试着运用现代经济学的理论范式和分析工具，希望通过前后一致的逻辑框架来解释国际货币金融体系的变革问题，但睿智的读者不难从书中感受到作者在驾驭现代经济学方法、范式和工具时的吃力程度，而这种状况带给作者的痛苦也是难以言状的。痛苦之余，也使自己更加深刻认识到掌握现代经济学基础理论、研究范式和分析工具对于经济学学术研究的极端重要性。我个人认为，经济学学术研究的价值在于，能够运用经济学学术共同体所熟悉、认可的共同语言、分析框架，来对各种错综复杂的经济现象寻求内在逻辑一致的解释，并通过不断的“试错”，逐步改进这种分析框架。只有“思想”而没有严格的学理论证在学术上是没有价值的。因此，在给定对经济现实的敏锐感知之外，掌握的研究方法、研究工具有多先进，也就决定了学术的道路能走多远，研究的境界有多高。“工欲善其事，必先利其器”，诚哉斯言！

作为一名高校的教师，我对自己并没有太多的期许，从来没有奢求过自己在经济学学术研究领域能够取得多大的成就，只是希望能够对自己感兴趣的经济学问题一直求索下去，同时也希望自己对高水平的经济学学术研究成果至少能够保持一份欣赏的能力和品位。先贤有云：“古今之成大事业、大学问者，必经过三种之境界：昨夜西风凋碧树，独上高楼，望尽天涯路，此第一境也；衣带渐宽终不悔，为伊消得人憔悴，此第二境也；众里寻他千百度，蓦然回首，那人却在灯火阑珊处，此第三境也。”然而古今中外，能够这三种境界都达到太过艰难，可遇而不可求。但是，要达到前两个境界却并不难，完全是在自己可控的范围之内的，一是心存高远，二是脚踏实地即可；能否达到第三种境界，除了个人的努力之外，还取决于许多非自己可以掌控的因素。科学研究是探索未知世界的艰苦历程，结果存在着很大的不确定性。对于追求真理的终极目标而言，科学研究的意义更在于坚持不懈的求索过程。古人云：“世之奇伟、瑰怪、非常之观，常在于险远而人之所罕至焉，故非有志者不能至也……尽吾志也而不能至者，可以无悔矣。”于我而言，无论结果如何，一直保持对学术的敬畏，坚持走在学术探索的道路上，此生足矣。

羌建新

2015 年 4 月于京西坡上村